本书是全国教育科学规划“十二五”规划2012年度教育部重点课题“基于学生创新能力培养的中小学教师文化反思与构建研究”（课题批准号DHA120242）的研究成果
本书由“辽宁省高等学校一流特色学科（第二层次）教育学专项经费”资助出版

XUESHENG CHUANGXIN NENGLI PEIYANG YU JIAOSHI WENHUA GOUJIAN

学生创新能力培养与教师文化构建

姜丽华◎著

中央编译出版社
CCTP Central Compilation & Translation Press

图书在版编目（CIP）数据

学生创新能力培养与教师文化构建 / 姜丽华著. —
北京：中央编译出版社，2016.1
ISBN 978-7-5117-2790-9

Ⅰ.①学… Ⅱ.①姜… Ⅲ.①中小学生—创造教育—
研究②中小学—教师—文化教育—研究 Ⅳ.①G632.0
②G635.16

中国版本图书馆 CIP 数据核字（2015）第 235101 号

学生创新能力培养与教师文化构建

出 版 人：刘明清
出版统筹：董 巍
责任编辑：曲建文
责任印制：尹 珺
出版发行：中央编译出版社
地 址：北京市西城区车公庄大街乙 5 号鸿儒大厦 B 座（100044）
电 话：（010）52612345（总编室） （010）52612341（编辑室）
（010）52612316（发行部） （010）52612317（网络销售）
（010）52612346（馆配部） （010）55626985（读者服务部）
传 真：（010）66515838
经 销：全国新华书店
印 刷：北京天正元印务有限公司
开 本：710 毫米×1000 毫米 1/16
字 数：215 千字
印 张：14
版 次：2016 年 1 月第 1 版第 1 次印刷
定 价：42.00 元

网 址：www.cctphome.com 邮 箱：cctp@cctphome.com
新浪微博：@中央编译出版社 微 信：中央编译出版社（ID:cctphome）
淘宝店铺：中央编译出版社直销店（http://shop108367160.taobao.com）（010）52612349

前　言

现代社会的发展需要国家拥有更多的创新人才，也需要人们具有更强的创新能力来应对不断变化的环境。人的创新能力发展离不开学校教育的作用，促进社会与人的发展也是教育责无旁贷的使命。美国的心理学家吉尔福特（J. P. Guilford）指出，我们多的是创造性没有得到充分发挥的人，而创造性得到充分发挥、发展的只是极少数的人。因此，如何将大多数人的创新潜能发掘出来是时代对教育的要求，也是教育研究人员面临的严肃课题。

但是，对于时代的要求和挑战，我们的教育显然还没有做好充分的准备。近年来，人们对基础教育成败争议以及批评之声也不绝于耳。对于我国基础教育的评价向来有两种声音：一种声音认为教育总体上是成功的，理由是学生基础知识和基本技能掌握得系统扎实，并以国际奥林匹克竞赛中我国学生屡获金奖来证明；另一种声音则认为基础教育基本上是失败的，培养的学生高分低能，缺乏各种基本能力，更谈不上具有创新能力，并认为所谓的奥林匹克竞赛奖项是长期强化训练的结果，其无法证明学生特别是全体学生的创新能力。随着社会的发展，特别是知识经济时代的来临，越来越多的人开始关注和强调创新能力的培养，在这一背景下对基础教育批评的声音似乎也越来越强。有的人认为，我国的教育尤其是基础教育不仅没有培养学生的创新能力，甚至扼杀了学生的创新精神。许多的大学校长认为，大学生的科研能力之所以不强归根结底是基础教育没有打好创新的基础，应试教育下的格式化教育把学生的创造性扼杀掉了。因此疾呼：创新人才的培养要从基础教育抓起。

正是基于对基础教育新时期重要使命的认识，我国自上世纪90年代起就相继出台了一系列的教育改革文件，强调实施素质教育，强调教育要以创新精神和创新能力的培养为重点。1998年教育部颁发的《面向21世纪教育振兴行动计划》指出："在当前及今后一个时期，缺少具有国际领先水平的创造性人才，已经成为制约我国创新能力和竞争能力的主要因素之一。因此，顺应时代要求，振兴我国教育事业，是实现社会主义现代化目标和中华民族伟大复兴的客观需要。……基础教育要实施'跨世纪素质教育工程'，整体推进素质教育，全面提高国民素质和民族创新能力。"为了将教育振兴计划落到实处，2001年教育部又印发了《基础教育课程改革纲要（试行）》，进行了建国以来的第八次基础教育课程改革。新课程改革纲要在培养目标、课程结构、课程标准和教学过程等多处都强调了要处理好知识传授和能力培养的关系，强调要培养学生具有初步的创新精神和创新能力。可见，培养学生的创新能力成为基础教育改革的一项重要任务。

对于学生创新能力的培养，国内外都有相关的理论和实践研究。从国外的研究来看，一个世纪前的美国教育家杜威（J. Dewey）曾系统研究和论述过创新活动中的思维和教育教学改革。他针对当时传统教育以书本、课堂和教师为中心的状况，指出这样的静坐教育不仅激发不起学生内在的兴趣，而且使得学生以知识为学习的目的，所学的知识不会运用到实际问题的解决中，更不会进行创造性的问题解决。基于此，他提出改革的设想和理论，提出要促进学生进行反省思维，要以真实的问题为契机激发学生在解决问题的过程中实现经验的重组和改造，从而获得能运用的知识以及创新能力。为此，学校需要运用主动作业来取代传统的书本教材，需要让学生从做中来学习，需要重建师生关系，学生成为学习活动的发起者、主导者，教师成为重要的幕后帮助者、指导者。继杜威之后，还有许多的教育家、心理学家从不同的视角对学生创新能力的培养进行了研究，丰富了相关的理论体系。比如，美国的心理学家吉尔福特将"操作"、"内容"和"产品"相结合，提出了培养学生创新思维能力的24项发散性加工教学策略，包括视觉单位发散性加工、符号单位发散性加工、语义单位发散性加工、行为单位发散性加工、视觉门类发散性加工、符号门类发散性加工，等等。同为心理学家的斯滕伯格（R. J. Sternberg）则提出了三元智力理论，并认为人的思维可以划分为分析性思维、创造性思维和实用性思维三个模式。为了更好地培养学生的创造性思维和创造智力，教师需要重视对话教学、要促使学生提问并深入思维、要进行多元教学评价特别是注重对创造性思维的评价。

从国内来看，创新能力培养的研究和实践在我国也不是新鲜事物。近百年前陶行知先生就曾以一篇《创造宣言》发出“处处是创造之地，天天是创造之时，人人是创造之人”的呐喊，呼吁人们要解放儿童的头脑、解放儿童的双手、解放儿童的眼睛、解放儿童的嘴巴、解放儿童的时间和空间，从而解放儿童被禁锢了的创造力，这为当时的中国教育注入了现代气息。然而，受当时社会发展整体状况的限制，这一培养创新能力的呐喊并未在当时的中国引起广泛的社会实践。而大半个世纪之后，我国教育界才开始关注创新能力，并开展了相应的研究和改革实践。纵观我国跨世纪前后三十多年创新能力培养的系统研究，大致可以分为两个阶段。

第一阶段：20 世纪 80 年代中期至 90 年代后期，以创新思维培养为主的研究阶段。随着有关创造力的心理学研究成果的引进，许多以“创造”为主题的研究开始涌现。研究的问题集中于创造力培养的意义、目标、方法、途径、原则、模式等方面，对创造力的培养关注于创造性思维和创造性人格，并以思维培养为核心。除了进行理论上的分析、论证，在这一阶段许多研究者还开展了实验研究，总结出了许多创造教育的模式。如：以学科教育教学为主渠道的模式、以创造力训练课为主的模式、以发明创造活动为主的模式、开发右脑模式等。总体来看，这一阶段的研究具有如下特点：一是将创新能力作为一种思维能力进行训练和培养；二是较多地将创新能力培养视为资优教育的一部分；三是创新能力培养基本上与学校课堂教学工作相脱节；四是研究人员多为心理学和教育学的理论工作者。

第二阶段：90 年代后期至今，以推进素质教育提高民族创新能力为着眼点的研究阶段。一系列教育改革政策文件的颁布，使得以“创新”为主题的研究迅速升温。在以往研究的基础上这一阶段的研究主要集中于——创新能力培养与素质教育的关系、创新能力培养的阻力和误区、课程改革中的创新能力培养，等等。总体上这一阶段的研究呈现出以下特点：(1) 研究突破了原有的狭隘认识，跳出了创新思维培养的局限，从学生整体发展的角度思考创新能力的培养。(2) 研究不再将创新能力作为少数学生的专利，而是从“人人都是创造之人”的角度出发关注全体学生的创新能力培养。(3) 理论研究与实践有了更多的交流，理论研究者更多地走进实践，在实践中验证、反思创新能力培养的教育教学理论，实践中的一线教师也在总结、反思自己的创新能力培养的实践经验。(4) 研究成果的数量相当可观，但也存在着数量与质量不相匹配的问题，许多研究甚至是原有的素质教育、愉快教育、成功教育等成果的改头换面产品，对创新能力培养的研究一定程度上出现庸俗化的倾向。(5) 研究对于一些比较重要的理论问题没有达成较为一致的认识，出现了理论上的争论及观念上的模糊。如：创新能力能不能培养？基础教育阶段需不需要重视创新能力培养？教师如何处理好知识的传授与学生创新能力培养之间的关系？

在对现有研究进行反思的基础上，当前有关学生创新能力培养的研究开始逐步走向深入和细化。这不仅表现在研究视角、研究内容上，也表现在研究方法上。许多研究注重运用多学科的研究成果，采用实证的、比较的方法进行具体而又有针对性的研究。这之中，从文化的视角开展相关研究可以说是较为引人关注的方面。文化是人类生存与发展过程中形成的并通过人们的活动表现出来的思维方式、行为取向、价值观念、风俗习惯、知识体系等的总和。文化具有历史性、民族性、世界性、时代性、渐变性、流动性等特征。文化浸润着生活于其中的人们，影响着他们生活的方方面面，同样也影响着他们对创新的价值判断，影响着他们的创新行为。从文化的视角进行的研究涉及文化模式与创新能力的关系、跨文化背景下的创新能力发展、创新能力培养与传统文化的关系、培养学生创新能力的学校文化构建、创新能力发展与课堂教学文化等内容，并且倾向于实证性的、更具有教育实践运用价值的研究。

教师文化作为校园文化的重要构成部分，对学生创新能力的形成和发展有着更为直接性的影响。在研究中人们越发意识到，只关注课程设置的改革，只关注创新教学方法上的研究还远远不够，关键需要对教师进行研究，特别是教师文化。因为教师的外在教学行为，包括教学内容的组织、教学方法的选择、师生互动的模式等，追根溯源是与教师内在的教育教学观念、信念、价值观、思维方式息息相关。我国著名科学家钱学森先生曾反复强调重视高端创新人才的培养，并通过对比留学美国时在不同学校的受教育经历，极大地肯定了加州理工学院的创新之风气，特别是教师教学方式、师生间互相争论研讨的独特之处。这实际更为明确地指出了学校特别是教师对于学生创新精神培养的重要性，而且同一社会环境中不同学校的教师会形成具有不同特点的教师文化，可以形成有利于创新人才成长的教师文化。

基于此，本书从教师文化的视角研究学生创新能力的培养，并且着眼于我国基础教育阶段，力求通过分析有助于学生创新能力培养的教师文化特征，剖析现有教师文化的状况及对学生创新能力发展产生的影响，来构建有助于学生创新能力培养的中小学教师文化。本书第一章分析并确立了创新能力的内涵，指出需要正确理解基础教育阶段的学生创新能力培养，提出了基础教育阶段培养学生创新能力的具体目标；第二章反思现有的教师文化，从教师权力的角度分析了课堂教学活动中学生创新能力的缺失，指出从教师文化的角度分析，教师权力的存在根源在于教师角色的错位；第三章分析了有助于创新教育实施的教师文化特征，指出需要构建促进学生创新能力发展的角色文化、不断发展并进行教学创新的形象文化以及开放、合作、包容的师生交往文化。在此基础上从制度改革、知识观变迁以及教师自身等方面，提出构建有助于学生创新能力培养的教师文化的可能与要求；第四章通过实证调查分析小学教师创新教学的观念和行为状况，并侧重从外部环境支持的角度提出引导对策；第五章、第六章、第七章分别对教师创新教学中如何正确认识和处理课程内容间的关系、教学方法间的关系、教学评价方式间的关系进行分析，并提出教师培养学生的创新能力必须树立辩证的思想，将学科课程与活动课程相结合，将接受学习与发现学习相结合，将学业成就评价与表现性评价相结合。

目　录

第一章　创新能力的内涵及其培养目标

人们对创新能力的早期探索可以追溯到古代，古代先哲对于这种神秘的能力有着强烈的好奇。比如，古希腊的柏拉图与亚里士多德都曾描述和分析过他们各自眼中的创新能力，但观点却并不相同。柏拉图认为，创造过程是由于人受到神的启示并感受到神的狂热而形成的，创造时产生的灵感来自于一种外在的神秘的力量。而亚里士多德的观点与此不同，他并不认为创造性产品来源于神秘的力量或是独特的神的启示，他认为创造过程和人的其他认识过程一样，遵循着自然法则和逻辑的步调。尽管人们对创新能力的认识较早，但由于条件所限还一直处于粗浅的阶段，只有在社会发展促进学科的发展和分化，特别是在脑科学、心理学等学科形成和兴起之后，人们才开始逐步揭去创新能力的神秘面纱，对它有了较为清晰的认识。

第一节　对创新能力的一般认识

一、创新能力与大脑

人的创新活动归根到底是由大脑来具体执行操作的，大脑对于人的创新能力有什么样的影响，这些影响是否完全受制于人的先天遗传，这个问题引人关注。

(一) 创新与人的左右半脑功能

在结构上人脑是由大脑、小脑、间脑和脑干四个部分构成。大脑又分为左右两个半球，两个半球间由大约3亿条神经纤维组成的胼胝体相连，从而使两个半球相通。大脑包括大脑皮层和髓质，大脑皮层厚度为2.5—3.0毫米，上面布满了向下凹的沟，沟之间有隆起的回，因而大大增加了大脑皮层的面积。大脑皮层又分为额叶、颞叶、顶叶、枕叶四个部分，上面密密麻麻地分布着大约120亿个神经细胞，在这些神经细胞周围含有一千多亿个胶质细胞。人脑的两个脑半球看起来相似，但结构有很大的不同，其功能相互独立、相辅相成，左右半球分别和机体对侧的感觉、运动过程有关。

自19世纪开始，一些研究表明：人的左脑和右脑其重要性是不同的，大脑左右半球有着优劣之分，左半球具有语言能力，能进行说、写、读、计算和逻辑思维等高级意识活动，是优势半球，而大脑右半球没有语言功能只有形状、色彩等完形知觉，因而是非优势半球，相对处于劣势。在人的活动中，高级的、理智的左半球负责指令与控制，具有支配相对落后的右半球的功能。在这些研究的影响之下，人们极为重视左脑的功能及其开发，并且认为创新能力特别是科学研究上的创新取决于人的大脑左半球。但是，这种观念在上世纪60年代后受到一些研究的冲击和纠正，这之中美国心理生物学家斯佩里（R. W. Sperry）等人的研究尤为引人关注。斯佩里等人在60—70年代一直持续进行对裂脑人的实验研究，通过研究发现：人的左右脑确实有功能上的区分，但是很难说左优右劣，只能说是各有优势。左脑在言语表达、抽象思维、逻辑分析、数学计算以及许多复杂、连续性的活动中占优势，而右脑在空间知觉、图形建构、整体综合、音乐、绘画等方面占优势。人脑的左右半球，都有其自身独立的意识思维序列以及自身的记忆，甚至于左右脑能采用不同的方式进行思维，左脑易于语词思维，右脑易于感性表象思维。后期的研究还发现，虽然左右脑各有分工，但是这种分工不是绝对的，人的右脑也具有一定的语言功能、自我意识和社会意识，而且无论是左脑还是右脑，其功能的充分发挥都不是各自独立完成的，必须相互协调相互配合才能完成。对于大多数正常人来说，左右脑在活动中形成了统一协调的有机整体，共同完成对信息的加工处理。①

斯佩里等人的研究使人对右脑有了重新的认识，可以说使人“发现了右脑”，研究也促进了人们对创新活动中大脑活动机制的深入认识，人们普遍开始重视右脑在创新中的作用，并且开始强调左右脑协同活动的重要性，而越来越多的研究也都支持这样的认识。例如，有研究通过对人脑活动时的脑波进行监测后发现，人的左右半脑交互活动作用是创新的核心。研究指出，人脑在思考问题时，脑内不同的部分会产生强度不等的跳动，跳动的频率中β波频率为13Hz—30Hz（有人认为可高达500Hz），α波频率为9Hz—12Hz，θ波频率为5Hz—8Hz，δ波频率为0.5Hz—4Hz。人脑进行思维活动时，β、α、θ、δ波组成复杂的脑波。一般认为左脑皮层以β波为主，右脑皮层以α、θ、δ波为主。左脑又可以称为是“自身脑”，它主要积累后天学习所获得的知识，个体间的差异很大，当人脑处于兴奋状态、积极思考时，左脑皮层具有处理时间、逻辑、语言、计算、排列、分类、书写等信息的抽象思维功能，复杂脑波以β波为主，消耗脂肪与糖类，产生肾上腺素。而右脑是遗传脑，积累先天人类遗传因子，个体间的差异极小，当人脑处于沉思状态、安详深思时，右脑皮层具有处理空间、视觉、听觉、情感、节奏、想象等信息的形象思维功能，复杂脑波以α波为主，消耗蛋白质，产生脑内吗啡。人在睡眠状态时则以δ波为主。从α波降低到θ波，或者从δ波上升到θ波，是“视而不见，听而不闻”，是人脑产生“灵感”的波段，是所谓灵光一显、恍然大悟的过程。这就是说，佛教中所说的从入静到入定、“因定可以发慧”，是θ波为主的状态，而睡眠中做梦，从δ波上升到θ波，并从梦中领悟真谛，也是θ波为主的状态。因此，开发人类右脑是提高脑能与创新能力的关键，而且科学用脑有助于人的创新，即左脑兴奋、右脑沉思、顿悟生慧、左脑验证的过程，或者左脑兴奋、右脑沉思、做梦顿悟、左脑验证的过程，左右两半脑交互运用是发现与创造思维的核心。②

左右脑交互作用促使人有所创新，也是一些有着突出创新成就的科学

① 李蔚、祖晶：《大脑两半球功能的传统观念与斯佩里观点》，《中国教育学刊》1999年第2期。

② 马蔼乃：《大脑脑能与创造力的探索》，《系统辩证学学报》2004年第1期。

家的个人经验和感受。爱因斯坦（A. Einstein）就曾说过："在我的思维机制中，作为书面语言或口头语言的那些语词似乎不起任何作用。好像足以作为思维元素的心理存在，乃是一些符号和具有或多或少明晰程度的表象。而这些表象是能够予以自由地再生和组合的……在我的情况中，上述心理元素是视觉型的，有的是动觉型的。惯用的语词或其他符号则只有在第二阶段，即当上述联想活动充分建立起来，并且能够随意再生出来的时候，才有必要把它们费劲的寻找出来。"① 爱因斯坦本人认为，他在思考问题时，不是用语言进行思考，而是用活跃的形象进行思考，当思考完成以后，他才会将思考的结果转化成语言。因此，对于创新活动来说，人的大脑左右半球起着不同的作用，同时又需要彼此合作才能完成复杂的创新任务。

（二）创新与人的大脑结构

除了对大脑左右半球的功能进行探讨，一些研究还发现创新与人的大脑结构有着千丝万缕的联系，有着突出创新成就的科学家、艺术家其大脑的某一部位与常人有所不同。例如，1995 年美国的《科学》杂志有一篇报道，报道中科学家进行了一项对比性的研究。研究选取 30 名音乐家和另外 30 名非音乐工作者，他们在性别和年龄方面相仿，对两组人进行脑部核磁共振成像研究。结果发现：音乐家的颞横回左边非常明显地大于右边，而颞横回正是人脑中处理听觉信息的区域。虽然非音乐家颞横回的左边也大于右边，但是差别却很小，音乐家的这种差别是非音乐家的二倍。

更为引人关注的是对举世闻名的科学家爱因斯坦大脑的研究。1955 年爱因斯坦在美国普林斯顿逝世，按照爱因斯坦的遗愿，在他逝世 7 小时后，病理学家哈维（T. Harvey）将爱因斯坦的大脑取出，并做了防腐处理。在对爱因斯坦的大脑重量、体积、尺寸、外观等进行测量、记录和研究后，研究人员将爱因斯坦大脑切割成 240 小块进行仔细分析。此后，爱因斯坦的大脑一直由哈维医生保管。1995 年，哈维找到了在加拿大工作的女教授威特尔森（S. Witelson），并将爱因斯坦的大脑资料转交给她保管和研究。

---

① ［美］布莱克斯利：《右脑与创造》，傅世侠等译，北京大学出版社 1992 年版，第 38 页。

早先的很多研究显示，这位物理学大师的大脑重量并不像人们猜测的那样比常人重，他的大脑重量为1230克，甚至比正常人还要稍低一些。即使是在爱因斯坦大脑被切割成240小块以后，专家们也未发现其与普通人的大脑有何明显的不同。然而，当威特尔森接手研究爱因斯坦的大脑后，却获得了一个惊人的发现：爱因斯坦的大脑宽度显著超常。研究人员认为，这一发现可能有助于解释爱因斯坦为什么在空间和数学思维方面具有特殊才能。进一步研究发现：爱因斯坦的大脑至少在两方面与常人显著不同。其一，爱因斯坦大脑左右半球的顶下叶区域异常发达，比普通人的平均厚度多出1厘米左右，这造成爱因斯坦大脑宽度超过普通人15%左右。研究人员指出，位于大脑后上部的顶下叶区在视觉空间认知、数学思维和运动想象力方面发挥着重要作用，该区域的异常发达在一定程度上可解释为什么爱因斯坦会形成自己独特的思维方式。其二，爱因斯坦缺少常人大脑中的一种皱沟。该皱沟通常位于大脑皮层相邻的脑回之间，一般横贯顶下叶区。研究人员推测说，缺少这一皱沟很可能会导致位于顶下叶区的神经元彼此间更容易建立起联系，因而使思维更为活跃。

尽管关于爱因斯坦大脑的研究还有一些不同的观点，但是不论哪位科学家的研究都表明爱因斯坦的“聪明”不取决于脑袋的大小，不取决于大脑的重量，而在于大脑结构上的不同，大脑结构上的差异可以解释其思维的独特之处，也“成就”了爱因斯坦独具创新的科学发现。

那么，创新活动中具有不同结构特点的大脑是我们通过遗传先天获得的，还是在后天活动中逐步形成的呢？虽然大脑其形成和活动是一个不能实时监控和测量的“黑箱”，但是，一些相关研究却可以为我们提供解释这一谜团的方向。这些研究表明人的大脑并不是一成不变的，而是会在后天的环境、活动中发生变化，也就是说，人脑具有可塑性。经常被引用也具有影响力的研究是加利福尼亚大学伯克利分校的科学家黛尔梦德（Diamond）主持下的实验研究。黛尔梦德是世界上专门从事大脑可塑性研究的著名脑科学家之一。她一直研究复杂环境和简单环境对于老鼠大脑的影响，与同事在实验室用老鼠做了近40年的实验研究，发表了150多篇科学论文。1964年，黛尔梦德发表的论文《复杂环境对大脑皮层组织的影响》，改变了长期以来科学界对大脑的看法，研究提出了大脑的结构可以改变的观点，而大脑结构的改变源于经验。同年，黛尔梦德科学小组又发现：复杂环境中的老鼠与简单环境中的老鼠相比，它们大脑皮层中神经细胞体之间的距离更远。研究人员推测，由于复杂环境的刺激，老鼠大脑皮层中的神经元能够长出更多的分枝，这些分枝使得细胞体之间距离更远，而且至少部分地增加了大脑皮层的厚度。

黛尔梦德也曾经研究过爱因斯坦的部分大脑，她的科学小组在研究了爱因斯坦的4个脑区后发现爱因斯坦的神经胶质细胞比普通人要多。虽然他们不知道爱因斯坦是天生如此还是后天形成的，但是，爱因斯坦最发达的一个脑区证明他有过更多的智力加工活动。她认为，神经胶质细胞与神经元的比率在爱因斯坦等这样一些天才人物的智力方面可能会起作用，而这种高比率可能来自于刺激所引起的可塑性。

由此可见，虽然创新人才特别是高创新性人才在大脑结构上与其他人有所不同，但是这些差异并不是或者并不完全是先天遗传获得的，我们应当看到后天的影响对创新人才的成长起着不可忽视的作用，这就为我们打破“宿命论”，积极培养创新人才提供了前提和理论基础。

二、创新能力与智力

心理学在研究创新能力的时候，不可避免地会遇到创新能力与智力关系这一问题，这也是困扰心理学多年的一个问题。关于这一问题，斯腾伯格在1999年曾列举了已有研究的五种观点，即：创新能力是智力的一部分；智力是创新能力的一部分；智力与创新能力之间有部分重叠；创新能力就是智力；创新能力与智力无关。上述观点各有支持者和理论，从而带给人们一定的困惑。对此，我们将从水平和发展过程两个方面来分别考察，从而可能会得出创新能力与智力之间关系的一般性结论。

（一）创新能力水平与智力水平

首先需要对智力进行解释。一般认为智力是人从事多种活动所必须的各种认知能力的有机组合，又被称为“一般能力”。智力是由观察力、注意力、想象力、记忆力和思维能力五种基本元素构成的，在这五种元素中，思维能力居于核心地位。衡量智力的指标是智商（IQ），它标志着一个人的智力水平。在对智力水平和创新能力关系的研究中，长期以来存在两种有分歧的观点。一种观点认为“高智商必定会有高创新能力”，另一种观点则认为“高智商未必会有高创新能力”。

前一种观点出现的最早。这种观点认为智力水平与创新能力的水平之间存在着明显的正相关，一个人智力水平高相应地就会有比较高的创新能力，反之亦然。研究者曾作过这样的研究。将历史上300多位有突出创造表现的人物资料进行搜集整理，最后发现这些高创造性人才的智商都很高，都可以称得上是天才，比如达尔文的智商大约是150，莫扎特的是155，拿破仑的智商是135，等等。据此，认为高智商必定会有高创造。另外，研究者还曾引用美国心理学家推孟（L. M. Terman）的研究成果作为论证。第一次世界大战后，作为斯坦福大学教授的推孟对智商在130以上的1500多名超常儿童进行了长期的追踪研究，对每个学生做了详细的调查卡片，几乎每隔五年就进行一次走访、座谈和测验。1956年推孟去世后，其助手对原来的80%的人继续进行研究。这样，研究自推孟开始一直持续进行了近五十年，这时的天才儿童都已经达到了或超过了事业成功的年龄。最后对这些人进行调查发现，这些人都具有较高的素质，大多数人受过优越的教育，从事专业性工作的人数比例也高于常人的8倍。研究过程中，推孟还曾从1500多名的调查对象中挑选出857名进行重点追踪研究，最后发现这些人中有78人获得博士学位，85人获得法学学位，48人获得医学学位，74人正在或曾经在大学任教，51人在自然科学或工程学方面进行基础理论研究，104人担任工程师，科学家中有47人入选过1949年编撰的《美国科学家年鉴》。以上这些数据与当时美国总人口中任意800多名同龄人相比较，比例都高出了10至20倍。从这一研究中，一些心理学家认定：智力水平与创新能力有着密切关系，高智商必定会高创造，或者说，高创造一定需要有高智商作为前提条件。

智力水平与创新能力水平间的正相关受到一些人的质疑。有的人认为以推孟的研究作为论据不足以服人，因为即使这些天才儿童在成人后确实有超出一般人的成就，但是他们的成就还称不上是“非凡”，离“杰出的创新”还有距离。如果从对社会、对国家的贡献上看，这些人中找不到一位类似于牛顿、爱迪生、达尔文这样有巨大影响的人，甚至也找不到一位能比得上马克·吐温或奥尼尔（美国著名戏剧作家）的人物。由此可见，高智商的人可能会有一定的创新能力，但是未必具有与智商相匹配的高水平创新能力。与这种质疑相呼应的是，一些研究结果也相继表明：智力水平与创新能力水平之间的相关比较低。比较有影响力的是美国心理学家托兰斯（E. P. Torrance）的研究。托兰斯曾在1964年对没有刻意筛选过的小学生进行研究，分析创新能力和智力的相关。结果发现，这两种能力的相关系数一般在0.30以下。他进一步以创新能力和智力的高低进行分组，然后进行相关计算，结果发现，“高智力与高创造的相关系数更低”，大约是0.10，有的智商很高的儿童其创造力很低。这也就是说，创新能力高的儿童不一定就是智商高的儿童。据此，托兰斯指出，如果我们将高智商作为高创造的前提进而用智力测验的结果来甄别儿童的话，将会有70%的高创造力儿童落选。在托兰斯之后，也有研究者以中学生、大学生为对象进行同样的研究，结果与托兰斯基本一致。

除了托兰斯的研究之外，还有的研究者分领域、分学科研究了创新能力与智力之间的关系，结果发现确实二者之间的相关较低。比如：美国心理学家麦金农（D. W. Mackinnon）曾鉴定了具有创造性的建筑师、作家和科学家们的智商和创新能力。他发现对于数学家而言，智力水平和创新能力间存在一定正相关，但是建筑师、作家的智力水平与创新能力间相关较弱，当然这并不是说建筑师和作家不聪明，而是说他们不是最聪明的。由此，麦金农认为很难或不可能根据IQ分数来判定一个人的创新能力水平。美国的柏克莱学院进行过分学科的研究，研究发现数学、物理学科的学习所需要的智力很高，但是所需要的创新能力一般，而在绘画、雕刻等美术学科，智力和创新能力的相关系数几乎为零。

随着研究的深入，人们逐渐对智力水平和创新能力水平间的关系得出了一种新的观点，这种观点可以称得上是第三种观点，也是目前最被人认可的一种观点。这种观点认为高创新能力对智力水平有一定的要求，“一定的智力水平”就像是一个门槛，当智商超过了这个门槛，智商对人的创新能力水平就不会产生太大的影响，这种观点又被称为是“门槛说”。“门槛说”的支持者之一心理学家巴伦（Barron）曾研究许多学科领域中的创造力与智力间的关系。他发现，总体上二者存在中等程度的相关，而在IQ超过120时，二者之间的相关就会减小。也就是说，高创造力、取得杰出成就的创造力对智力有最低的要求，可能是120，而超过这一智力水平时，其他因素对于创造力的影响更为突出。美国心理学家罗（A. Roe）的研究也得出相同的结论。她研究了具有创造性的科学家，结果发现这些科学家们的智力模式（言语、数量等）随着科学领域的不同而不同，他们的智商都比较高，但是他们的创新能力和智力间的相关并不强。进而，她提出一种研究结论和假设：要在科学领域取得开拓性的或改进性的成果必须要有一定的最低智力水平，超过这个智力水平，其他的因素就会发挥作用。[①] 根据以往的种种研究，斯滕博格将创新能力水平和智力水平之间的关系总结为三点。首先，高创造性人物的IQ一般高于平均水平；其次，当IQ高于120时，智力对人的创造性的影响在降低；最后，二者之间的相关是在变化的，从弱相关到中等相关。

至此，对于创新能力水平和智力水平间的关系人们有了更深入的认识。创新能力和智力水平并不是呈线性关系，较高的智力水平是高创新能力的必要条件，却不是充分条件。低智商不可能会有高创新能力，高智商可能会有高创新能力也可能有低创新能力。

（二）创新能力发展与智力发展

个体智力的发展不是等速的，一般是先快后慢，到了一定年龄则停止增长，随着人的衰老智力开始下降。许多研究都表明，出生后的头几年是智力发展最快的时期。有些心理学家认为，幼儿期是智力发展的关键期。这个阶段的儿童，在良好的环境和考试影响下，智力发展得特别迅速。瑞士心理学家皮亚杰（J. Piaget）认为，出生到4岁是人的智力发展的决定性时期。美国心理学家布卢姆（B. Bloom）认为，个体智力在出生后的头4年发展最快，如果以个体17岁所达到的智力水平为基准，4岁时个体智力大体会达到50%，5—8岁再获得30%，9—17岁会获得最后的20%，个体在17岁之后智力发展就趋于平稳，没有明显的增长表现。

虽然心理学家总体认同智力发展先快后慢且有发展限度，但是对于智力发展限度的年龄阶段却存在不同的认识。一开始一些心理学家认为，智

---

① ［美］A. J. 斯塔科：《创造能力教与学》，刘晓陵译，华东师范大学出版社2003年版，第58页。

力发展的限度是14—16岁，但后来的许多研究否定了这种看法。有研究者通过横向研究法即在同一时期对不同年龄的人群样本进行研究，结果发现智力发展的限度可能是20岁。例如，米勒斯夫妇1932年的研究表明，7—18岁期间智力是不断上升的，18岁左右达到顶点，其后则慢慢下降，50岁时智力下降到15岁的程度，一过80岁智力便急速下降。而琼斯和卡普郎用标准智力测验题对智力发展和衰退的过程进行横向研究指出，智力在20多岁时达到高峰，此后便下降，50多岁时智力下降为16岁、60岁时智力下降为12岁时的水平。1980年，詹姆斯和盖维茨采用横向研究法对20岁以上的不同年龄组被试进行研究，结果也表明：人的智力在20岁以后随着年龄的增长而逐渐下降，而且智力的不同方面下降的速度有所不同，如言语能力下降缓慢，操作能力下降较快等。上述这些研究虽然结论清晰，但是由于横向研究本身的局限性，因而研究所得出的结论并不能够令人信服地揭示出智力随年龄增长而发展变化的情况。①

与横向研究法相比，采用纵向研究法进行的同类研究更受到人们的重视。所谓的纵向研究法就是在不同的时期对同一群体进行追踪研究。美国心理学家贝利（Baylay）曾采用贝利婴儿量表、斯坦福—比纳量表和韦克斯勒成人智力量表等为工具，对同一群被试从其出生开始做了长达36年的追踪测量，把测得的分数转化为可以互相比较的“心理能力分数”。结果发现，智力在11—12岁以前是直线发展的，其后发展较缓慢，到20岁前后达到了顶峰，大致到26岁前后即保持水平状态直至36岁而不再增长。其他的研究也表明，人类的智力在35岁左右发展到顶峰，以后缓慢衰退，到60岁以后衰退速度极快。这是一般人智力发展的趋势，但是个体差异也是非常显著的。例如，智力优异者不仅发展速度快，而且延续发展的时间也长，而智力落后者不仅发展缓慢，并且有提前停止发展的倾向。

对于创新能力发展的研究表明：创新能力的发展虽然与智力发展有相近之处，却还存在着相当大的差异。创新能力的发展同智力发展一样也不是等速进行的，也会有发展的高峰时期，之后就会出现创新能力的下降，

---

① 孟扬：《基于毕生发展视角对个体智力发展理论的研究》，《湖北经济学院学报（人文社会科学版）》2008年第6期。

但是创新能力的发展没有明显的先快后慢，前期的发展也不像智力发展近乎直线式，而是波浪式的，有起有伏。美国心理学家托兰斯在明尼苏达州曾对小学一年级学生至成年人的创新能力进行大量的纵向研究，结果发现，从儿童至成年人的创新能力发展不是直线式的，而是呈犬齿形的曲线变化。就创新思维品质的流畅性来说，在曲线变化中其总体趋势是发展的，男女学生曲线基本相似，峰与谷基本出现在同一时点上。具体来说，小学一到三年级儿童的创新能力发展很快，呈直线上升，小学四年级儿童的创新能力有所下降，五年级又开始回升，六年级又有所下降，之后稳步上升。后来一些研究者的研究也得出与托兰斯基本一致的结果。其中，最有代表性的人物是日本的滝沢武夫。他以小学二至六年级学生为对象，对他们创新思维的流畅性、变通性和独立性进行了测验。所得结果为：创新思维整体上呈不断发展的趋势，其中创新思维的流畅性最好而独立性最差，在各年级中四年级学生创新思维得分最低，五年级得分最高。如果将滝沢武夫的研究数据用曲线表示，那么会得到与托兰斯一样的犬齿状曲线。[①]

为什么小学生创新能力发展会在四年级、六年级有下降的现象呢？托兰斯认为，个体创新能力的增长速度与所处的社会文化有密切关系，社会文化中的环境舆论、教育观念、教育内容等都会对学生的创新能力有所影响。小学四年级的学生处于前青春期的阶段，这个时期的儿童需要相互确认，需要伙伴的赞成与一致，需要尊重与服从，因而这阶段儿童个人的独创性表现有所下降。而小学六年级正处于青春期的开始阶段，这一时期儿童生理和心理出现不稳定，变得有些紧张，出现了性的意识，需要得到异性的承认，需要遵从更深一层的社会要求，从而也影响了学生在创新上的表现。托兰斯的这种解释虽然不被人们完全认可，但却是在目前看来比较有影响的一种解释。

除了在发展曲线上存在明显差异，创新能力发展的高峰时期也与智力发展不同，总体上看比智力发展要推迟一段时间。研究表明：从出生到17、18岁主要是个体创新素质的积累时期，这一时期个体虽然也会有创新的表现，但是这些创新的表现更多地不具有对社会发展的实际意义，基

① 吴光威：《国外对儿童创造思维的研究》，《外国中小学教育》1986年第3期。

本不会产生具有社会价值的创新能力。创新能力的高峰时期主要在30—40岁这段年龄，同时由于创新领域的不同创新能力高峰又有一定的差异。有研究者统计认为，化学家的创新能力高峰是26—36岁，诗人是25—29岁即30岁前，数学家和物理学家是30—34岁，医学家和心理学家是30—39岁，技术发明家是30—40岁，油画家是32—36岁，管弦乐、歌剧的作曲家是35—39岁，哲学家是35—39岁，至于创作长篇小说的小说家是40—44岁。因为创作长篇小说不仅需要足够的才能，还要有足够的知识经验。而军事家的创新能力高峰则是50—70岁。还有的研究者提出了创新能力可能会有两个高峰期，第一个高峰期在30岁至40岁，第二个高峰期出现在55岁左右。这就在原有认识的基础上增加了一个时期。对此研究者解释为：55岁时人已经度过了身心多变的更年期，迎来了家庭、经济和地位的稳定，又重新积累了知识，对工作充满信心和责任感，从而引发了强烈的创新欲望。尽管目前研究对创新能力的高峰期认识有所不同，但是我们还是可以看出，对于个体来说，创新能力的发展曲线与智力确实存在着一定的差异。

至此，我们可以对创新能力和智力间的关系形成一个基本的认识。创新能力与智力确实存在着一定的联系，智力是创新能力形成和发展的基础，创新特别是高创新能力需要个体的智力发展成熟并达到一定的水平。但是，我们也可以看出，创新能力的发展还需要有其他的条件，需要有其他因素来支持，创新能力比智力要高级、要复杂许多。在构成上尽管创新能力也需要有思维能力、观察力、注意力、想象力、记忆力，但是一些不利于创新的思维方式应当不在创新能力的构成范围之列，智力只是与创新能力有所重叠。

第二节　教育学视域下的“创新能力”

一、教育学视阈下的创新能力概念

创新是和人的发展、社会的发展息息相关的话题，自然也会成为许多学科的研究对象，不仅心理学、教育学需要研究，哲学、社会学、历史学等多个学科和领域也要对其进行研究。因此，关于创新能力概念实属纷繁多样。仅就心理学的研究来说，因为研究者个人所持的哲学观点和立场的不同，对于创新能力的解释也有很大分歧，形成了如同瞎子摸象的状况。泰勒（R. W. Tyler）等人就曾总结当时心理学各家观点，指出创新能力概念体系大致可归纳为四种：其一为着眼于成果者，概念表述中重视的是作品；其二为着眼于过程者，所重视的是创新的心理过程；其三为着眼于创新者个人，重视创新者人格的表现；其四为着眼于环境，重视文化及生理的背景。尽管直到今天人们对创新能力的概念还不能达成统一认识，但是研究者一般都认同：创新能力是个体在解决问题的过程中产生出具有新颖性和恰当性产品的能力。这里的“新颖性”又可以称为“独特性”，“恰当性”又可以称为“有用性”、“有价值性”，而“产品”则泛指一切有形的或无形的成果，如方法、观点、作品等。

根据产品新颖程度的不同，研究又将创新能力分成三个层次：第一层次是个体意义上的创新能力，创新是对于活动者本人而言的，是活动者以往从没有想到的或做到的；第二层次是群体意义上的创新能力，创新是对于创新者所在的群体而言的；第三层次是社会意义上的创新能力，创新是对于整个社会而言的，是前所未有的，具有社会价值。需要说明的是，三种层次的创新能力在外延上是一种相互包含的关系。第一层次的创新能力外延最大，群体意义和社会意义的创新能力也都在个体意义创新能力的范围内，但个体意义上的创新能力中有一部分是既不属于群体意义也不属于社会意义的创新能力。正是根据心理学的这种理解，教育学的一些研究也这样来界定创新能力的概念，而且认为针对中小学生来说，创新能力主要指的是前两个层次的创新能力。

需要对上述创新能力概念从学科视角进行审视。从心理学的角度看，心理学研究创新能力的目的在于揭示创新的心理过程、心理机制、心理结构等，也就是在于说明“创新是如何发生的”。由于不论何种程度的创新在个体心理上的过程、机制都具有一致性，因此心理学上的创新能力概念应该取的是“个体心理上创新”的视角，也就是个体意义上的创新。对于这一点，美国心理学家博登（Borden）曾做过很好地说明。他说：“心理学意义上的创造力关注的是这样一些观念（不管是在科学、刺绣、音乐、绘画，还是文学等任何领域中），这些观念对具有该观念的个体的心理来说具有根本的新颖性。……而历史学意义上的创造力则适用于对整个历史而言具有根本新颖性的观念。”[①] 据此，他还将创造力区分为心理性创造力（P—创造力）和历史性创造力（H—创造力）两种，认为在这二者之间存在着若干不同层次和程度的创造力。由此可以看出，心理学研究并不注重创新结果对社会发展或社会历史产生的影响，而是强调创新心理活动确实在个体心理上发生了。那么，从教育学的角度看，创新能力又该如何界定呢？

教育学与其他学科相区别的研究视角在于“培养人”，教育学解释和界定创新能力概念应服从于“培养人”的目的。从这一点出发可以看出，如果将创新能力认定为有社会价值的创新或有群体意义上的创新，必然会导致一部分学生甚至是大部分的学生不在创新能力的培养之列，而这却与教育特别是基础教育的目的指向性相背离。基础教育的目的应在于促进所有学生的全面发展，教育培养学生的创新能力在于使每个学生的创新能力都能够不断地得以提高，在于使每个学生的创新潜能都能不断地转化为现实的创新能力。因此，以培养和发展学生创新能力为目的的教育活动，应关注的是个体意义上的创新能力，从而最大程度地促进每个学生创新能力的不断发展。这正像杜威所说的：“在教育上可以得出的一个结论就是：一切能考虑到从前没有被认识的事物的思维，都是有创造性的。一个三岁的儿童，发现他能利用积木做什么事情；或者一个六岁的儿童，发现他能把五分钱和五分钱加起来成为什么结果，即使世界上人人都知道这种事情，他也是发现者。”[②] 所以，教育学视域中的创新能力同样是“个体意义上”的创新能力，但是与心理学的立足点却不相同。基于此视角，我们可以将教育学视域中的创新能力界定为：学生在解决问题的过程中产生出具有恰当性和个体意义上新颖性产品的能力。对于其中的“问题”、“新颖性”和“恰当性”需稍作解释。

---

① ［美］斯腾博格：《创造力手册》，施建农译，北京理工大学出版社2005年版，第332—333页。

② ［美］杜威：《民主主义与教育》，王承绪译，人民教育出版社2001年版，第174页。

（一）“问题”

“问题”是我们每个人在日常生活中都要频繁使用的一个词汇，但我们又往往无法说明其确切的含义。按照《汉语大词典》的解释，“问题”一词的含义有四种：一是要求回答或解释的题目；二是需要研究讨论并加以解决的矛盾、疑难；三是关键、重要之点；四是事故或意外。[①] 与“问题”相对应的英文 problem 有三种含义：一是疑难问题，令人困惑的事（或人、情况等）；二是象棋的布局问题；三是数学或物理中的习题、作图题。[②] 这里我们主要从中文的第二种、英文中的第一种含义来理解“问题”，将其定义为：需要加以研究探索才能解决的难题或矛盾。

问题是内在与外在的统一体，是主观和客观的统一。在教学活动中，教师提出的疑问、布置的作业、提出的任务等是问题的外在形式，学生对于这些作业、任务的心理反应是问题的内在属性。学生的心理反应包括问题成为学生的行为目标并且学生对于这个问题感到有所困惑、需要思考。问题成为学生注意的对象并致力于解决它，这比较容易理解，而对于学生要有所困惑和思考就存在一定的模糊性。认知心理学认为，问题必须是在一定情境下，个人现有的状态与目标状态之间存在差距，这种差距使人有困惑感、使人要进行思考。这种需要进行思考的状态通俗地说就是“不能够不假思索地解决问题”，换言之，就是需要有意识地一步一步进行思考，杜威将这种思考称为“反省思维”。它“开始于可称之为模棱两可的交叉路口的状态，它于进退两难中任选其中之一。如果我们的行动顺畅无阻地从一个事物进行到另一个事物，如果我们任意想象，在幻想中求得欢乐，那便不需要反省思维。”[③] 举例来说，对于 23＋15＝？这道题，一些人不会感到困难，因为他们知道如何去解决，不存在方法上的困惑，不需要反复思考，但是对于没学过两位数加法的儿童来说就是问题。如果儿童不去思考这道题，那么 23＋15＝？对于他而言也不是问题，只有当他注意这

① 汉语大词典编撰委员会：《汉语大词典（第十二卷）》，汉语大词典出版社 1993 年版，第 35 页。

② 《新英汉词典》编写组：《新英汉词典（增补本）》，上海译文出版社 1985 年版，第 1049 页。

③ ［美］杜威：《我们怎样思维·经验与教育》，姜文闵译，人民教育出版社 2005 年版，第 20 页。

道题并想获得答案时，才是面临了问题。

由此可见，“问题”既不是纯粹主观的，也不是纯粹客观的，是主客观的辩证统一。人在面临问题时，不断缩小差距由现有状态向目标状态逼近的过程，就是解决问题的过程。当然，有时问题并不是直接呈现在我们的面前，我们还要提出问题并能明确地界定问题，这个过程有的人称之为“发现问题的过程”。其实，准确地说，发现问题也是一个解决问题的过程，是解决没有问题这一问题的过程，复杂问题的解决往往包含着不断发现问题并进行解决问题的过程。

（二）“新颖性”

“新颖性”也被称为“独特性”、“首创性”。这里的新颖性是相对于学生个体而言的，创新是个体意义上的创新。举例来说，在特定问题的解决中，即使教师或别的学生都知道了有效的解决方法，但是一名学生在不知道的情况下自己找到了这种有效的方法，这种获得对于学生本人来说就是新颖的，他就是在创新。这里还需要强调的是，新颖的产品一定是学生自己发现的。一名小学生在教师写出 1＋2＋3…＋100＝？时也利用算术级数（等差级数）的对称性来求和，很快得出了答案。虽然在整个班级群体中他所用的方法是新颖的，但是如果这种方法是家长在此之前用同样的题来教会孩子的，那么这种情况下这名学生的所谓新方法就不是创新。

（三）“恰当性”

所谓“恰当性”是指产品对于特定问题的解决是有效的，符合问题解决的目的和准则。“新颖性”必须和“恰当性”相结合才能说产品是有创新之处的，二者缺一不可。“恰当性”保证了新颖性的观念、方法不是一种不切实际的异想天开，不是对于问题解决毫无用处的漫天想象。“恰当性”在不同的问题解决中有不同的要求和具体的表现。例如，在上述的 1＋2＋3…＋100＝？的数学问题解决中，如果学生的回答是“等于一只狗跑进了计算机”，这种回答可能是新颖的但却不是能解决问题的，所以是不恰当的。如果学生在解决问题时，将题目中 99、100 这样的数进行分解，将 99 分成 44、45，将 100 分成 23、24、53，再进行比原来个数更多的数的加法计算，那么这种做法即使是新颖的，也不符合数学计算的简便原则，所以也不是在创新。再如，教师让学生写一篇以家为主题的作文，学生如果交上来的是一个新颖别致的家庭院落的模型，那么学生在作文这一问题解决中没有创新，但是如果教师没有限制主题的表现形式，那么学生无疑是在创新，当然是在学生以前没有这样构思和表现过的前提下。

二、教育学视域下的创新能力培养

心理学研究并不专注于“如何培养人”，但许多心理学家在相关创新能力研究的基础上也提出了培养创新能力的目标、策略等，对此我们需要从学科视域上进行分析。

（一）培养学生创新能力的目标

要确定创新能力的培养目标需要先明确创新能力的心理结构，明确个体心理中哪些是形成创新能力所不可缺少的，而这些不可缺少的要素之间又是怎样的一种关系。目前，关于创新能力心理结构的研究可以说是纷繁复杂，各有说词。但是，分析主要观点并进行归类的话，大体可以归为以下四类：

1. 人格观

这种观点认为创新能力是特殊人格的一种外在表现，人格提供了创新的内部动力。“人格观”较早是由精神分析学派提出来的。精神分析学派的奠基人弗洛伊德（S. Freud）认为创新能力是本我欲望的升华，没有被满足的无意识驱力导向了建设性目的，使人的活动表现出创造性。这种创新的人格理论很快被人本主义心理学家提出的人格理论所取代。在人本主义心理学家看来，“成就是人格放射出来的副现象”。而创新人格是健康性的，具有大胆、勇敢、自由、明晰、自我认可等品质。

2. 智力观

这种观点认为创新能力是智力的高级表现，创新能力的结构是一种具有特殊性的智力结构，其中创新思维是结构中的核心成分。“智力观”可以以吉尔福特为代表。在吉尔福特提出的智力模型中，内容、操作与产品是模型的三个维度，操作维度上的发散性思维是创新能力的核心。吉尔福特认为，发散性思维的主要成分包括思维的流畅性、灵活性、独创性和精细性。流畅性是一种能够产生出许多观念的思维品质，灵活性是一种能够从不同的角度产生出观念的思维品质，独创性强调能够产生出不同寻常的、独特的见解，而精细性强调的是思维能够进一步改进原有的观念，从而使人从多种角度的思考中进行筛选，进行思维的聚焦。对于流畅性、灵活性、独创性这三种经常被后来的研究所提及的发散性思维成分，我们以吉尔福特本人提出的测量方法——“砖头的用途”为例来说明。当一个人在较短的时间内，比如 2 分钟，回答出了 30 多种的用途，那么他就比同样时间内只回答出 10 种、8 种的人，在思维的流畅性上强。如果他的回答不只限于建筑的用途、防御的用途，还比其他人多了些诸如平衡、美观、书写等的用途，那么他思维的灵活性也要强一些。再或者，他所提到的用途中有别人所没有想到的独特方面，那么他在发散思维能力的独创性上也表现得好一些。吉尔福特认为有两类能力与创新能力有关。第一类是发散思维“切片”，包含了与发散思维有关的所有智力成分。第二类与转换能力有关，是一种基于一种体验而产生另一种新形式的能力，转换是智力模型中产品维度的一部分。尽管吉尔福特本人也申明，自己并没有否定创新性人格和事实性知识的作用，但是他还是强调在智力的角度上来认识创新能力，所持的是一种以思维为核心的创新能力观。

3. 人格与智力同构观

吉尔福特对发散思维的研究使得人们认为对创新能力可以进行操作，培养学生的思维特别是发散性思维能力开始流行起来，一些心理学家和教育工作者发明了许多的训练思维的技法。然而，实践中人们发现创新能力的培养并不如此简单，仅仅强调认知特性而忽视个性心理的作用，很难全面、系统地把握创新能力的特征，创新能力不仅包括智力因素，还应包括非智力因素。这样就形成了创新能力由创新思维和创新人格共同构成的观点。持这种观点的人比较明确地肯定：创新能力包括创新思维能力和创新人格。创新思维能力是创新能力的核心，它集中表现为思维具有流畅性、灵活性、独创性、精进性的品质，而创新人格集中表现为创新的个性品质，如好奇心、想象力、挑战性和冒险性等。

4. 多维度结构观

上世纪 80 年代后期，一些心理学家认为必须关注知识技能在创新能力发展中的作用，这样就形成了创新能力是由创新思维、创新人格和知识技能等多个维度、多种因素共同构成的观点。这种观点可以以美国心理学家斯滕博格和艾曼贝尔（T. M. Amabile）为代表。斯滕伯格认为创新能力由三个维度六种因素构成，三个维度分别为智力维度、认知风格维度和人格维度，六个因素为智力过程、知识、认知风格、人格特征、动机、环境，六因素主要是从三个维度中提取出来的。其中，“智力过程”包括元成分、执行成分和获得成分三方面。元成分是解决问题的元认知成分，在创造性问题解决中起到计划、监控和评价的作用；执行成分包括编码、推论、图示、应用、比较、判断、反应等步骤；获得成分，是创新能力中顿悟的主要组成成分。六因素中的“知识”是指在创新中起作用的有关经验体系和知识结构。“认知风格”是指智力活动的风格或倾向性。“人格特征”表现为具有忍受模糊的能力、克服障碍的意愿、成长的意愿、敢冒风险、自信等品质。对于“动机”因素，斯滕博格强调动机必须是内在的而不是外在的。创新能力构成因素中的“环境”可以通过传播、支持、评价和修正创新思想来支持创新活动。上述六种因素中，“环境”是外在于个体的因素，其他的五种则是个体所应具备的内在的心理因素。

艾曼贝尔在《创造力的社会心理学：一个组成成分理论的框架》一书中提出了“创造力的组成成分理论”。[①] 该理论认为任何领域的创造性产品或反应的形成都是由三个必要而充分的成分构成，它们分别是：与领域有关的技能、与创造性有关的技能和内部动机。三个成分构成了一个创新能力组成成分的交叉模型，三者相互交叉的部分才会产生创新能力。与领域有关的技能不仅包括事实性知识、特定领域所需要的技术技能，还包括有关领域的特殊“天赋”。与创造性有关的技能包括：有利于创新的认知风格，其特征是，能轻松自如地理解复杂事物，在解决问题时能打破常规的束缚；产生新奇思想的内隐或外显的启发式知识，这种知识是指那些能够简化探索过程的任何原理或策略；有助于产生创造性成果的工作作风，如长时间集中注意的能力、面对困难的坚持性等。创造力交叉模型的最后要素是内部动机，是决定个体完成某一给定任务、达到某一行动目标的动机变量。艾曼贝尔认为内部动机有三个标记，其一是兴趣，其二是胜任感，其三是自主性，是为自己而不是为别人做事的感觉。构成创新能力的

① 张文新、谷传华：《创造力发展心理学》，安徽教育出版社 2004 年版，第 48—53 页。

三种成分之间的关系是：与领域有关的技能是进行创造活动的基础，是问题解决者“可能信步漫游的网络”，决定着创造行为的总方向；与创造性有关的技能，决定着一个人的成果或反应能否超过该领域中以前的成果或反应的水平；前两种成分只决定一个人“能做什么”，而内部动机是一个人具备了一定能力素质后“会做什么”的重要决定因素。因此，艾曼贝尔从社会心理学的角度认为内部动机是创新能力最重要的构成要素。

因为对创新能力心理结构的认识不同，研究者在培养创新能力上会确定不同的目标。比如，人本主义心理学家会注重创新人格的培养，培养学生具有自信、大胆、乐观等健康人格，强调采用非指导性的教学来实现。吉尔福特会注重创新思维特别是发散性思维能力的培养，他提出的24项发散性思维加工策略就是针对于此设计的。持“智力与人格同构观”的人会强调创新思维、发散性思维、直觉思维、想象能力以及探究欲、冒险精神、创新意志等的培养，而持有“多维度观”的研究者会在“智力与人格同构观”的基础上关注知识技能培养。在当前，除了“人格观”不被太多人认同以外，其他三种观点都有比较强的支持者。从这种状况看，心理学研究在为我们提供材料和基础的同时，也给我们带来了困惑，让我们在确定创新能力培养目标时站在了一条有多个选择的岔路口。那么，在借鉴心理学关于创新心理结构研究的时候，我们又应该如何确立培养学生创新能力的目标呢？

对于此，仍然需要从学科视角进行分析，看到不同观点有其不同的理论立足点。“智力观”立足于心理学中“能力”的视角，将创新能力放在“能力”的范围中进行研究。心理学认为，能力就是一种使人顺利完成某种活动的心理特征，智力是一般的能力，且其核心就是思维。从这种观点出发，创新能力培养就应当培养创新思维、创新想象能力等。而“智力与人格同构观”的出发点是将创新能力放在心理学的范围内来进行研究。一般来说，心理学的研究范畴包括心理过程、心理特征、个性心理倾向三大部分，对于“知识”心理学只研究知识获得和形成的心理过程，却不将知识本身作为研究对象。立足于此，创新能力的构成成分自然就不能将知识包括进去，创新能力的培养也绝不会包括知识的培养。而“多维度结构观”正是基于以往研究的这种缺陷提出来的，认识到创新能力的构成必须考虑到知识以及技能的作用，创新能力的形成是多种因素共同作用的结果。这种多维度的结构观突破了以往学科框架的局限，从创新能力形成所需要的各种因素入手来进行研究，研究表明影响创新能力形成的因素既是多样的又是综合的。“多样”表现在，创新能力的构成因素不仅包括智力因素而且包括非智力因素，不仅包括思维、人格因素，而且还包括以往研究所不关注的知识及技能方面；“综合”表现在，这些因素不是彼此孤立而是相互作用、相互影响的，创新能力是多种因素综合作用的产物。

在这样的认识和分析下，我们从教育学的学科特点出发，应该看到教育学研究创新能力是为了更好地培养学生的创新能力，研究必须关注到影响学生创新能力形成和发展的各种因素。由于多维度的观点更全面地揭示了影响创新能力发展的各种因素，所以，创新能力的培养应当秉持多维度的结构观，致力于学生全面而综合的心理素质的培养。根据现有的研究，可以将创新能力培养目标确定为三个维度：第一，培养学生获得有助于创新的知识技能；第二，培养学生形成有利于创新的思维；第三，培养学生形成创新人格。这样看来，创新能力培养就不能只局限于学生思维能力的培养，而且在创新能力培养上必须打破知识与能力的二元对立思维，要将知识传授视为创新能力培养的一个有效组成部分。当然，并不是所有的知识都有利于创新能力培养，也并不是所有的知识传授过程都有利于创新能力的形成，这也是需要明确的。

（二）培养学生创新能力的道德性要求

创新能力是一种特殊的解决问题的能力，要求在问题解决中必须产生出具有新颖性和恰当性的产品，在心理学的研究中，创新能力就是这样一种稳定的心理特征。对于这种心理特征，心理学并不关注它应该用在什么样的活动中，应该合乎什么样的道德要求。也就是说，这样一种能力是为社会造福还是为个人谋利，是为他人谋发展还是损人利己，是用于道德活动中还是用于非道德的活动中，这些都不是心理学关注的问题。在心理学研究看来，研究出一种有杀伤力的黑客入侵软件和一种有效地防黑客入侵软件，都是一个人具有创新能力的表现。所以，心理学在研究创新能力培养策略、方法时，并没有也不会对创新能力培养的道德性予以关注。

与心理学研究不同，教育学致力于研究如何“培养人”，研究对人整体素质的培养和提高，我们不仅要关注学生兴趣、爱好、知识、技能、能力等的培养，还要关注学生思想品质、道德品质的培养。这样，在创新能力培养中就需要对学生的品德培养予以关注，特别是在人文学科教学中更是如此。对于此，有的人认为教育活动需要对学生的品德进行培养，这是毋庸质疑的，但是品德培养和创新能力培养是不相关的两件事情、两个活动，创新能力培养不应涉及到品德的培养。为了更清楚地表明这两个活动间的内在关联，我们以一个具体教学事例来说明。

在小学课堂上，一位教师在讲解《狐狸与乌鸦》这篇寓言故事后提出一个问题，让学生来评价狐狸和乌鸦，并谈谈学习课文后获得什么启发。对这一问题，许多学生都从“狐狸狡猾乌鸦喜欢奉承”、“不能爱慕虚荣”、“不能听信别人的花言巧语”的角度来回答。这时有一名学生却回答得与众不同，他认为“狐狸很聪明，能想办法获得自己想要的东西，我们应该向狐狸学习”。在这样的情况下，教师应如何评价学生的回答呢？如果仅仅从创新能力培养的角度看，学生在回答问题时能够发散思维，敢于提出自己的想法做出自己的判断，并提出一种有新颖性的见解，这是应该鼓励的，它是学生敢于创新的一种表现。那么，是否教师就应该表扬和肯定学生呢？不尽然。因为语文教学不仅要培养学生的创新精神，还要培养学生形成正确的人生态度和价值观，形成良好的道德品质。从这个角度衡量的话，学生的回答就有偏颇之处，教师应该让学生看到狐狸是在骗取别人的东西是不道德的，教师要纠正学生的认识。因此，在创新能力培养上，我们还要认识到不仅需要让学生敢于提出自己的主张，提出有新颖性的观点，而且还要从道德的角度以善恶、是非的标准对学生的创新进行评价和衡量，注意到学生的创新是否符合道德性的要求，这种道德性的要求也可以看作是人文学科中学生创新能力“恰当性”的一个表现。只有区分出心理学和教育学上的这种差异，我们的创新能力培养才不会走入误区，才会从整体上促进学生的发展。

第三节　培养学生创新能力的可能性与必要性

一、基础教育能够培养学生的创新能力

（一）创新能力能够培养但不能通过训练获得

1. 创新能力是多种因素综合作用的结果

对于基础教育能否培养学生的创新能力存在认识上的分歧。有的人认为：创新能力不是一种教了就会的简单技能，因此，教育包括基础教育不可能培养学生的创新能力。

这种认识主要来自于对实践中创新能力培养的反思。20 世纪初期，社会的发展对人的创新能力有了明显要求，与之相呼应的是，关于创新能力的研究也取得了显著成果。一些心理学家以思维为核心从认知的角度来开展研究，杜威的《我们如何思维》、韦特海默（M. Wertheimer）的《创造性思维》以及其后吉尔福特的《创造性能力——它们的性质、用途与培养》等著作都是代表性的研究成果。创新思维的研究带动了创新能力培养的实践，许多的研究人员发明了创新思维的培养技巧和方法，有关创新思维的训练课程和培训机构也非常流行，对创新能力的培养几乎等同于了对创新思维的训练。人们试图通过相对固定的方法或程序，传授创新技能和技法，促使个体调控自身的思维过程，从而达到提高创新思维能力的目的。这种创新思维训练的做法在我国 80 年代以来的创新能力培养实践中也相当普遍，许多的教育实践都主要是对创新思维的培养和训练。以国内比较有名的一所小学创新能力培养的实践为例。①

该校对学生创新能力的培养开始于 1980 年，并坚持研究和实践了二十多年，成了国内创新能力培养实践的一个典型。在对学生进行创新能力激发和培养中，这所学校发明了方便实用的“创造十二技法”，在对学生

① 王灿明：《儿童创造教育论》，上海教育出版社 2004 年版，第 279 页。

创新能力的培养中起着重要作用。“创造十二技法”包括：(1) 加一加：加高、加厚、加多、组合等。(2) 减一减：减轻、减少、省略等。(3) 扩一扩：放大、扩大、提高功效等。(4) 变一变：变形状、颜色、气味、音响、次序等。(5) 改一改：改缺点、改不便、改不足之处。(6) 缩一缩：压缩、缩小、微型化。(7) 联一联：原因和结果有何联系，把某些东西联系起来。(8) 学一学：模仿形状、结构、方法，学习先进。(9) 代一代：用别的材料代替，用别的方法代替。(10) 搬一搬：移作他用。(11) 反一反：能否颠倒一下。(12) 定一定：定个界限、标准，能提高工作效率。从这所学校创新能力培养的实践来看，学校注重的是思维技能的训练。所谓的“创造十二技法”其主要作用在于突破学生原有的思维，使学生能够从多种角度来思考问题，进行发散式的思维。将发散思维训练等同于创新思维培养，又将创新思维培养等同于创新能力培养，这种创新能力培养的实践活动具有一定的普遍性。

通过思维训练来培养学生创新能力的做法，受到了一些研究人员的质疑，他们认为这是将复杂的创新能力培养简单化了。在实践中人们也发现，由于创新思维技法的训练往往是高度情景化的训练，这种在人为设定的情境中培养起来的创新思维实际上缺乏“生态效度”，难以与真实生活中的创新思维相提并论。对于此，心理学家韦斯伯格（R. W. Weisberg）指出：某些创新思维训练确实可以提高个体在特定任务上的测验成绩，但是很少有研究表明这种训练培养的创新思维具有持久性或稳定性，也很少有研究证明它能推及到特定测验以外的情景。[①] 通过反思后人们认识到，创新能力培养绝对不能是一种有固定操作步骤的技能训练，这种方式是绝对不能将创新能力培养起来的，教育能否培养创新能力也因而受到质疑。

人们的质疑不是没有道理的，这种将创新能力等同于创新思维又进而等同于发散思维的做法是错误的。在 20 世纪的后期，人们更加清楚地认识到创新能力是由知识技能、创新思维和创新人格共同构成的一种复合能力，创新能力的形成是多种因素共同作用的结果，在创新能力培养上不能简单化地进行思维技能的训练，必须从知识技能、思维和人格多方面来培

① 张文新、谷传华：《创造力发展心理学》，安徽教育出版社 2004 年版，第 323 页。

养学生的创新能力。这之中，知识技能是人进行创新的基础，是创新活动的原料，决定着创新的领域并制约着创新能力的高低；创新思维就是有利于创新活动的思维，创新思维是创新能力的内核，是创新活动得以进行的工具和手段，没有创新思维再多的知识技能也只能让人因循守旧地解决问题；创新人格是有利于创新的人格，它是创新能力的内部动力，左右着创新活动的方向，对创新活动的进行提供着支持力。作为培养人的教育活动，最为主要的也是对学生知识技能的掌握、思维品质及人格的形成发挥作用。因此，教育包括基础教育能够在学生创新能力的发展上发挥作用，如果否定了教育的这种作用就无异于是对教育活动本身存在的否定。

2. 创新能力的培养是一个复杂的过程

创新能力能够培养但是不能通过技能训练的方式来进行，这是我们对创新能力培养所形成的认识。同时，还需要强调的是，由于各种因素是相互作用的，在培养中我们不能将三个方面割裂开来单独进行培养。既不能像开设创新技能、技法课程那样来培养创新思维，也不能像人本主义学家所主张的那样依靠人文、社会课程的学习来培养创新人格，更不能像有些人主张的那样只关注知识技能，认为创新能力会在知识技能的基础上自然而然地发展起来。这些主张都是对创新能力培养的片面认识，是一种将三个维度割裂开来单独进行培养的错误倾向，也都是违背创新能力发展内在规律的做法。创新能力构成中的三个维度虽然各自属于不同的范畴，有着各自不同的特点，但是三个维度之间并不是互不关联、彼此孤立的，三个维度之间存在着非常密切的联系，它们之间相互影响、相互作用，在影响和作用中形成了它们自身。

其一，人格与思维相互制约、相互影响。不同的人格特征使得思维具有不同的取向，或倾向于保守的常规思维，或倾向于富有挑战的创新思维，也正是基于这一点，吉尔福特认为人格特征其实也包括着认知风格，有利于创新的人格特征才会使人形成有利于创新的思维。同时，思维也影响着人格特征，良好的人格特征得益于良好的思维方式。创新人格要求人具有自信心但又不目空一切、妄自尊大，具有独立性但并不固执己见，具有质疑精神但并不盲目怀疑，人格特征上这种适度的张力需要以人的良好思维方式为保障。只有通过良好的思维，人才会在尊重客观事实、根据，尊重逻辑的前提下，不陷入以自我为中心的主观臆断，才会形成有张力的创新人格。因此，从这点上看创新人格和创新思维是彼此存在的前提，二者互相影响，不存在具有创新思维却没有创新人格的情况。

其二，知识技能与思维相互制约、相互影响。知识技能是思维的内容与原料，如果没有知识技能，思维就没有了运行的内容，思维也就不复存在。不仅如此，知识技能的数量和质量还制约着思维的广度、深度，僵化而零散的知识技能只能造成思维的狭隘、混乱和僵化，思维也就谈不上创新。同时，在教学中学生的思维活动也制约着知识技能的掌握。没有能够脱离思维活动的知识技能学习，知识技能的学习总是伴随着相应的思维方式、过程，或是伴随着常规式的思维、机械僵化的思维，或是伴随着发散式思维、创新性的思维，而有利于创新的知识技能是良好思维的产物，是有利于创新的思维的产物。因此，知识技能与思维相互影响，有利于创新的知识技能和思维是在教学活动中相互作用而形成的。

其三，知识技能获得的过程也是人格形成的过程。人的任何活动既伴随着相应的思维也伴随着相应的人格特征，教学活动中学生掌握知识技能的活动也是人格形成的过程，人格的形成离不开知识技能的学习过程，二者存在着密切的联系。在支持和鼓励创新的氛围中，学生对于知识的不同理解会受到教师的重视或肯定，学生的探索精神会受到鼓舞。反之，学生则会受到忽视或讥讽，学生的好奇心、求知欲、探索精神等也会大打折扣。因此，创新能力培养必须同时关注知识技能、思维和人格三个方面的培养，教育培养创新能力具有复杂性和艰巨性。

（二）创新能力培养重在不断提高所有学生的创新能力

1. 中小学生的创新能力表现为个体意义上的创新

也有的人认为：创新是特定领域中科技人员的事情，中小学生还是几岁、十几岁的孩子，让这些孩子创新是天方夜谭。因此，基础教育阶段根本不可能培养学生的创新能力。

这种观点的形成与对创新能力标准的认识有关。之所以有的人认为基础教育阶段不需要或不能够培养创新能力，主要是认为创新是社会意义上的创新。以社会意义上的创新标准来衡量中小学生的话，许多的中小学生都不可能达到创新的要求，学校也就不具有全面培养学生创新能力的可能性。这种认识说明：对于创新能力的标准需要有一个明确地确定。

创新能力不是少数天才所拥有的专利，普通人也会具有不同程度的创新能力，这是现代心理学研究所揭示的。正如吉尔福特所说的："一般心理学家都确信：除了有病理学上的问题之外，所有人都在某种程度上拥有所有能力。因此，可以预期，几乎所有人都会有创造性行动，不管这种创造性行动是多么微弱或多么罕见。"① 虽然几乎所有的人都有创新能力，但是人们所具有的创新能力是不同的。如果将创新能力分成社会意义、群体意义和个体意义三个层次的话，中小学生的创新能力应当是个体意义上的创新能力。

现代社会的发展要求每个人都具有创新能力，从教育现实性上和基础教育的目的指向性上看，基础教育阶段应当培养的是学生个体意义上的创新能力。从教育现实性上看，基础教育的对象是正在成长和发展中的中小学生，由于中小学生身心发展水平和知识技能的局限，中小学生的创新更多地是个体意义上的创新，而不是社会意义上的创新。从基础教育的目的指向性上看，创新能力培养应当服务于基础教育促进所有学生发展的目的，培养的也应当是个体意义上的创新能力。对此我们具体分析。对于基础教育，《教育大辞典》的解释是：它亦称"国民基础教育"，是对国民实施基本文化知识的教育，也是提高公民的基本素质的教育，或者指为继续升学或就业打好基础的教育。我们认为，这些解释没有完全揭示出基础教育的本义。

与高等教育和职业教育相区别，基础教育既不是为升学服务的教育，也不单单是实施基本文化知识的教育，更不是为就业做准备的教育。从人的发展来看，基础教育的本义在于为人的一生奠定基础，基础教育应当指向所有人的所有方面的发展。所有人的所有方面的发展，意味着基础教育不是选拔性教育、不是精英教育，是面向所有学生的教育，是旨在促进所有学生发展的教育。同时，它还意味着基础教育不是对学生特定方面进行专门培养的教育，而是促进学生身心整体发展的教育，是促进学生在各自

① ［美］吉尔福特：《创造性才能——它们的性质、用途与培养》，施良方等译，人民教育出版社 1991 年版，第 12 页。

遗传素质和身心特征的基础上获得有个性发展的教育。对于此，联合国教科文组织在其报告中也曾强调：基础教育“就是普遍提供一种适合于所有人的教育，它既能使人们为今后的学习打下坚实的基础，也能使人们获得积极参加社会生活的基本能力。”[①] 促进所有学生的发展是基础教育的直接目的指向，基础教育阶段的教育教学活动都应服从于这一目的。因此，基础教育阶段应当培养学生个体意义上的创新能力，以促进所有学生创新能力的发展。

2. 教师要不断提高所有学生的创新能力

中小学生的创新是个体意义上的创新，基础教育完全可以而且也应该承担起培养学生创新能力的任务，在培养的过程中教师必须注意不断地提高所有学生的创新能力。为此，需要注意以下两点：

首先，教师应关注对学生创新能力的“培养”。这句话看似多余，其实不然。人人都具有创新的能力，但是创新能力的大小却并不相同。教育实践中，学生在不同领域所表现出的创新能力大小必然各不相同。而教育实践中教师应当关注的是对每一个学生创新能力的“培养”。关注“培养”，要求教师应针对学生的这种不同因材施教、因势利导，使学生尽可能地发挥长处、弥补不足。与“培养”相对的是“筛选”，这种筛选是将学生分成不同的等级，对少数学生进行精英式的创新能力培养，对大多数学生进行淘汰，放弃对他们创新能力的培养。强调关注“培养”要求教师对于不同学生的不同创新能力给予同等的关注，使所有学生的创新能力都能有所发展，都能不断地有所提高。对于这一点，杜威在《民主主义与教育》中也曾有过告诫和强调，他说：“一个人的能力怎样和另一个人的能力在数量上进行比较，并不是教师的事。这种比较和教师的工作无关。教师所要做的事，是使每一个学生有机会在有意义的活动中使用他自己的力量。心智，个人的方法，创造性（这些都是可以调换的名词）表示有目的或有指导的活动的性质。如果我们按照这个信念去做，即使按传统的标准我们也将获得更多的创造性。如果我们把一个所谓统一的一般的方法强加

① 联合国教科文组织：《教育——财富蕴藏其中》，教育科学出版社1996年版，第110页。

给每一个人，那么除了最杰出的人以外，所有的人都要成为碌碌庸才。”①因此，只有立足于“培养”而非“筛选”的教育活动，才会使每个学生的创新能力都得到发展，也有可能使更多的学生在个体创新的基础上，达到群体或社会意义上的创新。

其次，中小学生创新活动的价值重在活动过程本身。我们可以将中小学生的创新活动与成人、高等院校学生的创新活动进行简单的比较。成人特别是其中的特殊人员（如科研人员）的创新活动是在掌握了相关领域的已有成果基础上的创新，他们的创新活动不仅要有个人价值而且更重要的是要具有社会价值，社会价值是衡量这些人员创新活动价值的主要标准。再看高等院校中学生的创新活动。高等院校的学生也要进行创新，他们的创新活动是在学习过程中的创新，同时也是在掌握了基础知识、相关专业领域研究成果后的创新，这使得他们的创新不仅要有个人价值，而且要在专业领域中具有一定的社会价值，创新活动的价值衡量具有双重标准，而且社会标准的比重在逐步增强。也就是说，上述人员的创新活动更偏重于创新活动的结果，偏重于创新的产品。与此不同，中小学生的创新是在继承人类已有文化成果过程中的创新，创新活动的结果基本上都是人类已经获得的创新成果。因此，基础教育阶段学生的创新活动重在活动过程本身，重在通过创新活动的过程来发展和提高学生的创新能力。

二、基础教育需要培养学生的创新能力

（一）学生创新能力的发展是一个过程

在学生创新能力培养上还有一种观点认为：基础教育就是打基础的教育，是为学生以后的创新打下基础，因此，基础教育阶段不需要培养创新能力，创新能力培养是高等教育阶段的任务。

这种观点的形成仍然同人们对创新能力的认识有关，同对创新能力发展的认识有关。这种认识其潜在的逻辑有两个。其一，学生有了知识技能的基础就会自然而然地发展起创新能力。所谓的基础教育打基础，主要是

① ［美］杜威：《民主主义与教育》，王承绪译，人民教育出版社 2001 年版，第 188－189 页。

为学生打好知识技能的基础，这些知识技能的基础主要是人类已有的认识成果、文化遗产，学生获得这些知识技能之后就会自然而然地发展起创新能力。由此，基础教育阶段不需要强调培养创新能力。其二，学生个体意义的创新没有价值，学生打好基础后再培养创新能力也不晚。既然学生的创新主要是对已有成果的再发现，学生的创新不具有任何的社会意义，所以，基础教育阶段不需要强调创新能力的培养，只要学生打好基础就行了。这里的基础是以知识技能为主的各种基础，打好基础以后，在高等教育阶段再培养学生的创新能力就可以了。由此，基础教育也不需要培养创新能力。当然，这两种逻辑是相联系的，我们只是将它相对区分开来，以便具体分析。前一种逻辑显然是不能成立的。这在前面也有过论述，创新能力需要学生有知识技能，但是这些知识技能的获得必须要有相应的创新思维、创新人格的形成，认为知识技能的基础打好了就会在以后发展起创新能力是不成立的。以往的形式教育和实质教育之争也说明了这个问题。知识与能力不能割裂，既没有无条件能够普遍迁移的能力，也没有自动就会转化为能力的知识，而作为能力的最高表现的创新能力更不会自然而然发展起来。那么，后一种逻辑是否成立呢？是不是个体意义的创新能力没有任何价值，具有社会意义的创新能力会在高等教育阶段自然而然地发展起来？

在创新能力培养的问题上我们必须树立科学的发展观，必须认识到创新能力的发展是一个从低级到高级的过程，基础教育阶段培养的创新能力是高等教育阶段学生创新能力发展的基础，不能将个体意义的创新能力与社会意义的创新能力相割裂，不能以打好基础来否定创新能力的培养。

从哲学的角度说，“发展”是用以揭示事物变化性质的概念，指的是事物在运动过程中所发生的量变和质变相统一、连续性与非连续性相统一的过程，发展的总体趋势是从低级到高级、从简单到复杂的前进上升运动。创新能力的发展也是这样，是一个过程。其中有量变渐进的阶段，也有质变突进的阶段，是一个连续和非连续的统一体。从个体创新能力的发展来看，不同阶段个体的创新能力在水平和特点上都存在着差异，表现出一定的年龄特点。学前儿童的创新能力处于发生和初步发展的时期，创新能力主要通过绘画、音乐、舞蹈、手工制作、游戏等活动表现出来，并在这些活动中不断发展。中小学时期的儿童进入学校接受系统的教育，这是创新能力发展的重要时期。而成年后，个体生理和心理的发展成熟，智力、自我意识等个性心理特征的日臻完善，思维品质的发展，为个体创新能力的发展提供了充分的条件，创新能力会在成年期达到顶峰。中年后，个体的各项技能开始下降，但是知识经验不断增长，因此创新能力的水平未必下降。甚至到老年期，个体还会表现出一定的创新能力。[①] 这说明，创新能力的发展是一个过程，是一个从低级到高级不断发展的过程。

在现实中，能够进行社会意义上创新的学生还是极少数，大多数学生的创新都属于个体意义上的创新，虽然这些个体意义上的创新不具有社会意义，但是会促进具有社会意义的创新能力的形成，基础教育打基础，高等教育阶段才培养创新能力的认识是错误的。从创新能力发展所需要的知识技能、思维、人格特征来看，学生获得的知识技能并不都是有利于创新的。基础教育阶段学生如果获得的是有助于创新的知识技能，那么就会成为高水平创新能力发展的有益基础，反之，则会阻碍创新能力的发展。同样，教育教学活动中学生知识技能的获得，必然伴随着一定的思维品质以及人格特征的形成。而僵化的、模式化的思维方式，对权威的盲目顺从、从众的人格特征等都不利于学生创新能力的发展。因此，基础教育阶段学生的创新能力是高一阶段创新能力发展的基础。同时，心理学、哲学、教育学的研究也表明，一些与创新能力发展关系密切的品质具有发展的关键期，只有抓住关键期对学生进行培养才会更好地促进学生创新能力的发展。对于此，美国的哲学家谢弗勒（I. Scheffler）就曾指出："学习能力并不是一种无限的、可供学习者随便浪费的资源。如果孩子们的好奇心没有得到唤醒，而是受到严重压抑的话，就会逐渐丧失掉。如果孩子们天生的问题意识没有得到保护，而是不断受到阻碍的话，最终也将失去。对于探究新的东西来说，理智的灵活性、冒险精神、自信等是非常必要和宝贵的品质，如若长期不用或滥用的话，也会失去它们原本的作用。"[②] 由此

① 张文新、谷传华：《创造力发展心理学》，安徽教育出版社 2004 年版，第 12－13 页。

② ［美］谢弗勒：《人类的潜能——一项教育哲学的研究》，石中英等译，华东师范大学出版社 2006 年版，第 12－13 页。

可见，低级阶段的创新能力虽然没有社会意义，但是却可以为以后高级阶段创新能力的发展提供良好的条件，不能只追求质变却忽视量变的积累，不能否定基础教育阶段创新能力培养的重要性，更不能将创新能力培养作为高等教育阶段的特定任务。

（二）应当看到学生创新能力的表现是多种多样的

1. 学生创新能力的表现是多种多样的

有的人也强调学生创新能力培养的重要性，但是认为学生的创新就是表现在学科学习活动中的创新，既然创新是一种解决问题的活动，那么学生的创新就是解决教师提出来的学科学习中问题的能力。这种能力较为明显的就是一题多解的能力，就是一种学生能够自己找到解决数学、物理等学科问题的能力，类似于高斯对于数学中算术级差方法的获得。很显然，这种对学生创新能力的认识有两个特点，一是问题必须是各种学科的问题，二是问题只能是教师布置给学生的，不是学生自己寻找并自己要解决的问题。

其实，每个人的创新能力除了具有程度上的不同之外，还具有领域上的差异，也就是说创新能力的外在表现是多种多样的。除了以往人们所关注的科学技术或文学艺术领域之外，人们可以在社会实践的各种领域中表现出创新能力。对于此，美国心理学家马斯洛（A. H. Maslow）有着生动直观的描述："一名妇女，她是没有受过教育的、贫穷的、完完全全的家庭妇女和母亲，她所作的那些平凡工作没有一件是创造性的，然而她却是奇妙的厨师、母亲、妻子、主妇。……她做的膳食是盛宴，她在台布、餐具、玻璃器皿和家具上的情趣是无瑕的。她在所有这些领域中，全都是独到的、新颖的、精巧的、出乎意料的、富有创造力。我的确应该称她是有创造性的。"由此，马斯洛断言："第一流的汤比第二流的画更有创造性；一般说来，做饭、做父母以及主持家务，可能具有创造性，而诗也不必定具有创造性，它也可能不具有创造性。"[①] 通过这样的描述，马斯洛打破了以往人们的假设，打破了创新能力只能表现在某些专业领域之中的假设，打破了创新能力是专业人员"特权"的假设。

---

① ［美］马斯洛等：《人的潜能和价值》，林方等译，华夏出版社1987年版，第244页。

对于中小学生而言，他们创新能力的表现也是多种多样的。可以表现为艺术领域上的创新能力，如绘画、音乐等方面的能力；可以表现为数学、物理、化学等学科学习中的灵活解决问题的能力，如对问题的一题多解的能力或找到全新的有效方法的能力；可以表现为文学创作上的能力，社会调查研究上的创新能力；还可以表现为手工制作上的创新能力以及灵活地处理人际关系的能力，等等。从大的方面说，可以根据学生学习活动的不同将创新能力分成两类：一类是学生创新地解决学科学习活动中各种问题的能力；一类是解决学科学习活动以外的各种问题的能力，主要是运用所学的知识技能来创新地解决实际生活中问题的能力。前一种能力是学生学习中能够触类旁通、闻一而知十，后一种能力是一种学生解决实际问题的实践能力。而在这些问题的解决中，虽然会有教师布置给学生的问题，但是也会有而且应该有学生自己寻找到的问题，而这种学生能够自己发现问题并进行解决的创新能力是极为重要的，它是学生较高水平的创新能力的体现。

2. 重要的是使学生能创新地解决社会生活中的实际问题

创新能力是人在主动性、能动性基础上发展起来的能力，是人格自主性的充分体现，在实践活动中表现出来的创新能力也是人作为人的最为重要的共性特征，是人本质性力量的体现。马克思主义认为，人区别和超越其他动物之处主要在于：人不只是生活在既定的自然界之中，人还能够改造自然创造出人化的世界，人不仅仅能够适应环境而且能够改造环境，而且实际创造一个对象世界，改造无机的自然界，这是人作为有意识的类的存在物的自我确证。这里，人与外部世界是相互作用的关系，人在改变外部世界的同时也改变了自身。在改变外部世界的过程中，与人的重复性活动相区别，创新活动使社会得以不断前进和发展，创新成为人类社会进步的重要条件和动力。与此同时，改变环境的过程中人也在进行着自我确证和改变。正如美国心理学家弗洛姆（E.Froom）所说的："在没有异化的主动（活动）中，我体验到自己是活动的主体。没有异化的主动是一个创造、生产的过程，我与我的产品始终保持着联系。也就是说，我的活动是我的力量和能力的表现，我、我的活动和我的活动的结果结为一体。我把这种没有异化的主动（活动）

称作创造性活动。"[1] 正是这种创新活动使人在面对困惑和有限境况时，能够主动应对挑战，经过由困惑到确定、由有限境况到扩大了的自由空间的过程，人焕发出更大的潜能、超越自己并解放自己，人的发展获得质的突破。

因此，与重复性活动相区别，解决实际问题的创新活动是人本质性力量的集中体现。学校培养学生的创新能力从根本上说是使学生获得作为人所应具有的本质性力量，使学生在社会生活中能够主动面对困境和挑战，超越自己、发展自己，获得更大的发展空间。这样看来，学生的创新能力虽然在很多时候表现为对学科学习中各种问题的创新解决，但是，创新能力的培养决不能限于此。基础教育阶段学生创新能力的培养，重要的是使学生作为一个"人"来创新地解决实际社会生活中所遇到的各种问题，这种实践能力的培养是创新能力培养的根本。

第四节　培养学生创新能力的三维目标

根据前文对教育学视域中创新能力的分析，基础教育阶段培养学生创新能力的目标主要有三个方面：其一，培养学生获得有助于创新的知识技能；其二，培养学生形成有利于创新的思维品质；其三，培养学生形成有利于创新的人格特征。

一、培养学生获得有助于创新的知识技能

（一）有利于创新的知识和技能的特征

知识是指"人类认识的成果"，是在实践的基础上产生并经过实践检验的对客观现实的反映。在认知心理学中，知识又被称为"陈述性知识"，是指用来描述"是什么"或解释"为什么"的知识，个体的心理编码形式一般为："……是（因为）……"。知识的表现形式包括事实、概念、原

① ［美］弗洛姆：《占有还是生存》，关山译，三联书店1989年版，第97页。

理、定律、理论、假设等。技能是通过练习获得的、能顺利完成某项任务的动作方式或智力活动方式。认知心理学中将技能称为“程序性知识”，主要是用来回答“怎么办”或“如何做”的知识，在个体心理中的编码形式通常为：“如果……则……”。技能作为程序性知识是在陈述性知识的基础上转化而来的，是陈述性知识的升华。技能包括动作技能和认知技能，认知技能还可以细分为智慧技能和认知策略。动作技能表现为身体上的运动能力，如书写的动作、弹奏的动作等。智慧技能表现为运用概念、原理等知识来完成任务的技能，相当于斯滕博格所说的智力过程中的执行成分。认知策略表现为对完成任务过程中个体认知过程、思维方法等的监控、调整，相当于斯滕博格所说的智力过程中的元成分。例如，在写一段话时，知道应该先写什么后写什么，这是一种完成任务时所需要的以思维为核心的智慧技能。在写的过程中，能够把握自己写作时的思维，并根据任务不断地进行调整，这是一种对自己解决问题（写作）时思维的认识和监控能力，是认知策略的表现。在实际的活动中，动作技能和认知技能是连在一起的。

知识、技能是创新的“原料”和基础，创新总是在继承前人知识、技能的基础上进行的。没有知识或知识贫乏的人，难以形成对事物的正确认识，创新也就无从谈起；只有对相关领域的知识、技能有了相当的认识，人们才有可能发现问题，确定需要创新之处；只有熟知既有的知识、技能，才会有可能对知识、技能进行深层次上的重新组合，从而创造性地解决问题。近年来，一些研究者通过对高创造性人才发展历程的研究发现，个体从接触某一领域的知识、技能直到达到专家水平并有所社会意义上的创新，大约经过十年左右的时间，即“10 年律”。可见，创新能力的发展需要大量的知识、技能作为基础，专业领域中具有社会意义的创新还需要人长期专心于某一领域，通过长时间的学习来获得相关的知识、技能。但是，创新能力的发展并不能仅仅强调知识技能的数量，现实生活中人们发现也有人拥有大量的知识却鲜有创新之见，缺乏创新的能力。对于此，心理学的研究认为，知识技能还必须具有一定的质量，只有具有一定数量和质量的知识技能才有利于创新，才是创新活动所需要的。

高质量知识技能的表现之一就是知识技能必须是多类型、多方面的，各种知识之间形成合理的知识结构。心理学的研究发现，有利于创新的知识不仅是多方面的知识，而且要求知识之间、各种知识之间必须是具有逻辑上的联系，不能是零散的、杂乱的。知识之间的逻辑性有利于知识的结构化，而结构化的知识可以使人能够以模块的形式来存储知识，便于大量的知识的存储，也便于知识运用时的调动。

高质量知识技能的表现之二就是知识技能必须是融会贯通的，能够围绕着问题的解决而组织起来。对于高质量知识技能的强调，源于人们对现实中各种问题复杂性、综合性的认识。现实社会生活中人们所要解决的问题是复杂的，需要人运用多学科、多方面的知识和技能来解决。在解决这些问题时，不同学科之间的知识还必须能够相互综合。例如，现代社会中水污染日益严重，而水污染问题的解决就需要物理、化学、数学、生物学、工程学、管理学、社会学等多种学科的知识技能，需要化学动力学、环境化学、环境工程学等多种交叉学科知识，这些方面的知识在问题解决的不同方面起到不同的作用，必须将这些知识融会贯通，围绕着水污染的问题解决组织起来。

（二）基础教育应当使学生掌握全面的知识和技能

创新活动需要的是多方面的知识，需要的是一定数量的知识。在基础教育阶段，创新能力培养应不同于高等教育和职业技术教育，应当致力于使学生获得较为全面的知识和技能，这些知识和技能是学生现阶段创新能力发展所需要的，也是以后高水平创新能力发展所必需的。

首先，“使学生掌握全面的知识技能”意味着，要通过教育教学活动使学生获得全面的文化科学知识和技能。“教育教学活动”包括学科教学活动，也包括学科教学活动之外的各种活动。“全面的文化科学知识技能”强调的是知识技能的广泛性，与之相对比的是专业教育中知识技能的一定领域性。创新需要较多数量的知识技能，在专业教育中较多的知识技能主要表现为熟知一定领域的已有研究，而在基础教育中较多的知识技能主要表现为知识的范围是广泛的。由基础教育的特殊性所决定，广泛的知识技能表现为基础性，是自然科学、社会科学、人文学科中的基础性的知识技能。但是，由于学生创新能力领域和程度上的差异，不同的学生在文化科学知识技能的获得上也会表现出不同，也不排除在一定阶段有的学生在某一领域会具有较为深入的知识技能。

其次，“使学生掌握全面的知识技能”意味着，学生不仅要具有低端的技能还要具有高端的技能。技能有低端和高端之分。低端的技能表现为个体的简单技能，是根据明确的步骤和指示就可以有效完成的技能，如写字的技能。低端技能主要是简单的动作技能和智慧技能的结合，低端技能可以通过多次反复熟练达到自动化的程度。高端的技能表现为复杂的技能，是不能在不同的个体间有效传递的技能，需要在实践活动中逐渐形成，如写作的技能。高端的技能又被称为能力，它包含着低端的技能，而且往往是动作技能、智慧技能以及认知策略的结合，高端技能不能通过反复熟练而自动化。在创新活动中，高端的技能是必需的。它表现为收集、分析、处理信息的技能，动手操作和制作的技能，表达和交流的技能，写作的技能，表演的技能，等等。这些技能其实也是人解决问题的一种技能。例如，在收集信息的技能中包括收集什么、从哪里收集、采用什么样的收集方法等环节，这些环节本身就构成了一个问题解决的过程。

最后，“使学生掌握全面的知识技能”意味着学生获得的知识技能必须是能够融会贯通的。“融会贯通的知识技能”被学生理解且具有内在的逻辑联系。另外，“融会贯通的知识技能”还表现在知识技能是能够运用的，能够根据问题、任务组织起来。这种问题解决不仅仅包括学科学习中问题的解决，还包括实际社会生活中问题的解决；问题不仅是比较熟悉的，而且最重要的是要有一定的变化，在变化了的问题解决中学生能更好地发展和展现创新能力。

二、培养学生形成有利于创新的思维品质

思维是指人脑对客观事物的间接和概括的反映，是一种以感觉、知觉和表象为基础的高级认识过程。创新活动中的思维具有一定的特点，教师要让学生认识到这些特点，并逐步形成有利于创新的思维品质。

（一）使学生掌握创新活动的思维步骤

创新活动是一种特殊的问题解决活动，活动中的思维具有一定的阶段性，表现出具有逻辑性的思维步骤。一般来说，创新活动的思维主要包括五个步骤：确定问题；对问题的解决做出假设；对假设进行推理；行动检

验；表达结果。这五个步骤前后相互联系，构成一个完整的创新活动的思维步骤。在教育教学活动中，教师要让学生掌握这些步骤，总体上遵循这样的步骤来解决问题。

首先，确定问题阶段。在创新活动中问题可能是非常明确的，也可能是不明确的。而社会实际生活中的问题往往是不明确的，人们只是感到有一些困惑、困难需要解决。在问题不明确时，学生需要根据已有的材料来提出并确定问题。其次，对问题的解决做出假设阶段。在这一阶段，学生需要根据问题来调动已有的知识和技能，需要查找、搜集新的相关材料，对材料进行整理和分析。在此基础上，对问题的解决提出假设。再次，对假设进行推理阶段。这一阶段是确定提出的假设是否合理、有效、可行。当认为假设是可行的、有效的，就可以进入到下一阶段。当确定假设存在问题时，就需要回到第二个阶段重新提出假设，看看是否有更好地解决问题的方法。再次，行动检验阶段。将假设付诸于行动，通过实际解决问题来验证假设。如果问题解决失败还需要回到前面的提出假设阶段或问题确定的阶段。最后，表达结果阶段。在最后的阶段是将自己的成果表达出来，结果的形式可以是艺术作品、手工制作、调查报告等。上述五个阶段是问题解决的基本步骤，在创新活动中复杂的问题有时需要进行多次这样的步骤，或者需要在其中的几个步骤中有多次反复。

（二）使学生掌握创新活动中的思维方法

创新活动中的思维仍然需要运用分析、综合、比较、抽象、概括、具体化和系统化等思维方式，需要有观察、记忆、想象。但是，与其他的思维活动相比较，创新活动中的思维又具有一定的特殊性。教师在教育教学活动中要使学生掌握这些特殊性。

首先，使学生掌握逻辑思维和非逻辑思维的关系。创新活动需要运用逻辑思维，需要运用概念、判断、推理进行符合逻辑的逐步推导，得出合理的结论。但是仅有逻辑思维还不够，在创新活动中还需要有非逻辑的思维，非逻辑思维主要表现为直觉思维和顿悟。直觉思维是指不受逻辑规则约束而直接领悟事物本质、洞察问题实质的一种思维。直觉思维具有认识上的跳跃性，思维径直指向最终的结果，中间的推导过程似乎根本不存在。在创新思维中还有另外一种非逻辑的思维过程，即顿悟。顿悟是在问题解决过程中对于各种信息和材料的关系产生新的认识从而获得灵感的思维过程。对于顿悟，格式塔心理学家认为是个体将整个问题情境改组为一种新结构的过程，表现为对整个问题情境的顿悟。斯滕博格从信息加工的角度认为顿悟包括三个不同的相互联系的心理过程，即选择性编码、选择性联结和选择性比较。选择性编码是从一大堆的信息、事实中挑选出有关的重要信息的过程。选择性联结是将初看起来孤立的信息综合为一个统一整体的过程。选择性比较是将新获得的信息与过去获得的信息相联系，在异中求同、同中求异。和直觉思维非常相似，顿悟也具有认识上的跳跃性，但是不同的是直觉思维是直接指向答案的思维，答案是人对问题的直觉反映，具有自然而然获得的倾向，不需要长时间的反复思维。顿悟是对已有材料冥思苦想、长时间思维后，所产生的豁然开朗的短暂过程，答案是顿悟的结果，通常被称为灵感。

在创新活动中，逻辑思维和非逻辑思维都不可缺少，二者是互补的关系。其中，逻辑思维是非逻辑思维的基础。非逻辑的直觉思维不是一种胡乱的猜想，它往往有着深厚的符合逻辑的知识经验作为根基。而且在创新活动中直觉思维是与逻辑思维相互配合、交错运行的。所以，缺少中间逻辑推导的直觉思维并不是完全脱离逻辑和常识。同样，顿悟也是长时间逻辑思维基础上的一种跳跃性思维，顿悟的获得离不开逻辑思维的作用。但是，仅有逻辑思维往往不能够创新地解决问题，在问题解决的过程中，直觉和顿悟起着突破思维定势，并最终有所发现的作用。

其次，使学生掌握发散思维和聚合思维的关系。所谓的发散思维，是指在问题解决中从多种角度、多个方向进行思维。创新活动需要进行发散思维，通过发散思维学生才有可能从新的、不同的角度寻找到解决问题的有效方法，达到创新的效果。发散思维应当具有灵活性、流畅性、独创性的品质。这些品质有助于人们打破已有的束缚、超越常规，以一种新的、不同的方法或手段来解决问题，使创新有了可能性。但是，在创新活动中仅有发散思维是不够的，发散思维需要和聚合思维相结合才能保证创新活动的有效进行。所谓的聚合思维，是指与发散思维方向相反的一种思维方式，是思维集中于一定的角度和方向，以便获得确定性答案的思维。聚合思维有利于思维的深刻性、集中性、系统性和全面性，但容易因循守旧，缺乏变化。

创新活动中发散思维与聚合思维必须相互结合、相辅相成，这种结合有时在创新活动的各个阶段中都有体现。发散思维促使人产生新的观念，但是这些观念并不都是合理、可行的。对于这些观念需要进行评价，从中筛选出最具可能性、可行性的观念，并对筛选出的观念进行深入的推理、论证。这个过程也是吉尔福特后来所提出的思维要具有“精细性”的品质，是对已有的设想、观念不断地进行斟酌和推敲，进行深入的加工，以保证方案、方法等的最优性。而这一过程也就是聚合思维的过程，它有利于人们对问题解决的深入思考，并最终获得确定的答案。在创新活动中，往往需要“发散—聚合—再发散—再聚合”这样的反复过程。也正是基于这一点，吉尔福特曾强调：“凡是发散性加工或转化的地方，都表明发生了创造性思维。但是，我们一定不要忘记评价和辐合性加工所起的作用。”①

三、培养学生形成有利于创新的人格特征

人格又称个性，是个体在行为上的内部倾向，是个体能力、情绪、需要、动机、兴趣、态度、价值观、气质、性格等方面的整合，是具有动力一致性和连续性的自我，是个体在社会化过程中形成的给人以特色的身心组织。人格使每个人都拥有独特的、与众不同的内心世界，并使每个人的外在行为表现出不同的特点。创新能力与人格有着密切的关系，有的人格特征有利于创新，有的则对创新活动起着抑制的作用。

对于什么样的人格特征有利于创新，心理学家的观点不尽相同。对有较高创新能力的儿童研究表明，创新人格主要表现为：对外界刺激极为敏感、反应性高，行为具有很强的自发性，幽默风趣；思维具有开放性，具有浓厚的好奇心、强烈的认知需求；情感丰富，情绪反应强烈，有时冲动，表现出中等程度的焦虑感，对压力表现出高度的容忍性和坚韧性，对实现目标具有坚持性；具有很强的自主性和独立性，经常表现出对传统规

① [美] 吉尔福特：《创造力与创造性思维新论》，唐晓杰等译，《华东师范大学学报（教科版）》1990 年第 4 期。

范的攻击和反抗；在创新活动中拥有较高的自信，勇于探索和试验，富有冒险精神，敢于尝试新的解决问题的方法；诚实、勤奋，保持对问题解决的持续性；等等。同时，不同领域中表现出的创新人格特征又具有差异性。艺术领域主要表现为独立、自主，有时表现出某种焦虑和情绪不稳；自然科学领域的高创新能力儿童则情绪稳定、自我控制性强，对客观世界有着浓厚的认知兴趣，求知欲较强；社会科学领域中的创新人格特点主要为情感表达的自然性和富有哲理的幽默感。心理学家的研究表明，很难用统一的模式对创新人格做出确定性的规范。但是，我们也应看到，个性之间具有共性，各种具有差异性的创新人格之中还具有共通之处。基础教育阶段，教师有必要使学生了解这些具有共性的人格特征，并通过教育教学活动使学生形成有利于创新的人格。

（一）使学生关注自然和社会中的各种问题

亚里士多德有句名言："思维从疑问和惊奇开始。"人只有对自然界和社会中的各种现象产生疑问，才能发现问题。而创新人格的突出特征就是关注各种问题。这种关注表现为，对人们习以为常的现象感到困惑并从中产生疑问，对不了解的事物产生一种新鲜感和兴奋感，并且为了弄清事物或事物之间的关系而提出各种问题。这种人格特征又被称之为：强烈的问题意识。它使得人们能够对于生活中遇到的各种困惑和困难怀有浓厚的探究欲望，产生解决问题的动机和兴趣。

（二）使学生能够不断进取渴求有所发现

创新的人格特征还表现为人在解决问题的过程中不断进取渴求有所发现。对问题的关注只是问题解决的开始，如果只停留于惊奇、兴趣的话，仍然进入不了对问题的解决阶段。因此，创新的人格还具有不断进取渴望有所发现的特征，这种特征会使人对问题采取相应的行动进行解决。其具体的表现是：在解决问题之初，学生会不满足于现有研究对问题的解释，希望能够对问题有新的发现；在解决问题的过程中，会不满足于自己已经取得的成果，而是希望能够进一步深入研究，更好地解决问题有更大的发现。这种品质又被称为：创新的意识。它使学生对于问题的解决有了深入的可能，有了获得新成果的可能。

（三）使学生具有克服困难的良好意志力

意志力是人在活动中克服各种困难以实现目标的一种心理品质。创新活动是与克服困难相联系的，活动中既要克服外在的困难，如任务具有挑战性及解决问题条件不充分等困难，更要克服内在的思维定势、知识经验不足以及经受打击的困难。因此，创新的人格需要具有克服困难的良好意志力。良好的意志力使学生在活动中能够坚韧不拔、不半途而废，而这对于创新活动至关重要。许多领域的创新活动经验证明，灵感只偏爱执著的人，只有在“山穷水尽疑无路”时继续坚持，才会有最终的发现。

以上是基础教育阶段需要培养学生的主要的创新人格特征。除此之外，需要看到创新活动还需要学生能够与他人合作、具有一定的竞争心、敢于质疑并勇于冒险等，所以在教育教学活动中也需要关注这些人格特征的培养。需要指出的是，贯穿于创新人格特征之中的是人格的高度自主性。所谓的人格自主性，是活动主体不依附于外在力量而独立支配活动的意志和能力。自主性的外在表现主要有：自信心、自立和自制。自信心是个体在活动中对自己能力的肯定，它使人具有突破常规的勇气和智慧，具有坚持不懈进行创造的力量；自立相对于依赖，表现在行为上是自己的事情自己做，具有独立性；自制就是自我控制，是控制自己情绪和行为的能力，它使人有自信但不盲目自大、有勇气但不莽撞。

第二章　教师权力与学生创新能力的缺失

“人人都有创新的潜能”，这是心理学用了大半个世纪的时间对创新能力进行研究所得出的一个普遍性的认识。儿童与生俱来的好奇心、探究意识、丰富的想象力、冒险精神等等都是创新能力的源泉，我们的教育需要充分运用这些宝贵的资源来培养学生的创新能力。然而，在现实的教育实践中我们还是很遗憾地看到，许多中小学生的创新潜能并未得到充分地挖掘和培养。究其根源，有着政策、制度、课程设置等多方面的复杂原因，但是如果从教师自身的文化来考量，我们就会发现，许多教学实践活动中存在着的强制性的教师权力是扼杀学生创新潜能的重要因素，教师角色错位下的专制教学阻遏了学生创新能力的发展。

第一节　教师权力的存在及其表现

一、所谓教师权力

现有研究在运用和解释教师权力时存在着一定的模糊性：有的将教师权力和教师权利两个词语在叙述时互换使用，作为同一个概念；有的认为教师权力与教师权益等同；有的认为教师权力是教育活动中的客观存在，在平等的教育交往中，教师的权力是形成教育共同体的重要力量，也是实现教育价值的重要因素，而在支配性的教育体系中，教师的权力具有压迫性，有可能是父权式的或支配性的，甚至是暴力性的；也有的研究者认为，教师权力主要是教师职业本身所赋予教师的专业权力，这种权力是由教师专业活动的需要决定的，一般表现为教育、教学与学术研究等职业方面的自由和自主权，应当受到尊重与保护。[①] 从简单的列举中可以看出，研究者虽然使用的都是“教师权力”一词，但是理解上各不相同。而这种理解上的模糊和分歧主要源于目前研究对教师权力和教师权利的不加区分。

对于“教师权利”，一般认为它是教师作为国家公民所具有的基本权利和作为特殊职业的从业者所具有的特殊权利的总和。具体来说包括三个方面：教师基于公民身份而享有的权利；教师依据特有的教师身份而享有的权利，即教育权；教师同时具有公务员身份而享有的权利。对于教师特有的教育权，我国教师法在第二章第七条中规定有六项，袁振国教授在其主编的《教育原理》中将之归纳为：教育自由权、生存权和发展权、参与权和休息权。这里的“权”是“权利”。而权利和权力又是什么关系呢？

二者的关系必须先从权力说起。从词源上看，“权力”一词在英语中对应的词是“power”，其首要的含义是指一种力量，即“能够做出某种行为的能力。”其次，它也是一种通过影响他人而取得一致行动，达致某种结果的能力。在现代汉语中，“权力”一词通常意味着政治上的强制力量，或者一种职责范围内的支配力，“权力”主要反映为对他人的控制权。[②] 从中外的词源来看，权力都意味着“强制的力量”，而西方还强调权力行使者具有一定的能力。在现代，人们对权力的理解一般依据韦伯（M. Weber）对权力的定义。从韦伯对权力的定义上看，权力意味着“权力主体依赖某种权力资源使权力对象服从权力主体意志”，拥有权力意味着“一个人或一些人在社会行动中甚至不顾他人反对也能贯彻自己意志的

---

① 例如，金生鈜教授在《论教育权力》（载《北京大学教育评论》2005 年第 2 期）一文中主张：教师权力不都是消极的，教师权力有积极和消极两种，前者是教育教学活动必需且对教育有益，后者则是需要防止并消除的。但是，有许多的学者在论文和著作中，将教师权力和教师权利基本等同，如谢维和教授在《教育活动的社会学分析》一书中将教师权力作为与教师职位相伴随的一种权力。

② 王莉君：《权力与权利的思辨》，中国法制出版社 2005 年版，第 10—12 页。

任何机会”，而“不管这种机会是建立在什么基础之上”。[①] 韦伯的这一定义，也强调了权力的强制性。由此可见，权力具有将个人意志强加于他人的特征，意在控制对方；权力行使中形成的关系具有不对称性，存在着主动的一方和受动的一方；权力的根本特征在于双方力量的对比形成了“强制性”。再从“权利”的含义上看。“权利”一词来源于拉丁文“rectum”，本意是指“真实”、“正当”、“正确”，而“rectum”又是英语“right”和德语“Recht”等词的词源，这样在印欧语系中“权利”的首要内涵往往与“正当”、“正义”等价值评价有密切的关系。在汉语中，具有现代含义的“权利”是由英语“rights”一词翻译而来的。因此，从中外的词源来看，“权利”不同于“权力”，“权利”一词带有价值判断的色彩，强调道德上的正确性。[②] 目前，人们对权利的含义形成了如下的认识：其一，权利与自由相关，权利在定义上表述为一种法律规定的作为或不作为的自由；其二，权利包含利益的获取和保障，也称为权益，是法律所保护的利益，故又称“法益”。而这种有着法律保障的权利意味着什么呢？意味着合法的权力，意味着规范的权力。

首先，权利是合法的权力。法律上的权利是权力博弈后的产物，“经过一定的权力博弈与立法者的价值选择，有一些权力得到了法律制度的认可和支持，这部分权力就转化为一种具有法律上的正当性的权力，即法律权利。”[③] 正如卢梭（J. J. Rousseau）所表达的：“强力并不构成权利，而人们只是对合法的权力才有服从的义务”[④]；其次，权利是规范性的权力。权利的确立是为了避免个人或各种组织之间的无序的、混乱的竞争，因此权利虽然也是一种权力，但是这种权力是受制约的。权利的行使不能侵犯他人的权利，权利的行使必须要承担相应的义务，权利与义务具有内在统一。可见，法律制度赋予教师权利意味着教师拥有一定的权力，但是这种权力是规范性的、是正当的，教师在行使权利时必须履行相应的义务。

通过对权力和权利的简单区分可以看出：研究中之所以会出现将教师

---

① 王莉君：《权力与权利的思辨》，中国法制出版社 2005 年版，第 23 页。

② 王莉君：《权力与权利的思辨》，中国法制出版社 2005 年版，第 27 页。

③ 王莉君：《权力与权利的思辨》，中国法制出版社 2005 年版，序第 3 页。

④ ［法］卢梭：《社会契约论》，何兆武译，商务印书馆 1997 年版，第 12—13 页。

权力等同于教师权利、教师权益、教师专业权力，其原因在于教师权利意味着权力，只不过它是一种法律保障和规范下的权力。但是，研究不能将教师权利直接等同于教师权力，二者不是直接相等的关系。广义上的教师权力包括规范的教师权力（即教师权利）和不规范的教师权力。前者体现了社会对教师专业的尊重，体现了“只有自由的教师才有自由的教育”的精神，是教师教育教学工作正常进行的保障，也是促进师生平等关系形成的条件；后者是对教师权利的僭越，突破了法律制度的规范，其突出表现就是教师行使权力时没有承担相应的义务，教师侵犯了学生的合法权利，教师权力具有压迫性，权力关系中的师生双方是不平等的关系。后一种教师权力就是狭义上的教师权力，它也是教育教学实践中的一种客观存在。为了规范研究用语，也为了不使实践中的教师产生“教师权力都是合法的”这类错误的观念，建议对“教师权力”一词取其狭义上的含义，与“教师权利”相区别使用。

基于此，我们可以将教师权力定义为：教师在教育教学活动中利用教师权利等资源形成的一种强制性的力量，这种强制性力量的运用一定程度上侵犯了学生的权利，也违背了教师应当履行的义务，权力关系中的师生处于强迫与被迫服从的状态。

二、教师权力的来源

教师权力作为一种强制性的力量必须有其来源，也就是说这种力量的获得必须有其基础。教师权力的来源主要有以下三个方面。

（一）教师权力来源于教师的教育权利

教师的教育权利是教师权力的制度性资源，权力来源于对权利的不当使用，权力是权利的衍生物。在我国教师法中规定教师的权利有六条，其中与学生直接相关的教师权利为第 1 条和第 3 条，即教师有权“进行教育教学活动，开展教育教学改革和实验”，有权“指导学生的学习和发展，评定学生的品行和学业成绩”。教师的这两条权利又被称为“教育自由权”。鲁洁教授在其主编的《教育社会学》一书中将“教师教育自由权”分为：教科书的选用权、课程实施计划制定权、教学形式与教学方法运用权、评价手段使用权。教师教育权利是制度赋予每位教师的合法权益，权利的行使只有与义务的履行相一致才能真正体现出权利的本意，才能够促进良好教育教学活动的形成。反之则会成为权力产生的资源，形成教师拥有权利却实际行使权力的情况。

教师之所以会将权利变为权力，主要有两方面的原因。其一，法律中对教师义务规定的抽象性是导致教师将权利变为权力的外部原因。我国教师法对教师义务的规定有六条，其中与学生直接相关的有两条：即教师要“爱护关心全体学生，尊重学生人格，促进学生的品德、智力、体质等方面全面发展”；教师要“制止有害于学生的行为或者其他侵犯学生合法权益的行为，批评和抵制有害于学生成长的现象。”其中，关心、爱护、尊重人格、全面发展都是抽象而笼统的词汇，教师很难掌握具体的尺度，因此实践中不乏“好心办坏事”的教师。这种规定的抽象性也造成了对于实践中教师权力断定的困难，对于具体的教学行为是属于正当合法的权利运用还是属于违规性的权力的行使，在区分和判断上有很大的模糊性。其二，教师的错误教育观念和不成熟的教育教学方法是权利变为权力的个人原因。教师的行为是其观念的外化，教师许多消极的教育教学行为都是源于错误的教育教学观念。例如，有的教师认为教师的任务就是传授知识，传授就是一个将固化的知识给与学生的过程。这种观念下教师教学中往往是命令式的，学生处于教学活动中的被动位置，师生间形成的是“我和它”的关系，学生的人格也就根本谈不上受到尊重。有时教师在实践中有正确的观念但由于实践经验的匮乏，往往还不能灵活有效地运用适当的教学方法，这时教师的行为也会具有强制性的特点，也会表现为权力的行使。总之，制度赋予教师的是权利，但是教师在实践中却会由于各种原因而偏离权利，从而实际上教师行使的是权力。

（二）教师权力来源于社会的文化传统

社会文化传统是教师权力的社会资源，权力来源于社会文化传统中对教师地位、师生关系的一些消极性认识。这些消极性的认识使得学生的权利难以得到认可和尊重，教师权力从而得以形成。教师权力的社会文化传统来源在处于儒家文化圈的亚洲国家中表现得比较明显。以我国为例，在我国的传统文化中，教师被置于与天、地、君、亲相提并论的地位，“一日为师，终身为父”的古训，其实是将师生之间的关系类同于家庭中的父子关系。所谓的“师徒如父子”，就是要求教师对学生严加管束而学生则要绝对服从。在这样的文化传统中，教师被社会有意无意地置于绝对领导的地位，而学生则只能是处于被动服从的地位。有研究者在对中学教师进行访谈时，问及“作为教师有什么权力资源?”时，被访者首先就谈到了习俗赋予教师的传统权威，“学生对教师的敬意是由小学到初中近10年的学校生活养成的。高中老师和气，初中老师严厉，小学老师更严厉，这在学生的心理上形成‘怕老师’的习惯。”① 社会文化传统使得学生对老师产生敬意，这是教师自己也能认识到的权力资源中最有力的保障。对教师地位的绝对尊崇、对师生关系的这种管理性的认识，是文化传统中的消极因素。这使得教师在教育教学中有了将权利关系变成权力关系的可能，教师与学生之间处于主动与被动、控制与服从的关系有了可能，这成为教师权力的社会文化传统来源。

（三）教师权力来源于教师个人的文化资源

教师的知识经验是教师个人文化资源的重要组成部分。教师个人的知识经验既可以成为有助于学生发展的因素，也可以成为教师行使权力的工具。在错误的教育教学观念下，教师往往将知识经验作为滋生和助长个人权力的工具，个人的文化资源成为教师权力的来源。

作为专门职业的从业人员，教师必须具有相应的知识、能力，只有教师本人被认定具有从教的资格才会被正式授予教师的职位。谢维和教授认为：对教师权力的真正理解必须从教师所拥有的文化资本出发，将教师作为知识分子来看待教师权力的来源，教师权力的本质在于教师拥有文化资本，这一资本使得教师被统治阶级授予某种特权，并有可能对文化资本施加权力。② 对于学生而言，教师无论是在专业知识上还是社会阅历上都更为丰富。也就是说教师拥有着比学生多得多的文化资源，学生的年龄越小，相对的教师文化资源也就越丰富。所谓的“高中老师和气，初中老师严厉，小学老师更严厉”现象，不排除教师文化资源差异上的原因。丰富的文化资源原本是教师进行有效教育教学的资源，但是在错误的教育教学观念下，

① 刘云杉：《学校生活社会学》，南京师范大学出版社2001年版，第205—206页。

② 谢维和：《教育活动的社会学分析》，教育科学出版社2000年版，第116页。

教师的这种文化资源就会成为权力的资源，就会形成一种对于学生而言具有压迫性的力量。例如，如果教师认为教学就是一个将知识给与学生的过程，那么，丰富的文化资源就会有利于教师扮演“知识拥有者”的角色，学生只能相对应地扮演着“无知者”的角色。教学就成为一种灌输式的过程，教师垄断了教学中的话语权，学生只能处于教师控制和支配的被动地位。因此，教师个人的文化资源是权力的个人来源，文化资源使教师将权利关系变成权力关系成为可能，教师在教育教学中成为强势与主动的一方，而学生处于弱势和被动的一方，师生之间是强迫与被迫服从的关系。

三、以知识为中介的权力运行

教师权力的运行方式与行政权力相比较为隐蔽，教学中教师的权力通常并不直接对学生发生影响和作用，而是通过知识这一中介来实现的，通过对知识的选择、组织、传递、解释来实现的。这里所说的“知识”是指可以凭籍语言、文字、符号、动作等表达出来，在不同的主体间可以传递并能相互检验的知识。具体地说，教学中教师权力的运行主要表现在以下三个方面。

（一）教师如何传递知识即教学方法选择和运用上的权力

在社会学家看来，教学方法和教学策略并不仅仅是技术性的问题，而是具有社会特性的问题。在不同的教学方法中，师生在控制教学内容、教学时间、教学空间中承担着不同的角色。通过对特定方法的选择，教师可以将教学的主动权集中在自己的手中，使得学生完全听命于自己。奥瑟（O. Oeses）曾经区分不同教学方法之下的五种教学形态：演讲形态，教师讲学生听，师生之间只是单向的沟通，教学活动仅限于学生听讲、理解和接受，这是以教师为中心的学生被动性学习活动；演讲——讨论形态，教师鼓励学生自由提出问题，但教师仍具有领导地位，教师可以直接解答问题，也不要求其他学生回答，这也是以教师为中心的教学形态；积极学习形态，学生在教师的指导下可以互相讨论、互相帮助，教学过程根据实际情况或强调教学目标的需要或强调学生兴趣的需要；独立计划形态，教学中一切活动都由学生自行计划、自行实施，教师仅是专家顾问的地位，这是以学生为中心的教学形态；分组讨论形态，由教师混合分组，以便讨论和解决问题，教师只是小组中的一个成员，但是由于教师的知识技能和经验丰富，可能在讨论中做出较大的贡献。这五种教学形态中，教师所运用的教学方法及相应的教学组织形式是不同的。前两种是教师控制下的教学，教学突出教师领导地位、绝对权威，教师能够自己强行控制教学。而后三种形态中学生成为教学的中心，教师不再是独自控制教学。在教师运用权力的教学中，教学方法的选择有利于教师自己的教，教学的形态倾向于前两种，教师是教学中的领导。尽管有时教师也让学生小组讨论，但是教师并不真正尊重学生的意见，教师还是教学中的中心。

（二）教师对知识的解释即教学评价上的权力

教学评价在教学过程中是普遍存在的。这里所说的评价不仅指教师通过考试、测验等形式来对学生的学习成果进行判定，并据此做出等级或分数上的区分，而且还包括教师在教学中对学生作业、练习、回答进行的评价。后一种评价在教学中是经常运用的，通过对学生作业、回答的反馈，教师来强调对知识应有的正确理解，也随即会对学生贴上相应的标签。从社会学的角度看，教学活动中谁来评价、评价什么、以什么标准来评价、怎样进行评价也不单纯是一个技术性的问题，其中隐含着权力与控制的因素。在教学中，如果评价是由教师一个人来进行、评价的标准是单一的而且由教师说的算、教师决定评价的手段的话，无疑就强调了教师的领导地位。在教师运用权力的教学中，教学评价往往具有这样的特征，教师控制着对学生的评价，从而突出教师的绝对权威。

（三）教师筛选和组织传递的知识即教学内容上的权力

教师教学要依据既定的课程标准、教材并参考相应的资料来进行，教学活动中教师有权利对相关的知识进行筛选和组织，使其更好地有利于学生的发展。而教师如何组织和加工教学内容是具有社会性的，其中存在着权力的运作。对于此，伯恩斯坦（B. Berstein）运用了分类（classification）和构架（frame）的概念分析了教学内容与权力的关系。所谓分类是指内容之间的联系，“分类强的地方，各种内容常常通过清晰的边界而彼此泾渭分明。而分类弱的地方，由于内容之间的界限比较模糊，所以各种内容之间的独立性也比较弱。”伯恩斯坦运用分类的概念是为了考察课程的结构，课程是注重各学科间的有机整合还是强调各学科间的边界，前者是弱分类，后者是强分类。所谓构架也不涉及具体的教学内容，而是涉及教学中“传递内容与非传递内容之间边界的清晰程度。在构架强的地方，传递内容与非传递内容之间存在一条鲜明的边界；而在构架弱的地方，则是一条模糊的边界。”[①] 换言之，构架是教学过程中师生选择知识的范围，知识选择范围小则构架强，反之则构架弱。教学中，教师如果对于教什么、什么时候教有着明确的预定和严格的执行，那么教学中学生几乎没有选择内容的余地，教学内容呈现的是强构架，教学是教师强控制下的教学。同时，伯恩斯坦也指出要注意传递内容与非传递内容之间的边界还有另外一个重要的方面，就是教学内容和非学校的日常社会知识之间的联系，二者如果界限清晰则是强构架的教学。伯恩斯坦的理论表明，教学中存在教师运用权力来控制教学内容边界的可能，通过控制教学内容教师可以控制学生，强调自己的权威和高高在上的领导地位。

第二节　教师权力下的学生问题解决活动

教学中教师权力的运行主要表现在教学方法、教学评价和教学内容三个方面。为了更好地分析和说明教师权力控制下的教学和学生创新能力缺失之间的关系，我们这里以问题解决活动为切入点，围绕着学生问题解决的活动来分析其中的权力运作和教师的控制。

一、以“问题解决活动”为分析的切入点

（一）“问题解决活动”是创新能力发展的必要条件

创新能力的形成离不开问题解决，也就是说教学中学生是否有需要解决的问题、是否有解决问题的机会是创新能力培养和发展的必要条件，是不可缺少的。如果教学中教师不给学生解决问题的机会，那么教学就不利

① ［英］麦克·F·D·扬：《知识与控制：教育社会学新探》，谢维和等译，华东师范大学出版社2002年版，第64页。

于学生创新能力的培养。但是教学中学生有解决问题的机会也未必就一定会促进创新能力的形成，这里还涉及问题的类型、内容以及教师对学生问题解决的评价标准。所谓教师对学生问题解决的评价标准既包括对问题解决方式、方法的评价标准，也包括对问题答案的评价标准。例如，对于数学问题的解决，有的问题最终答案是相同的但是解决方法可以不同。因此，从问题入手通过对教学活动中问题、问题解决过程的具体分析，既可以从中看出教师权力控制下教学方法、教学评价、教学内容、师生关系的特点，也有利于深入分析阻碍学生创新能力发展的问题根源。

（二）对问题类型的区分

问题是问题解决的关键，问题不仅关涉到问题解决的方法，而且关涉到学生解决问题的意义。借鉴已有的研究，我们主要从四个角度对问题进行分类。其一，从问题提出的主体上看，可以将问题分成教师提出的问题和学生提出的问题，这个角度关注的是“谁的问题”；其二，从问题的目的上看，可以将问题分为真问题和假问题。真问题其目的指向学生，是真正为了让学生充分思考而提出的问题，假问题目的指向于外，指向于教师，是教师为了自己教的顺利而提出的问题，这个角度关注的是“问题是为了谁”；其三，从解决问题所需要的思维开放度上，可以将问题分为封闭性问题和开放性问题。封闭性问题是指解决问题的方法或答案单一的问题，学生在解决这类问题时基本上进行的是聚合性思维。开放性问题与之相反，学生有较大的思维空间，有多种方法或答案可供比较和选择；其四，从问题的内容上看，根据问题内容与学生现实生活的联系程度，可以将问题分为根源于学科知识的问题和根源于学生现实生活的问题。对此，我们可以设想一条连续的线段，线段的两端分别是“学科知识的问题”和“学生现实生活的问题”，大部分的问题都是居于线段的某一点上。教学中没有完全和学生的生活相脱离的纯学科知识问题，也很少有和学科知识没有联系的纯生活问题。

二、权力控制下学生问题解决活动的表现

（一）问题的来源

教师权力控制下的教学中，问题大多是教师的问题，是为了教师而提

出的问题。教师控制着问题的提出，还控制着问题在教学空间中的流向，即由谁来问问题、谁来回答问题是由教师来操纵的。一位教师在执教小学一年级语文《小雨点》一课时有这样的一段问答。

师：二、三自然段是“大雨点”和“小雨点”的什么？

生：对话。

师：那么，我们从对话中知道什么？

生：大雨点问小雨点你要到哪里去。

生：大雨点与小雨点互相问到哪里去。

师：还知道什么？

生：小雨点要去有花有草的地方。

师：还知道什么？

生：大雨点要去没有花没有草的地方。

师：对，它们要去不同的地方（教师在“不同的”三个字上加重了语气）。

在这段师问生答过程中，显然教师期待的答案是“它们要去不同的地方”。在学生做出不如意的回答时，教师对学生的回答不作针对性地评价，而只是毫不放松地追问“还知道什么”、教师最后无奈地自己说出了“答案”，让人恍然大悟，原来教师一直在等着这句话。这类教学中教师所提的问题属于“教师的问题”，问题源自于教师，而不是源自于学生，不是学生自己产生出的思维困惑，而是教师为了自己“教”的顺利提出的问题。教师所提的问题不是针对学生学习的思维状况提出来的，而是根据预先设计好的教案才有了问题，教师是一系列问题的设计者和操纵者，学生是被问题所操纵的。教学中的讨论更像是一个形式，教师如同猎人一样，通过问题的陷阱，一步一步地将学生引进自己预先设计好的答案里，学生成为教师成功教学必不可少的配角。

既然问题是为教师预设好的教学服务的，学生就很少有自己提出问题的机会，学生不是问题的主人。而且，为了让期待中的答案早些出来，教学中教师往往还会挑选回答问题的学生。一般倾向于让学习好一些的学生来回答稍稍难一些的问题，让学习一般或者不大好的学生回答比较简单的问题。这样有针对性地选择问题的回答者，有利于教师更好的控制课堂，使教学活动能够按预定的程序进行，保证教学的畅通无阻。

从属于答案的问题设计，也使得教师在教学中提出的问题多为封闭性问题。封闭性问题的特点在于有许多限制性的条件，问题的形式明确，解决问题的方法或答案具有唯一性。这使得封闭性问题表现出较强的结构性，相应的学生在解决问题时思维也更集中和具体，不会有更多的分歧性，回答也更“接近答案”。教学中封闭性问题有两种，一种是主要运用记忆来解决的问题，另一种是运用已有的材料通过判断和推理来解决的问题，而这两种问题在我国的教学中占有较大的比例。应当说，一定数量的封闭性问题有助于学生对于事实性知识的掌握，有助于发展学生聚焦式的逻辑推理能力，即聚合性思维的能力。但是大量的封闭性问题却会使学生缺少发散思维的机会，而反复解决封闭性问题容易使学生形成思维定势，这与创新能力所需要的多角度思考、打破常规思维习惯的要求恰恰背道而驰。

（二）对问题解决的评价

权力控制下的教学中，教师控制着对学生问题解决的评价，教师往往是评价的唯一主体，教师掌握着评价的标准。不论学生是否认同教师的评价标准，教师都强调自己标准的正确性，通过对标准的控制教师牢牢地控制着教学、支配着学生。

一位小学生在排词造句的作业中，将“荷花，在，小名，笑，阳光下，冲着”写成“阳光下，荷花冲着小明在笑”，结果被老师判定为错误，标准答案是“小明在阳光下冲着荷花笑”。在用“终于”一词造句的作业中，学生写的“盼着，盼着，终于放假了。”也被教师判定为错误，因为“思想认识有问题，学生不能盼着放假”。①

这只是众多类似事例中的一例。对于语文学科来说，其学科的性质、特点一直是人们所争议的内容。有的说语文具有思想性、具有工具性、具有实践性，有的认为语文具有人文性、综合性等等；有的认为语文的知识很明确具体，就是字词句篇、语法修辞逻辑等知识，有的认为语文知识有形式知识和内容知识之分，作为内容的知识涉及到人生活中方方面面的知

① 张亚凌：《流泪的太阳》，《杂文报》2006 年 9 月 12 日。

识；有的将语文分为大语文和小语文，分别进行讨论，等等。但是不论如何争论，人们基本都承认，语文的教学涉及到对人的态度、情感、世界观的培养，语文知识具有个体体验性和多义性的一面。这种特殊性使得教师在教学中、在评价学生问题解决时很多时候存在差异性。同一篇课文不同教师的教学可能会有不同的讲解，对于同一篇作文不同的教师可能会打出不同的分数。在上面的例子中，学生所造的句子没有错，但是由于和教师的标准答案有出入，所以学生的回答就是错误的，教师的评价过于单一、片面。

同样，在对学生问题解决的间接评价中也存在着教师控制评价并且评价标准单一的情况。间接评价也可以叫隐性评价，就是教师对于学生的不同回答，有的予以肯定，有的不置可否。这其实也是在对学生的问题解决进行着评价，只是这种评价方式较为隐蔽。例如，一位教师在执教小学三年级语文课文《灰雀》一课时有这样的一段引导。师：小男孩也喜欢灰雀，他怎么做的？生（一部分）：抓走了。生（一部分）：没有抓走。（师板书“捉”，对应之后设计好的板书“放”）……在学生回答完全不一致的情况下，教师没有对“没有抓走”的回答做出任何的反馈，只是对“抓走了”的答案做出了肯定的反馈。这样的选择和评价，其出发点在于被肯定的回答是教师想要的回答，符合问题预想中的答案。学生在经过这样的间接评价后，在以后的问题解决中就会倾向于“迎合教师”，回答出让教师满意的标准答案。

在教师强制性权力控制着的教学活动中，评价主体往往也是单一的，教师基本上掌控着评价权，学生很少有机会对自己、对同学的问题解决或任务完成情况进行评价。有研究者统计，75.3%的教师从来没有或仅是偶尔让学生自己对试卷进行自我评价或相互评价，大多数的时候教师成了评价的绝对主体。①

（三）对问题内容的规范

对于内容的考察我们是以与现实生活、学生生活经验联系的紧密程度为标准的，理想的教学能够在教材内容与现实生活、学生的生活经验之间保持一种平衡，使二者有效结合。而在权力控制下的教学中，教师控制着

---

① 钟启泉等：《解读中国教育》，教育科学出版社2000年版，第113页。

问题的内容边界，问题的内容是与现实生活、与学生的生活经验相脱离的，教师更多时候是为了教教材中的结果性知识而提出问题。

小学四年级的数学课堂教学中，教师在进行“相遇问题”的教学，在讲解完例题后，教师出了一道两架飞机相遇的练习题，百分之百的学生都得出了正确的答案，在教师很高兴地说：“你们很聪明，真棒!”时，一名学生举手问老师：“老师，飞机相遇撞架了怎么办?”刚刚还沉浸于喜悦之中的教师立即哑口无言，随即表情严厉地批评学生：“好好听讲，不要讲和课堂无关的东西!”满心期待教师给出解释的学生在受到斥责后慢慢地坐下来，这节课中再也没听到这名学生的声音了。[①]

在这一事例中，学生的问题并不是和课堂无关的，教师应该让学生理解相遇问题在实际生活中的表现和应用。但是从教师的反应可以看出，教师更多关注的是书本知识的掌握，关注让学生掌握“相遇问题”的数学知识。至于知识在生活中的应用、知识和学生生活经验的关系却被置于无关紧要的位置，学生的学习与实际生活相脱节。实际上，不论什么学科的知识都起源于我们的生活世界，只不过我们将整体的自然和社会现象进行了分解，形成各种学科体系的知识以方便我们快速地获得各种间接经验。但是，在教学活动中，如果我们将学科知识孤立起来，与其他学科相割裂、与实际生活相脱离，以学科书本知识来规范问题的内容，就不利于学生对知识的真正理解，同时也不利于实现将知识作为工具来理解和解决实际生活中问题，并服务于我们生活的根本目的。

脱离学生实际生活的问题内容，使得学生更多地是在解决“学校中的问题”，不利于学生形成解决实际问题的思维方式和过程。心理学家通过研究发现，“学校中的问题”普遍具有这样的特点：问题的结构良好，已知条件、未知条件都是明确的；问题解决的方法通常是确定的或是已知的；解决问题所需要的知识也是清晰的、是学科领域范围内的；问题也是有着标准答案的；问题的解决对实际生活没有什么影响；等等。与之相反，和生活紧密联系的问题更接近日常生活问题解决的特征，即：问题解决的第一步（有时也是最难的一步）是确定问题的存在；找出问题是什么

① 周萍：《请尊重和善待每一个学生》，《湖北教育》2003年第19期。

比找出问题的解决办法更难；问题的结构性比较差，需要哪些信息通常并不明确；问题通常没有单一的标准答案，甚至究竟什么是正确答案的标准也很不清晰；解决日常生活问题，非正规知识和正规知识同样重要；等等。[①] 通过对比可以发现，学校中的问题解决和现实生活中的问题解决存在较大的差异，两种问题解决中的思维是不同，越是典型的学校问题越会使人面对实际问题时无所适从。

第三节　权力控制下学生创新能力的缺失

上述的问题解决活动中，教师在教学方法、教学评价和教学内容上有着较强的控制性，它使得教师占有主动权而学生处于被动服从的地位。教学比较封闭，很少有动态生成的机会和可能。正如阿普尔（M. W. Apple）在《教育与权力》中所指出的那样，教学活动中的方法、内容、评估都是以教师与学生单向交往这种方式来设计的，而不是师生之间的相互交往，这样，教师就成了“管理者”，他“管理”整个系统，表面上看其目的是为了提高效率和增强对学生的约束，而实际上就是一种控制。从本质上说，是操纵性的，它使学生“去技能化”，剥夺了学生进行思考、提问和自我决策的能力。[②]

我们可以说这种教学存在着新型的暴力，存在着马尔库赛（H. Marcuse）所说的极权主义，它不允许对立的意见、对立的向度存在。在这样的教学中学生只会肯定性的思维，却不会形成否定性和批判性的思维，学生是单向度的人。这种教师控制下的教学使得教师占有主动权而学生处于被动服从的地位，教学是封闭的，教学中有了一堵无形的墙，使得学生个人、真实的生活都被阻挡在外，教学也很难会有动态生成的机会和可能。在前面《小雨点》一课的教学中，笔者发现教师的语言、思维都是简洁、

---

① ［美］斯滕伯格：《思维教学》，赵海燕译，中国轻工业出版社 2001 年版，第 126－136 页。

② M·W·Apple，(1982)．Education and Power，Routledge & Kegan Paul Ltd，p32.

清晰的，教学中的活动完全由教师发起和安排，学生似乎是其教学必不可少的布景。每当听这位教师的课，我都会不由自主地想到上世纪80年代末自己在小学听课时经常看到的场景，特别是在数学课的复习和练习环节。当教师提出一个问题时就让学生非常迅速地回答，在一名学生回答后，教师只是非常简洁地发出命令“后面”、“后面”。坐在这名学生后面的学生依次迅速地对这同一问题进行反应，有时前面学生回答错了，后面的学生也跟着错了。在当时自己还很是赞叹教师教学组织的明晰而简洁，不浪费时间。现在看来，一部分学生当时只是机械应答，只是在被训练，学生没有思考问题的时间，纯粹是S（刺激）－R（反应）的过程，学生是被教师所操纵。而且这种过于强化简单性迅速思维的教学，会忽视学生思维的深刻性、主动性、灵活性等的培养，结果是舍本逐末。

一、学生的问题越来越少

教师控制下专制性的教学阻遏了学生创新能力的发展，其首要的表现就是学生的问题越来越少。问题是创新的第一步，也是最重要的一步，没有问题就没有对问题的解决，新颖的认识也就无从谈起。教师专制下的教学中，教师控制着问题的提出，用自己的标准筛选着学生的问题。这种注重结果的教学成了“去问题”的教学，学生缺少提问的机会、没有了自己的问题。

由中国青少年研究中心、北京师范大学教育系、北京出版社等方面的专家组成的“我国中小学生学习与发展”课题组最新研究发现，从小学到高中，学生在课堂上提出问题的积极性越来越低。调查结果显示：在上课听讲遇到问题当场提问的学生中，小学生占13.8％，初中生占5.7％，高中生占2.9％。随着年级的升高，学生在课堂上的学习也越来越被动。进一步分析发现：“没有把握就不举手”的比例最高，小学生占34.8％，初中生占48.8％，高中生占42.8％。同时，“知道也不举手”的学生中，小学生占4.5％，初中生占14.5％，高中生占33.8％。[①] 这一现象并不代表

① 胡东芳、孙军业：《困惑及其超越——解读创新教育》，福建教育出版社2001年版，第13页。

学生真的没有问题，只是缺少了提出自己问题的勇气，大部分学生都选择其他的方式来问问题，来解开自己认知上的困惑。据统计，这些在课堂上不问问题的学生大多选择在课后来提问，比例分别为小学生 55.1%、初中生 62.6%、高中生 62.8%，选择回家问家长的比例分别为小学生 15.9%、初中生 3.7%、高中生 0.7%，其余的学生则是“自己找答案”。[①] 在学生问题越来越少的同时，学生问题的范围也越来越窄，越来越局限于学科知识，局限于书本知识，对于生活中的实际问题很少关注。

二、学生思维被动并趋于模式化

专制的教学中学生跟随教师的思维来学习，学生实际上是没有主动开展自己的思维，是在被动思维，很多时候学生并没有真正理解教师所讲的知识。在笔者对一些中小学生进行访谈时，许多学生谈到学习数学其实也很简单，就是要记住公式然后在做题的时候往上套。那么，学生记住公式是否等于真正理解知识了呢？韦特海默在对数学课堂进行观察后发现：学生乖乖地跟着教师提出的证明步骤走，他们重复着这些步骤，对于变化了的问题并不认识，盲目地重复着教师的话，重复着公式，却仍然不能解决问题。

学生的思维不仅被动而且趋于模式化。创新能力需要人在解决问题时能从多种角度进行思考并做出合适的选择，这要求人的思维具有一定的灵活性，能够不拘于已有的观念，需要打破思维的定势。在专制化的教学中，教学是以教师的思维为中心，以教师提的问题及其答案为中心。这样，在大量的封闭性问题和标准答案的规制下，学生的思维就会趋同并且呈现出模式化的特征，甚至出现说假话、说套话的现象。有的学者在比较中外学生的差异时说，如果老师提出一个问题，十个中国学生答案往往都差不多，而在国外学生中，十个人或许能讲出 20 种答案。中国学生在思考问题的方法、问题答案上的这种相似性，既来自于教学中的标准答案效应，来自于教师思维取代学生思维的结果，同时还来自于学生对于教师标准答案的主动揣测。在教师控制的专制教学中，学生不再真正关心问题和

① 郑新蓉：《他们在课堂上为什么不发言》，《少年儿童研究》1999 年 7 期。

对问题进行思考，学生的问题变成了猜测教师喜欢什么问题、教师喜欢什么样的回答、什么样的回答可以让自己获得好的分数。在语文教学中，许多学生写作文都按照教师所说的“观点正确、思想健康、中心明确、立意深刻、材料典型”的标准刻意进行编撰，作文中的故事情节、所思所感都是虚构的产物。结果，作文中类似下雨天回学校关窗户、扶老奶奶过马路、为病中的妈妈熬药等情节屡见不鲜。

三、学生不能很好地解决实际生活中的问题

创新能力缺失的另一个表现就是学生不会解决实际生活中的问题，实际生活中的创新能力得不到很好地发展。创新能力表现在许多领域和方面，分为很多类型。既可以表现为知识上创新，也可以表现为技术上的创新；既可以是科学领域的创新，也可以是人文艺术领域的创新。对于学生而言，既要关注其在学校学习活动中的创新，也要关注学生在校外实际生活中的创新。而学生将校内所获得的知识运用到实际生活中，特别是运用到实际问题的解决活动中，这一过程本身就蕴含了创新的要求和可能。因为当学生在解决未曾解决过的实际问题时，需要根据面临的具体情境将所学的知识进行重新组织和变通，当他发现了以前不曾用过的有效的方法时，他就是在进行着创新。然而，在专制性的教学中，教师控制着问题内容的边界，教学脱离学生实际生活经验，学生的各种知识之间也是割裂的。学生成为学科知识的奴隶，而不是知识的主人，学生熟悉的是教材的语言、教材的问题，而不是生活中的语言和问题，知识无法运用到实际生活之中，学生解决实际问题的创新能力得不到很好的发展。

四、学生创新人格缺失

创新需要人具有好奇心、问题意识、探究的愿望、敢于质疑和挑战权威的勇气以及克服困难的良好意志力等人格特征，这些人格特征的核心就是自主性。自主性是对依附性、受动性的超越和扬弃。自主性不是个体与外界相隔绝，也不是个体在活动中不借助外在的力量，而是个体充分借助外在力量的同时不受外在力量的左右，在面对外界的压力和影响时，能够不盲从、不从众、不屈从，在相信自己判断具有合理性的前提下，坚持自

己的意见，不随波逐流。然而，专制教学却导致了学生创新人格的缺失，使学生丧失了人格的自主性。这是因为，学生在学习时“附带”学习了顺从性的规范，学会了服从、一致，学会了作为学生的角色。在教师控制下的教学中，学生不敢质疑教师评价的正确性，也不敢贸然在好奇心的驱使下提出什么问题，学生视教师为绝对的权威。

第四节　反思教师文化：错位了的教师角色

教师权力的来源是多样的，如果从教师自身的思想因素去分析的话，控制教学中教师运用的权力主要来源于教师对传统教师角色的认同和积极扮演。

一、教学过程是教师角色扮演的过程

所谓教师角色是指在学校中专门从事教育教学活动的一种特定的角色。“角色”（role）一词是社会学的重要概念，它来源于戏剧舞台中的用语，美国社会心理学家米德（H．Mead）最早将角色一词引入社会心理学中，认为社会就像是一个大舞台，社会中的人就是他所扮演的各种角色的总和。尽管角色的概念目前还没有大家一致认同的统一界定，但是一般认为角色概念包含两种主要的成分：一是社会的客观期望，是人们对处于特定地位的人的行为的期待；二是个体自身的主观表演，是个体的一系列外在行为模式。其中“地位”是指人们在社会关系中所处的位置，地位是角色的内在依据，角色是社会地位的外在的、动态的表现形式。对于特定的个体而言，他所占据的是地位，扮演的是角色。据此可以将“角色”理解为：处于一定社会地位的个体，依据社会规范和社会期望，借助自己的主观能力适应社会环境而表现出的行为模式。

教师角色是社会期望和个体能力相统一的产物。从社会期望的角度来看，教师角色是社会对从事教师职业人员的期望和要求，这种期望和要求往往受社会政治、经济、文化等多种因素的影响和制约。这表明教师角色并不是一成不变的，社会对教师的角色期待也是处于发展之中的。从个体

的角度来看，虽然社会对于教师角色有一定的期望，但是这种社会期望并没有规定出教师固定的行为样式，而且由于不同的人对于社会期望的理解不可能完全一样，因此，在实际的教育教学活动中我们可以看到不同的教师有不同的外在表现，不同的行为模式。外在的行为模式是一个人进行社会角色扮演的过程，教学活动是教师扮演自己所认同的教师角色的过程。美国社会学家戈夫曼（E. Goffman）在《日常生活中的自我表演》一书中对角色扮演做过生动的描述。戈夫曼在其理论中将社会与戏剧舞台进行比照，认为社会成员是在社会的大舞台上进行着表演。角色与“观众”发生直接互动的区域为“前台”，而那些可能与角色扮演有关但通常不为观众直接感知的行为发生的区域为“后台”。后台只是相对前台而言的场所，并不是固定不变的。教师的角色扮演大部分是在教学活动中进行的，教室（也可以准确地说是“班级”）成为教师扮演其角色的前台，学生则是观众，教师按照自己对于社会期望的理解来扮演着教师这一角色。那么，在专制教学中教师扮演的是什么角色呢？

二、权力控制的教学中教师所扮演的角色

（一）教师是知识的给予者

也有的研究者将这一角色表述为“教师是知识的传授者”，这里我们为了更加强调这个传授是一种“给予”的性质，所以用了“给予者”一词。在教师控制着问题提出的教学中，教师扮演的是“知识给予者”的角色，也就是说教师是在将“固化”的知识给予学生、传给学生。这一“给予者”的作用是揭示问题的答案，而不在于提出的问题本身，所以教学中问题是一种形式、问题也不是学生的问题，组织学生讨论也是一种形式，在其背后是教师要通过问题来告诉学生“答案”，教师认为这个答案是教学中最重要，而这个答案也主要应该由教师来揭示。在前面所举的事例中，教师都是成功地控制着问题，也控制着问题答案的揭示者，如果教师不再能够成功扮演“知识给予者”的角色，那么教师会有什么表现呢？我们来看下面的一个事例。[①]

---

① 潘晓明：《由“担心学生会了”引起的思考》，《小学各科教与学》2004 年第 6 期。

一位教师在设计“分数除以整数”的教学时这样设想：先从学生的生活实际出发，引出问题：“今天是佳佳的十岁生日，福利院的阿姨送来了生日蛋糕。把蛋糕的3/5平均分成3份，每份是这个蛋糕的几分之几?”学生自己尝试计算，会直接用分子除以整数算出每份是这蛋糕的1/5，获得成功的体验。接着教师把问题改成：“把蛋糕的1/5平均分成3份，每份是这个蛋糕的几分之几?”学生也会继续尝试计算，计算中“分子1不能被除数3整除”将会使学生产生困惑，激发起学生求知的欲望。之后，由教师引导学生探究分数除以整数的计算法则。备课时，教师最担心的是：当出示第二个问题后，如果真的有学生会算而且积极举手，教师该怎么办？不让学生发言，将会打击这些学生的积极性；反之，以学生的发言代替其他学生的独立思考，学生探究欲望就会大打折扣，教师寄希望于教学中不要出现这样的学生，然而终究没能如愿。课前教师最担心的问题在课中还是出现了，而且是提前出现了，一名学生直接用1/5乘以1/3来计算，结果学生的“节外生枝”使教师的教学没有了层次，剩余的时间教师只好领着学生做练习。课后，教师埋怨说：教学失败的原因就是有的学生已经会了。

实际上，学生是真正领会计算原理了吗？并不是这样，在其后的另一个班级同一内容教学中，教师让学生思考为什么这样计算、还有没有别的方法。在思考和比较中学生的思维完全呈现了出来，有的学生虽然能够正确计算但学生并不知道其所以然，也就是说，答案并不是学生充分思考和比较的结果。而关注答案的教师并没有关注学生的实际思维过程，在答案揭示出来后，教师认为自己没有别的事情可做了，价值没有得到体现相应地教师也就倍感失落。

（二）教师是真理的代言者

在权力控制下的教学中，问题的标准答案由教师所掌握，教师扮演的是“真理代言者”的角色。教学中，当教师受到学生质疑而教师又不能正确对待时，往往会发生师生冲突。当教师和学生谁也说服不了谁时，冲突就会加剧，这时气急之下的教师会脱口而出：“你是老师还是我是老师”。这句话是教师的内心独白，教师之所以不能够承认自己的错误就在于他是教师，教师就不能犯错误，就不能被学生指出错误，教师有必要在受到质疑时用权力来迫使学生服从自己。阿莫纳什维利在其著作《孩子们，祝你们一路平安!》中更为生动地描述了一位教师是如何运用权力来维护自己的权威、维护自己“真理代言者”形象的。[①]

女教师以流畅的语言介绍了她是怎样使自己的二年级学生信任教师的。孩子们学习一篇关于候鸟迁徙的故事时，女教师告诉他们每逢秋天，燕子、夜莺、白嘴鸦飞往暖和的地方过冬，到了春天，它们重又飞回到我们这里。它们必须飞行几千公里，飞越大海，很多鸟儿在中途死亡了。在女教师讲完故事以后，孩子们中间立即有人提出了异议：像夜莺这样弱小的鸟儿怎能飞得那么久、那么远。女教师回答说：“孩子们，你们要懂得，较强壮的鸟儿会去帮助他们的！……”孩子们打断了女教师的话：“怎么?！难道燕子会帮助夜莺?!”女教师说：“为什么不能？强壮有力的燕子把弱小的、尚未长大的夜莺背在自己的背上，就这样，它们一起飞越了大海！”有一个男孩试图怀疑女教师的解释：“这不可能……没有这样的事……它们是不同种类的鸟！”女教师就不失时机地开始培养孩子们对自己的信任感。“你错了，”她对男孩子说，“帮助弱小的鸟儿飞越大海的不仅有燕子，而且还有鹰……”“怎么?！鹰是猛禽，它们会把夜莺吃掉的……鹰不是候鸟……它们不迁徙到任何地方……”教师继续对孩子们解释说：“不错，鹰是猛禽，是的，它们不是候鸟，但在秋天，迫于自然的意志，它们变得善良了。每一只鹰都在自己的背上驮上几只弱小的夜莺，背着它们飞越高山和大海。鹰把夜莺送到暖和的地方以后，自己就立即飞回原地。我发现”她补充说，“有些孩子不相信我的话，我就寻找机会来巩固他们对自己老师的信任感。我找到一个合适的事例：在报上有一则消息说，在一个动物园里，有一头狮子收养了一只狗崽，它对狗崽表现出了关心的态度，哺育它。我把这则消息读给孩子们听，并对他们说：你们可记得，我曾给你们讲过，猛禽也会变的善良，帮助弱小的鸟儿飞越大海。这则消息就是给你们的又一个事例，但这已是猛兽中的事例了。在我给孩子们读了报上的这则消息后，他们都相信了：他们的老师万事皆知，永远不

① ［苏］阿莫纳什维利：《孩子们，祝你们一路平安!》，朱佩蓉译，教育科学出版社 2002 年版，第 10—12 页。

会有错误。

这位教师之所以在教学中不断地歪曲事实、传播谬误，并不在于教师是无知的，而在于教师是在刻意维护自己的形象。什么形象、为什么要维护呢？用这位教师自己的话说就是："要使孩子们相信教师的每一句话，甚至错误的话，否则，教育过程就有被歪曲的危险！"正因为教师对自身角色的这种认识，她才会在受到同事质疑时理直气壮地为自己辩解，认为自己是为了更好地对学生进行教育才这样做的。"教师是真理的代言者"使得教师在教学中倾向于强调自己的标准答案，并不能正确面对学生的质疑。

（三）教师是知识的拥有者

教师是知识的给予者、教师是真理的代言者，这些角色的成功扮演都需要有一个前提条件，亦即教师首先必须是"知识的拥有者"，"教师是知识的拥有者"成为教师之所以是教师的必要条件。正像前面所提到的，谢维和教授将教师放到了"知识分子"的层面来分析教师的权力，认为教师所具有的文化资本是其权力的本质，因此是否拥有知识成了教师安身立命的资本。

从学校教育教学的现实场景来看，教师在学校中总是在扮演着某某学科教师的角色。也就是说，王老师是数学教师或者语文教师，是区别于学校中的其他老师的地方，教师拥有的知识资本就变成了教师所拥有的学科知识资本。有研究者曾通过综合课程的编制过程来揭示教师对于自身学科知识资本的重视，以及学科知识对教师地位形成的作用。在综合课程的编制过程中，各学科的代言人都极力阐明本学科的重要性，已经居于重要地位的学科代言人不想轻易放弃自己的重要地位，也不甘心自己的地位被别的学科所取代，于是综合课程的编制成了各学科教师利益的争夺和较量，变成了"谁吃掉谁"、"谁补充谁"的问题，结果综合课程的编制难以实现真正的综合。[1] 既然教师是学科知识的拥有者，并且教师又是这种知识的

---

① 这方面的研究有不少。例如马云鹏、吕立杰在《课程内容选择的原则与倾向——对基础教育新课程标准设计者的访谈》（载《北京大学教育评论》2005 年第 4 期）中有相关的论述，郭华在其所著的《教学的社会性研究》一书中也谈到这一问题（见第四章第二节中的"课程与课程编制者及教师个人的命运"）。

传递者，那么这种知识就不是人人都有的，是相对脱离实际生活、以学科语言来标示的学科知识。因此，在教师运用权力进行控制的教学中，教师自觉不自觉地控制着教学内容的边界，划定了所谓的语文知识、数学知识的界限，并以教材中的学科语言来突出自己的身份。

三、教师所扮演的角色是传统社会的产物

教师扮演的角色来自于自身对于社会期望的理解，也就是说教师的这种角色认识并不是主观臆想出来的，所谓的知识给予者、真理代言者、知识拥有者的角色有其社会基础，是社会历史发展的产物。我们认为教师所理解的上述角色来源于传统社会对教师角色的期望，是传统社会政治、经济、文化等的产物。有必要对传统社会进行简单解释。一般认为，传统社会是与现代社会相对应、具有与现代社会不同的一系列特征的社会。如果以机器大工业生产为现代社会开始的标志，那么传统社会和现代社会可以以封建社会的结束作为历史分界点。但是，这并不是说封建社会的结束意味着传统社会特征的完全消失。关于社会现代化的理论研究认为：现代社会是处于现代化进程中的社会，现代化进程不是简单的以各种现代因素彻底取代传统因素的过程，而是对传统因素进行改造和扬弃，使传统因素在功能上不断适应现代化要求的过程。这表明，一个国家、一个社会即使从社会形态上看已经进入到了现代社会，但是在现代化进程中还会一定程度上存在传统社会中的消极因素。

(一) 传统社会中教师传授的是具有真理性的“道”

1. 教材记载的是普遍真理性的“道”

传统社会中教师教学所用的教材作为法定课程，记载的是具有普遍真理性质的“道”，教材是关于“道”的载体。对于“道”的理解我们不妨先从不同社会历史时期知识类型特点的角度进行认识。

对于不同社会历史时期的知识的类型，石中英教授在《知识转型与教育改革》中提出：人类社会先后发生了三次知识转型，包括原始知识到古代知识的转型、古代知识到现代知识的转型以及现代知识向后现代知识的转型。第一次知识转型是在文字出现之后发生的，这一时期形成了可以记载下来的、以概念和范畴构成的知识，也产生了传递和保存这些知识的学

校和教师职业。古代知识具有“绝对性”、“终极性”、“神圣性”，是形而上学的知识，是超越了社会生活和生产经验的哲学和人文知识，被奉为绝对的真理和权威，这种知识与古代社会（包括奴隶社会和封建社会）相适应。而且，由于对这些绝对的神圣的权威知识的崇拜，人们普遍缺乏批判和反思能力，古代知识往往增长缓慢、进而成为一种经典。工业化以后，科学技术发展给人类带来巨大的进步，科学知识与古典的人文学科经过对垒最后取得了胜利，科学知识跃升为一种主导的知识型，并迸发出巨大的现实力量，人们普遍认为科学知识是真正有效的知识，是客观性的、普遍性的真理。

从我国社会发展历史来看，漫长的封建社会是其重要特征。与封建社会相适应的知识类型属于古代知识型，具体来说是以“道”为代表的普遍真理性的知识。对于“道”，《说文解字》释：“道，所行道也，一达谓之道。”具有一定方向的路叫做“道”，引申为人或事必须遵循的轨道，日月星辰所遵循的轨道谓之“天道”，人们社会生活所遵循的轨道谓之“人道”。被尊为封建社会圣贤之代表的“孔子”，其所倡导的“道”主要是“人道”，是人与人之间必须遵循的原则。[①] 由此可见，与我国封建社会相适应的古代知识是以“道”为代表的伦理道德的知识，教师教学所用的“四书五经”，其中所载的是关于“道”的普遍真理性知识，而这种知识是超越人的社会生活经验的，也是与社会生产劳动相脱离的。中国漫长的封建社会结束于军舰火炮之中，在向现代社会的痛苦转轨中我们引进了西方的科学知识，迎来了知识型的转变，但是我们又用传统的“道”来理解科学知识。认为科学知识是预设的，如同圣人之言都是准确无误的。这样，以科学知识为代表的现代知识再次被认定为和“道”一样是“真理”和“规律”的化身，承载着科学知识的教材仍然被视为是对“道”的一种记载。

2. 教师必须完全依照教材进行传道和解惑

韩愈在《师说》中说：“道之所存，师之所存也。”又说：“古之学者学必有师。师者，所以传道、授业、解惑也。”韩愈对教师职责、任务的概括是比较经典的。在传统社会中，教师的主要任务是传道，传递统治阶

① 吴刚：《知识演化与社会控制》，教育科学出版社 2002 年版，第 49 页。

级所宣扬的伦理道德规范；传道的同时教师要解惑，阐明学生不理解、疑惑之处。这里需要指出的是，在传统社会中教师的传道与解惑工作并不是脱离教材来进行的，必须严格按照教材进行传道和解惑。这是因为“道”本身是真理的化身，教师只能原原本本地遵循“道”来进行教学。同时，在封建社会中，“道”所强调的是封建礼制，强调的是人所应遵从的等级规矩。教育活动传播“道”的目的无非是钳制民众的思想，便于统治阶级更好地施行统治。因此，教师教学中并不能随意删减、改动教材，只能亦步亦趋地按照教材来进行教学。相应的教学方法也是毫无创新地讲与听，教师不能创新地教，学生也不能创新的学，一切的知识都是在书本中有明确记载的。所谓的“循循善诱”启发式教学、“叩”与“鸣”也并不是让学生有新的创见、对圣贤之说提出不同的观点，而是在答案已知的情况下让学生主动地接近答案。在现代知识型的社会中，基于对“道”的理解下的科学知识，使教师也只能是照本宣科。教学忽略了科学方法、科学态度和科学精神的培养，这种科学教育背离了“科学”。

（二）考试选士制度成为教学控制的辅助手段

为了使教师在教学中能够严格按照教材所记载的“道”来传道、授业、解惑，封建社会又建立了严格的考试制度和选拔人才制度。作为封建社会考试选士制度的代表——科举制度在中国延续了一千多年。所谓“科举”即“开科举士”，由国家设立许多科目，通过定期的统一考试来选拔人才。科举制度在历朝历代都经过一些改良，其考试制度并不完全一样，但是一致的是考试内容偏重于儒家经典、四书五经，考试形式主要是以纸笔来再现圣人之言。如唐代科举考试有“贴经”一项，就是由考官将所要考的经书任意翻开一页，把左右两边遮住，中间只开一行，再用纸来盖住其中的几个字，让考生把盖住的字填充出来。由于经书和注释有限，后来为了增加考试难度淘汰考生，“贴经”的条目也越来越怪，年头月尾、孤章绝句，专门刁难考生。考试中虽然也有联系实际让考生对答论辩的“策问”一项，但是实行久了以后，一般的考生也都“束书不观，只拿缀辑的旧策读之，以应付考试。”[①] 到了明清时期，八股取士成了科举考试的重

① 毛礼锐、沈灌群：《中国教育通史》（第2卷），山东教育出版社1986年版，第507页。

要内容，考生必须严格按照四书五经及规定的几本注疏，“依经按传”代圣人立言，不能有自己的见解，行文还要符合八股的程式，限制十分的严格。

这种考试取士制度，使得教师只能按照儒家经典来传道，教师严格的“传道、授业、解惑”有了制度上的保障。学生为求功名利禄也只能在教师的传道下死读书、读死书，以机械记忆、死记硬背的方法来学习，教育完全成了统治阶级控制民众思想的工具。教师虽然在传统社会受到至高无上的尊敬，但是教师实际上是控制学生进而控制社会民众思想的工具，教师是统治阶级的传声筒。

同样，在现代知识型的社会中，很长时间以来我们的考试制度仍然具有科举制的一些特点。考试内容的范围局限于书本知识，不注重学生对于知识的运用和对社会生活的理解，考试形式是统一的时间、统一的试题，试题也主要是标准化的客观性的题目，学生以纸笔作答，而评价又有着严格的标准答案和精确的评分点。

通过对历史的简单回顾可以看出，教师极力扮演的知识给予者、真理代言者、知识拥有者的角色有其社会基础。在传统社会中教师的职责就是将固化的、静止的“道”传递给学生，所以教师只能是给予知识而不能让学生有不同的见解；由于教师对于“道”的解释是有章可循的，因而“解惑”也是有固定答案的，教师又是真理的代言者；固定、静止的“道”记载于书本之中，知识超越于生活、与生活有着清晰的界限，因此教师可以通过诵读圣贤之书使自己成为有知识的人，教师是知识的拥有者，而没有读过书的人成了无知者。可见，教师极力扮演的角色是传统社会的产物，这种角色与传统社会制度相适应。正如《学会生存》中所评价的：“日益增多的知识和文化，几千年来都是由教师传给学生的，随后这种情况便产生了严格的、权威性的、学院式的纪律，反映着社会本身就是建立在严格的权威原则之上的。”[①] 建立在严格等级制和权威原则之上的教师角色只能导致教学活动中师与生之间是支配与被支配、操纵与被操纵的关系，这

① 联合国教科文组织：《学会生存——教育世界的今天和明天》，教育科学出版社 1996 年版，第 29 页。

种角色下教师与学生之间不是“我和你”的关系，而是“我和它”的关系，学生丧失了自主性。

四、权力控制下的教学中教师也丧失创造性

基于传统社会的教师角色虽然可以使教师在教学中专断、专制，但是产生这种角色的社会基础决定了教师也必然是受控制的，教师在教学中丧失了自主性和创造性，教师只能是被束缚着的“教书匠”。

（一）教师被制度知识所控制，教学内容囿于教材

在集权制、控制性的社会中，教师实际上大多严格遵循教材来进行教学，不敢逾矩。教师所控制的内容边界是教材的边界，教师在教学中是在“教教材”，教学内容囿于教材。

教师实际的教学内容和教育体制、社会控制有着明显的关系。在集权制下教师的教学自由度比较低，教师一般会紧紧围绕着教科书、参考书来进行教学，而分权制下教师的教学自由度比较高，教师有更大的权力来补充和发挥教学内容。在我国偏重于集权的管理体制下，教师教学倾向于严格遵循教材。有研究者通过对一所希望小学的田野研究也得出类似的结论。通过研究，研究者发现被研究的丰宁希望小学的课堂上没有“反课程内容”。在这所学校，《教师职业道德规范》赫然贴在小学校长的办公室里。此规范的第一条就有“在教育教学中同党和国家的方针、政策保持一致，不得有违背党和国家的方针、政策的言行”之要求，第二条中又规定“不传播有害学生身心的思想”。研究者认为，“这种要求在政府完全掌握政治、经济与文化资源的丰宁县可以并且已经得到完全的贯彻”。所以像丰宁希望小学这样的学校“正好是那种最能体现教学目标的学校，它对教学目标的传达能达到一种不一定是源于忠诚的忠实。”即使在学生当中有某些“反课程内容”的东西，学校不仅不会强化或坐视不理，反而会有计划地在教学中消除掉这些“反课程的内容”，教学与主流意识形态相一致的情况是普遍存在的，教师仍然是主流文化的传声筒。①

① 黄忠敬：《知识·权力·控制——基础教育课程文化研究》，复旦大学出版社2003年版，第213页。

可见，在教师权力控制着的教学中，实际教学内容多局限于教材这一法定课程。不仅师生不能通过互动来产生新的知识，而且教师所表达的知识特别是所谓的师定标准答案也都源于法定的课程和统一的教学参考资料。教师不是在表达自己的见解、自己的主张，而只是一个代言人、传声筒。就像弗莱雷所描述的，灌输式教育中的教师行为通常分成两个阶段："第一阶段，当他在自己的书房或实验室里备课时，他认知了可被认知的客体；第二阶段，他向学生阐述这一客体。学生并不是被要求去理解，而是去记忆教师讲述的内容。学生也没有任何认知实践，因为认知行为所指向的客体是教师的所有物，不是唤起师生双方进行批判性思考的媒介。因此，在'保存文化与知识'的名义下，我们拥有的制度既不能获得真正的知识，也不能获得真正的文化。"①

（二）教师被标准答案所束缚，答案多源于外部

教师以权力来控制教学时，教师拥有对知识的唯一解释权，掌握着问题解决的标准答案。但是，这种师定的标准答案通常并不是教师深思熟虑而得到的，教师的标准答案来自于外部，来自于他人或所谓的权威。我们来看一个数学教学中的事例，看看教师在进行前台表演之前，在后台是如何进行准备的，标准答案是如何诞生的。②

没想到仅一道一年级的数学题就把我们给难住了：一（2）班有 40 人要乘车去春游，选哪辆车合适呢？38 座、40 座、42 座。习惯于寻求标准答案的我们开始讨论起来，有人说选 40 座的合适，因为只有 40 人，有人说选 42 座，该给教师留两个座位，可马上有人反驳说题目里并没有提到教师也去呀！争论不休，最后一位老教师充满自信地说：依我看选 38 座的车就行了，学生个头小，挤挤坐就够了，我们以前出去春游都这样，省钱。我们想想也有道理，可谁也不能肯定别人的答案都是错的，自己的答案才是对的。再看看学生们的答案，几乎个个选了 40 座的车，只有一个选了 42 座的车，究竟哪个答案正确，授课教师也举棋不定，最后只好打电话问同年级的数学教师，那位教师肯定地说选 42 座的车，留两个座

① 弗莱雷：《被压迫者教育学》，顾建新等译，华东师范大学出版社 2001 年版，第 31 页。

② 王菁：《不该有的标准答案》，《小学青年教师（数学版）》2006 年 1 期。

位给教师。结果这个答案就成了并不能完全说服我们的标准答案。

从这一事例可以看出，为了给学生一个标准答案教师最后选了一个自己也说服不了自己的答案，教师被答案的唯一性所束缚，被所谓的标准答案蒙蔽了理性，教师在教学中其实也是受控制的、是不自由的。同样，在其他学科教学中许多不合逻辑和常理的标准答案也来自于他人的意见或权威的教学资料，不是教师自己深思熟虑的产物，教师被权威所左右。

上述事例中，教师之所以要依附权威资料、依附他人的意见来寻求标准答案，也有着考试制度的原因。在欠缺科学性和规范性的考试制度下，教师依靠权威来寻找可靠的答案也是情理之中的事情。许多教师特别是中学教师有时对于同一个问题给出两套答案，一套是应付统一考试的，一套是师生协商形成的共识性的答案。杜威在《我们如何思维》中曾列举出培根的“偶像说”和洛克的“错误偏见”来说明人们常有的错误思维。其中，培根和洛克都谈到人通常容易犯的思维错误就是迷信流行的、权威的意见，在培根那里这种错误的思维是“剧场偶像”做的怪，在洛克看来盲目仿效他人或通行的标准是人丧失理智的表现。在不科学考试制度下，教师也慢慢陷入了对权威的崇拜之中，也陷入了所谓标准答案的圈套。为了成功扮演真理代言者的角色，教师依附于权威性的资料或他人的解释，形成了错误的思维方式。控制和支配学生的教师又是被控制的，教师的教学失去了自主性，也就谈不上教学的创造性了。

第三章 创新教育视角下的教师文化特征分析

创新教育是着眼于学生创新能力培养的教育，是使学生获得有助于创新的知识技能，形成有利于创新的思维品质和人格特征的教育。既然教师文化是影响创新教育实施的重要因素，那么就有必要分析并力求构建有助于创新教育实施的教师文化。

第一节 创新教育中的文化研究及其反思

一、创新教育中的文化研究回顾

（一）文化模式影响创新能力的研究

文化模式是特定民族或特定时代人们普遍认同的，由内在的民族精神或时代精神、价值取向、习俗、伦理规范等构成的相对稳定的行为方式。美国学者阿瑞提（S. Arieti）在《创造的秘密》一书中，结合犹太文化说明了文化对创造力发展和发挥有着直接的影响。认为开放、先进的文化有利于创造力发展，而封闭、落后的文化阻碍创造力发展。心理学家卢伯特（Lubart）专门研究了不同文化模式中的创造力问题。他认为文化影响着人们对创造力和创造过程的认识，并且对创造力的表现形式和领域有着影响，东方和西方文化在这些方面都有着明显的差异。同时，由于个人主义文化重视独立、自主，而集体主义文化强调顺从、合作、义务和接受群体内的权威，所以个人主义文化更有助于创造力的发展；由于乐观主义的文化坚持进步的信念，可以促使人们致力于创造，而悲观主义的文化与之恰恰相反；由于开放心态的文化倾向于灵活性和包容性，所以比教条主义的文化更会促进创造力的发展。[①]

（二）创新能力发展的跨文化比较研究

1. 创新思维发展的跨文化比较研究

上世纪八十年代起，我国的一些心理学家就陆续开展了中国与其他国家儿童创新思维发展的比较研究，试图揭示不同国家、地区的不同文化对创新能力的影响。在 1988 年至 1990 年间，周林、查子秀和施建农采用图形创造性思维测验，以中国和德国的五年级到七年级的儿童为被试，在进行高智力和正常智力的区分后，对中、德儿童做了连续多次的创造性思维测验。结果表明：中国的平常及超常的儿童在产生性思维或思维的流畅性方面优于德国儿童；德国儿童创造性思维的递增优于中国儿童。[②] 2001 年申继亮、胡卫平等研究者，通过问卷调查比较了 12－15 岁中英青少年在科学创造力方面的发展特点。调查结果发现：英国青少年的科学创造力明显高于中国青少年的科学创造力，特别是在发散思维和技术领域方面差异较大；两国青少年科学创造力发展的趋势相似，即 12－13 岁上升，13－14 岁下降，14－15 岁又上升；除了在问题解决项目上中国青少年的得分高于英国青少年，在其他项目上的得分中国青少年均低于英国青少年。[③] 后继研究中，研究者扩展了调查对象的国家范围，对中国、英国、日本、德国四个国家的青少年儿童的创造性进行研究。研究发现：中国青少年在创造性思维的流畅性、灵活性上表现比较好，但在新颖性这一重要指标上有待提高；中国青少年的问题提出和问题解决能力高于其他三个国家的学生，但产品改进分数低于日本青少年，科学想象分数低于德国青少年；相

① ［美］斯腾博格：《创造力手册》，施建农等译，北京理工大学出版社 2005 年版，第 281－288 页。

② 周林、查子秀、施建农：《5－7 年级儿童的图形创造性思维测验（FGA）的比较研究－中德技术创造力跨文化研究结果之一》，《心理发展与教育》1995 年第 2 期。

③ 申继亮：《从跨文化比较看我国创造性人才的培养》，《中国人才》2004 年第 11 期。

比言语材料，中国学生更擅长图形材料；中国青少年产品设计得分显著低于其他三个国家的青少年。[①]

2. 创新人格发展的跨文化比较研究

申继亮等研究者在2000年选取了412名中国中学生、432名美国中学生以及28名英国大学生进行创造性人格的调查研究。研究表明，除了质疑性以外，中国青少年在其他各项上的自我评价均低于美英青少年。而且中国青少年对自身创造力的评价也普遍低于美国和英国青少年，特别是在深入探究、善于观察、联想攫取多种信息和不断尝试新方法等几个方面，中国青少年的自我评价明显偏低。[②] 研究者之后又编制并完善了“青少年创造性人格问卷”，对中、日、英、德四国的中学生进行了抽样调查。调查发现：四国青少年在好奇心和冒险性上表现出相对一致的特点，而且这两个方面都较为突出；坚持性是中、英、日三国青少年相对较弱的方面；开放性是我国和日本青少年创造性人格中的突出特点；自我接纳是英国青少年较为突出的特点；德国青少年的突出特点则是坚持性。[③]

（三）创新能力培养与我国传统文化关系的研究

对于我国传统文化在学生创新能力培养中的作用，研究者的观点不一。持“阻碍论”的研究者普遍认为，中国传统文化的集中性影响就是压制和束缚人，它成为实施创新教育的一个阻碍因素。消极的传统文化表现为：安于现状墨守陈规、保守落后不思进取、平均主义不愿竞争、“学而优则仕”的官本位思想以及将君臣关系引入师生关系文化等。上述文化传统导致了学生面临着“枪打出头鸟”的生存环境，形成了“随遇而安”的人生态度，“单线型”的思维模式和“思想专制型”的师生关系，从而妨碍着学生创新能力的培养。[④] 但也有研究者认为，中国传统文化及现实文

---

① 申继亮、师保国：《青少年创造性跨文化比较及其启示》，《中国教育学刊》2010年第6期。

② 申继亮：《从跨文化比较看我国创造性人才的培养》，《中国人才》2004年第11期。

③ 申继亮、帅保国：《青少年创造性跨文化比较及其启示》，《中国教育学刊》2010年第6期。

④ 综合参阅：司晓宏：《文化、教育与民族创新》，《教育理论与实践》2001年第8期；程连：《试论传统文化对创新教育的负面影响》，《内蒙古师大学报》2001年第6期；任健雄：《知识经济与培养学生的创新精神》，《社会科学研究》2000年第1期。

化环境阻碍学生创新能力培养的观点，缺乏逻辑论证和事实证明。这部分研究者认为以儒家思想为主干形成的中国传统文化蕴含着丰富的创造力因素，不仅不会阻碍创新能力培养，反而会有利于学生进行创新。这些因素主要表现为：中国传统文化是一种鼓励创新、追求创新并勇于创新的文化；具有独特的方法论和思维方式，即贵中尚和；传统文化蕴含着正确的价值原则，为创新行为注入了强大的精神动力；传统文化崇尚独立自主的人格，强调怀疑精神，这二者构成了创新人才的重要品质。①

与上述两种观点相反，有的研究者认为文化与创新能力之间并不必然构成因果关系，而且也不存在反对创新和故意扼杀创新的文化。这是因为，任何一个社会、一个民族的文化都或多或少存在可以提升民族创新能力的资源，也存在没有利用价值的文化资源。在文化环境基本不变的条件下，既存在创新能力得到大力张扬的情况，也存在创新能力被压抑的事实。而且，每一种文化都追求创新，并在某一方面显示出其创造性，反对和扼杀创新就等于毁灭民族自身。因此，“文化与创造力的发展之间不存在那种一旦文化如此，创造力必如此的线性决定论关系。”② 也有研究者通过比较认为，任何文化形态都存在着价值两难的情况，任何积极的文化中总包含有消极的因素，相较于西方科学型文化在科学技术上的创造性，我国伦理型文化在伦理性、人际和谐追求上也显示出了创造的特性。因此，在研究过程中需要有客观、理性的文化心态。③

（四）创新能力培养与学校文化的研究

作为一般文化组成部分的学校文化是学生创新能力生长、发展的根基和土壤，应当尽可能地创建有助于创新人才培养的学校文化。这之中，有研究者认为，有助于学生创新能力培养的学校文化主要体现在：创新的学校文化环境、丰富的校园文化生活、教师的创新理念、校长办学的新理念以及良好的课堂文化、班级文化。④ 也有研究者认为，学校文化的建设要特别强调学校文化的多样性、创新性和包容性。“多样性主要是指文化的

---

① 石中英：《中国传统文化阻碍创造性人才培养吗?》，《中国教育学刊》2008 年第 8 期。

② 张理智：《创新教育观念误区分析》，《中国教育报》20008 年 8 月 12 日第 4 版。

③ 马维娜：《创造性教育的文化思考》，《上海教育科研》1997 年第 12 期。

④ 刘东菊：《学校文化建设与学生创造能力培养》，《天津市教科院学报》2010 年第 5 期。

跨地域、跨制度、跨宗教、跨民族的交流与并存”，“创新性是指学校文化具有鼓舞、支持创新的优势特点”，“而包容性则是对文化的不同学派、观点、风格等的容忍、包含，把它们放在平等的地位，给予平等的对待”。[①] 另外，有研究者从高等教育的学校文化建设角度提出，大学应营造出一种良好的学术环境、校园氛围，这有助于大学生创新能力的培养。而良好的学校环境和校园氛围包括以下六个方面：自由的学术氛围、多学科交汇的氛围、师生平等交流的氛围、宽容失败的氛围、年轻人敢于冒尖的氛围以及个性得以充分发展的氛围。[②]

（五）创新能力培养与课堂教学文化的研究

课堂教学文化是学校文化的组成部分，是学校文化中与学生创新能力发展和培养关系更为密切的一个方面。为此，许多研究者还特别关注对课堂教学文化的研究。美国学者 Fleith 研究发现，教师的态度对于课堂教学文化有很重要的作用。能够促进学生创新能力发展的教师态度是：给学生选择的自由，促进学生自信心的建立，尊重学生，不强制学生，给学生发觉自己创新能力的机会。与之相反，强制性的教师则不利于学生创新能力的发展。[③] 英国学者 Cropley 在其出版的《教育和学习中的创造力》一书中提出，有益于学生创新能力发展的课堂教学中，教师的态度应是：鼓励学生独立学习；容忍学生的敏感和大胆的错误；重视学生的问题；给学生提供在不同条件下运用各种材料的机会；鼓励学生自我评价；鼓励学生的勇气。[④] 可见，相对自由、宽松以及具有民主性、支持性的课堂教学氛围更有助于学生创新能力的培养。此外，Fleith、Hallman 和 Cropley 等研究者还对良好课堂教学文化中教师的行为进行了研究。其中，Hallman 强调有助于学生创新能力发展的教师教学行为主要包括：培养学生主动、独立地学习；放弃权威的态度，倡导学生相互合作；鼓励学生广泛涉猎，加深对知识的理解并能灵活运用知识；推迟对学生的判断；发展学生思维的

---

① 张武升：《论学校文化与学生创造力开发》，《中国教育学刊》2012 年第 2 期。

② 蔡克勇：《大学校园文化与创造性培养》，《北京大学教育评论》2004 年第 2 期。

③ Fleith，Denise de Souza. Teacher and Student Perceptions of Creativity in the Classroom Environment. Roeper Review，2000（3）.

④ Cropley，A. J. Creativity in Education and Learning—a Guide for Teachers and Educators.［M］London：Kogan Page，2004，202.

灵活性；鼓励学生独立评价；等等。[①]

二、对创新教育中文化研究的反思

（一）不同学科和视角下的研究各有利弊

已有研究主要集中于两大学科，即心理学和教育学。心理学研究从文化对于创新心理过程和心理机制的影响，以及不同国家间青少年创新能力发展的比较视角，研究了文化与创新能力发展间的密切关系。研究采用了较有成效的实证性研究，通过调查、实验、比较等方法为我们揭示了作为环境的文化对人的创新能力发展所具有的影响，进而为创新能力培养提供了可资借鉴的成果。但是，研究也存在一定的局限：由实验和调查对象所限，研究很难将结果推而广之应用于同年龄段的整体；跨文化的比较研究存在着以国别代替文化的问题；难以揭示文化与人的创新能力发展之间复杂、动态的相互关系，等等。来自教育学的研究从文化的影响力、传统文化的作用、学校文化的特征和构建等视角，集中研究了目前我国实施创新教育在文化方面存在的问题以及解决的对策。研究主要采用归纳和演绎推理的方法，注重于文化与创新能力培养间复杂关系的研究。对如何正确认识我国传统文化、创新教育中的学校文化特征等问题进行了深入而有成效的探讨，研究所得到的成果对于创新教育研究起到了一定的认识深化作用。但是，来自于教育学的研究由于缺乏对具体情境中学校文化、教师文化等的实证性研究，包括现有文化对学生创新能力培养的影响以及如何引领和构建文化等的研究，从而使得现有研究成果又难以对创新教育实践提供有效的指导。

（二）正确认识文化在创新教育中的作用

对于创新能力的培养而言，任何文化都有其积极之处，也有其消极之处，我们既不能对一种文化妄自菲薄，也不能将一种文化理想化。但是，从这一结论出发需要防止两种不正确的倾向。一种是认为文化与创新能力之间不存在某种重要的联系，文化角度下的创新教育研究属于“贴标签”的行为；另一种则认为即使文化对于创新能力的发展而言是较为重要的影

① 张庆林：《创造性培养与教学策略》，重庆出版社2006年版，第32页。

响因素，但是我们不需要也不能够通过对文化的作用来促进创新教育的实施。

前一种倾向显然是轻视了文化对创新能力的影响。作为某一社会、地区、民族的个体，我们每个人在出生之后都会受到文化的浸染，形成一定的态度、观念、规范、思维方式和行为方式，表现出作为地区或民族中个体所具有的共同性的文化特征。这些共同性的文化特征同样会在我们的创新观念和创新行为上有所表现。比如有研究者曾通过对香港和内地的学生进行调查发现，两地学生对于“最具创造力人物的提名”都无一例外地推崇政治家和科学家，同时，香港的学生还比较多地推崇演艺明星。① 这一研究结果说明了学生对创造力的认识是具有地域性的文化特征，而学生的这种观念又会直接影响他的创新价值观乃至于创新行为。所以，对于文化在创新教育中的作用研究不是随意地贴标签，应当重视文化的作用和影响。

后一种的倾向则是一种消极放任的心态。我们承认任何一种文化对于地区、民族的创新能力影响都有利又有弊，但是这并不等于说任何一种文化其影响力、作用力都是同样的。我国著名的科学家钱学森对创新人才培养问题进行思考时，曾比较过他早年留学就读过的两所美国大学。他曾回忆说：后来我转到加州理工学院，一下子就感觉到它和麻省理工学院很不一样，创新的学风弥漫在整个校园，可以说，整个学校的一个精神就是创新。在这里，你必须想别人没有想到的东西，说别人没有说过的话。这里的创新还不能是一般的，迈小步可不行，你很快就会被别人超过。从钱老对两所学校的比较中，我们可以看出不同的文化特别是学校文化对学生创新能力培养的作用是不同的，有助于学生创新的学校文化对学生有着重要而深刻的影响。因此，我们需要通过文化来促进创新教育的实施。同时，我们也能够在文化构建上有所作为。伴随着社会物质、制度的变化与发展，文化会做出适应性的反应，而文化中某一方面发生变迁很可能会使得其它方面也发生相应的变迁。创新人才的培养是现代社会发展的客观要

---

① 岳晓东：《谁是最成功、最可爱、最有创造性、最令人崇拜的中国人》，《教育曙光》2006 年第 53 期。

求，也是现代社会发展的一个表现，因此，我们需要对文化进行顺势引导。在创新教育的实施中，通过对环境包括对特殊环境——学校的建设，特别是对学校教育制度的建设，能够引领并促进有助于创新的文化的形成。

（三）需要在研究内容和研究方法上有所侧重

无疑，文化对于学生的创新能力发展和培养有着重要的影响，创新教育的研究和实施需要关注文化。从目前的研究来看，基于文化角度研究和推进创新教育，需要我们在内容和方法上有所调整和侧重。

研究内容上应加强对创新教育中的学校文化、教师文化、教学文化等中观和微观层面的研究。现有的研究无论是心理学的还是教育学方面的研究，都既有宏观的研究也有微观的研究。有对传统文化的作用、创新能力发展的国际比较等的研究，也有对不同类型课堂教学文化影响、特定年龄段创新思维发展的文化特点等的研究。这些研究从不同的层面揭示了文化与创新教育间的复杂关系，有助于后续研究的开展。但是，毋庸置疑的是，在学生创新能力发展和培养中，学校文化、教师文化、教学文化等是关系更为密切的方面，在现有研究的基础上，我们应更加关注对这些中观和微观层面的研究。研究中，应注重分析有助于学生创新能力培养的学校文化、教师文化等的特征，分析现有文化的特征和产生的影响，并研究构建有助于学生创新能力培养的学校文化、教师文化的途径和策略。

研究方法上应注重定性研究和定量研究相结合，静态研究与动态研究相辅承。研究在内容上应侧重于中观和微观层面，研究方法也需要有所侧重和针对性，其中特别需要注重定性研究和定量研究的结合。这是因为，对于创新教育中的文化研究而言，单纯的定性分析或定量研究都不足以使人们深入认识创新能力培养与文化之间的复杂关系，而只有相互结合，才能达到研究目的。同时，还需要在静态分析和研究的基础上，关注动态的研究。对创新教育中的文化进行动态研究，比如对学校文化、教师文化、课堂文化等进行深入性观察及开展行动研究，都可以更好地揭示学生创新能力培养与文化间的作用过程，揭示影响学校文化、教师文化的因素和机制，有助于构建促进创新教育实施的学校文化和教师文化。

第二节　创新教育需要构建的教师文化特征

一、文化对创新能力的影响

（一）文化对创新能力有着多方位影响

首先，文化影响着创新能力的强弱。并不是所有的文化都会对创新能力起着强有力的支撑作用，人类历史上所形成的不同文化类型会对人们的创新能力强弱起着一定的制约作用。心理学的研究一般认为，开放的、乐观的、推崇个性的文化更有利于创新能力的形成和发展。

其次，文化影响着创新能力的表现领域。人们的创新能力可以表现在专业领域中也可以表现在日常生活领域中，可以表现在理论研究领域，也可以表现在实践操作领域。通过对不同社会、地区文化的对比研究，心理学家发现文化影响着创新能力的表现领域。一般而言，在特定的社会文化中，涉及维护社会深层文化模式的领域被允许创新的程度比较小。

最后，文化影响着创新活动的过程。与表现领域相关联，不同文化对创新活动过程的解释也存在一定的差异。有研究发现，与西方从认知、问题解决的角度理解创新活动不同，东方更侧重从情绪、心灵体悟的角度来描绘创新活动。

（二）教师文化在学生创新能力培养中的作用

教师文化是作为社会职业群体的教师在教育教学及社会交往活动中所秉持的价值观、信念、态度、规范准则，以及由此所决定的思维方式和行动方式的总和，其核心是价值观念。教师文化具有历史性、民族性、独特性、相对稳定性和可变性等特点。由教师文化的特殊性所决定，教师文化对学生的创新能力培养有着重要的作用。

教师文化关系着教师教学行为的取向，直接影响学生创新能力的发展。教师的教学行为具有一定的选择和创新空间，教师既可以选择循规蹈矩地传授教材，也可以多层次、多角度地联系生活讲解知识，既可以包办代替地全程接受式教学，也可以将接受和发现有机地结合。不同的教学行为除了与教师教学能力、教学积极性相关联，重要的是与教师内在的价值观念相关联，与他所理解的教学、教学目的等相关联，而这些态度、价值观念是教师文化的重要组成部分。

教师文化通过示范和教育期望作用，间接地影响着学生创新能力的发展。关注学生创新能力发展的教师本人也应该是一位推崇并践行创新的教师，其在教学活动和课外活动中的言行表现会成为学生可资借鉴的范例，会使学生感受到教师对于学生创新的期望，从而激励、引导学生进行创新。反之，不重视创新的教师也会以自身的示范和期望作用阻碍学生创新能力的发展。

二、实施创新教育所需要的教师文化特征

创新能力的发展需要学生具有创新所需要的知识技能、有助于创新的思维品质和人格特征。具体来说，在知识技能上要多学科、多类型和融会贯通性，在思维品质上需要形成完整的问题解决思维过程，并且将聚合与发散思维、逻辑和非逻辑思维相结合，在人格特征上应具有问题意识、创新意识、创新意志等。这些就决定了实施创新教育过程中教师所需要具备的特质，决定了教师文化应具备的基本特征。

（一）促进学生创新能力发展的角色文化

教育教学活动中教师都在扮演着自己所认同的角色，不同的教师在教育活动中承担的角色具有差异性，同一位教师在学校教育中也在扮演着多种角色。对于创新教育的实施来说，教师首先应确立的重要角色就是学生创新能力发展的促进者角色。这一角色截然不同于“知识给予者”、“真理代言者”之类的角色，这一角色的成功确立需要教师在观念和行为上具备如下特征。

1. 教师具有正确的创新观念

什么是创新，什么是创新能力、创新意识、创新思维，影响创新能力强弱的因素有哪些，这些创新观念既可以来自于理论研究的论文著作，也可以来自于教师对自己已有知识经验的总结提炼。无论其主要来源是哪一方面，能够促进学生创新能力发展的教师都具备正确的创新观念。理解创

新能力是独特而又恰当地解决问题的能力，创新能力与知识技能、思维和人格息息相关。而其中较为重要的就是认同心理学研究所得出的一条普遍性的结论：人人都具有创新的潜能，只是程度不同而已。

2. 教师认同创新教育的重要性

实际的教学活动中，教师往往会面临诸多的教学价值选择和判断。是关注部分优秀学生的发展还是关注全体学生的发展，是关注学生的成绩还是关注学生的整体发展，是驻留于知识技能发展还是关注学生能力培养，等等。而注重学生创新能力发展的教师，会在诸多的价值选择和矛盾冲突中，确立正确的教育教学价值观，认同创新教育的重要性。教师会认识到教育要关注全体学生的整体发展，要充分挖掘每位学生的发展潜能；学生创新能力的充分发展是素质提高的高层次表现，创新教育与素质教育一脉相承；学生创新能力的发展会有多种多样的表现，应关注不同学生自身的独特性；传授知识技能不是教育的目的，促进学生运用知识技能解决问题快乐生活才是教育应有的追求；正确认识知识技能与能力培养的关系，知识技能只是学生发展包括能力发展的一个条件，知识技能不能自动转化为能力，更不能自动转化为创新能力；等等。总之，促进学生创新能力培养的教师角色必然扎根于正确的创新教育观念，特别是正确的教育教学价值观的土壤中。

3. 将培养学生创新能力的意识和方法转化为教育教学实践

在教育教学活动中，将创新教育的理念转化为不断日臻完善的实践行为，是促进学生创新能力发展的教师角色的重要内涵。美国学者 Fleith、英国学者 Cropley 等人基于相关理论的推理研究表明，注重学生创新能力培养的教师教学行为具有共同特征，而这些研究也与实践中关注学生创新能力培养的优秀教育者的教育教学活动相互印证。例如，我国的张化万和前苏联的阿莫纳什维利，作为不同社会与时代的优秀教师尽管教育实践中会面临诸多差异，但二者的教育思想和行为又有很多的共通点，他们都曾鼓励学生用写信的方式将所思所感表达出来并根据需要寄给相关部门，都曾支持学生对教材的质疑、纠错，支持并创造条件让学生开展多样的社会实践活动，等等。

清晰地记得在《孩子们，你们生活得怎样?》一书中有这样一个事例。

当孩子们一致决定将制作工艺品所获得的14卢布27戈比（现在约合人民币1元多）捐给国家保卫和平基金会时，阿莫纳什维利非常赞同并教导孩子们如何汇款，孩子们在邮局获得了工作人员的热情接待和表扬，而孩子们获得的这种积极反馈其实是阿莫纳什维利提早到邮局与工作人员沟通的结果。《我的语文人生》一书中，张化万老师曾在教师节前夕带领学生看望退休教师，当学生们看到受人尊敬的老教师居所狭小、简陋时，提议给相关部门写信为老师解决住房上的困难，张老师支持并指导学生反复修改信件。无论是阿莫纳什维利还是张化万老师都知道，学生的行为对于他们所要解决的问题来说不会起多大的作用，但是在这一过程中学生学以致用，将自己的学习与实际社会生活相结合，而且学到了许多原来没有获得的知识技能，学生的情感、态度在这一活动中也获得了肯定和升华。也就是说，这种看似“徒劳”的活动在教育上是具有相当积极意义的。优秀教师们这些看似巧合的教学行为其实内在有着一致的教育理念，这也与Fleith等人关于教师创新教学行为的研究结论相吻合。

基于已有的研究，与创新能力发展的促进者角色相适应的外在行为主要具有如下特点：鼓励学生在掌握基本知识和技能的基础上广泛涉猎各种知识；鼓励学生将知识技能用于多种问题的解决活动中，特别是实际生活问题的解决；重视学生的问题，并鼓励学生提出多样的问题；注重让学生自己独立解决问题，并适时引导学生进行发散性思维；对学生的表现延迟评价，并鼓励学生自己评价；鼓励学生大胆质疑，不墨守成规；创设多种情境促进学生合作学习。

（二）不断发展并进行教学创新的形象文化

促进学生创新能力发展的教师不能固守既有的知识技能和教育教学技能方法，不能将自身形象定位于“教书匠”，而应不断追求发展提高自身确立起“教育家”形象。同时，促进学生创新能力发展的教师还需要不断追求教学创新。

1. 教师注重自身的不断发展

教育教学具有复杂性，教师总会面临新的教育问题、新的教育情境，教师只有不断学习不断研究，及时更新观念，调整自己的教学行为才能不断发展自身以适应复杂的教育实践要求。作为创新教育的实践者，教师更需要主动自觉地学习和提高。而教师对教学的研究则是教师发展的重要方式，学生往往成为教师发展的重要推动力，成为教师教学灵感的提供者。正像被誉为“德国教师的教师”第斯多惠所言说的：“‘不进则退’这个谚语还不尽其意，还必须补充：教师有能力培养学生也是自我继续教育的过程，应当把和儿童、与教学打交道看成是自我教育的主要手段。”①

教师的发展不是一蹴而就的，而是一个不断前进的过程，在这一过程中教师也会出现观念和行为上的偏差，也会出现错误。教师的发展也正是通过学习来不断纠正自己错误观念和行为的过程，发展的表现就走教师专业化水平的提高。在专业发展的过程中，教师要经历一个从不成熟到相对成熟的阶段，教师从教之前的教育只是为教师的专业发展提供了初步的基础，教师专业化水平的提高关键在于从教后几十年教学实践中的不断学习。因此，作为创新实践者的教师通过对教学进行研究，能促使自己不断的发展，而这种发展也是教师专业发展的过程，是教师专业化水平不断提高的过程。

2. 教师是教学创新的实践者

促进学生创新能力发展的教师必然是具有创新能力、创新精神的人，也必然是在自身的教学活动中勇于创新的人。教师的教学创新是教师创新能力在具体教学问题解决活动中的表现，是教师独特而又恰当地解决教学问题的过程。教学创新需要教师能够打破既有的内外在教育教学传统的束缚，敢于挑战教育教学权威，在教学活动中从思想到行为、从教学设计到教学生成、从教学组织到教学评价等进行变革。教学创新实质就是教师不因循守旧，能够根据变化了的情况采取最适当的方法，以有利于具体教学目标的实现，有利于学生的发展特别是学生创新能力的发展。

（三）开放、合作、包容的师生交往文化

创新教育的实施需要教师建立起开放、合作的交往文化，包括教师间和师生间的交往文化。由于师生间的交往文化与学生的创新能力培养关系更为密切，所以这里我们强调的是师生交往文化，强调开放、合作和包容。

---

① ［德］第斯多惠：《德国教师培养指南》，袁一安译，人民教育出版社 2001 年版，第 184 页。

创新教育需要培养学生灵活多样的思维方式、求新求异的思维品质、挑战权威的创新意识、敢于冒险的创新精神等等，而这些思维和人格特征的培养都需要以良好的教师态度、师生关系作为基础。心理学已有的研究表明：相对自由、宽松以及具有民主性、支持性的教学氛围更有助于学生创新能力的培养。而这种教学环境和氛围要求教师和学生建立起一种与之相对应的交往关系。

1. 师生交往需要具有开放性

传统的师生交往具有一定的封闭性，教师与学生往往仅限于课堂内的知识互动，互动交流中教师还常常维持着自身在课堂教学中的权威形象，特别是知识权威形象。这种师生间的课堂交流可以说没有达到真正意义上的交往，彼此间存在着刻意的界限。而创新教育需要教师打破师生交往的封闭性，要求教师真正走进学生的内心世界，在知识学习中达到内心世界的交流与沟通，从而促使彼此的观点交流更为通畅，并且激发学生间、师生间思想的相互碰撞。在开放的交往过程中，教师无须刻意维护所谓的权威形象，而应敢于承认自身的不足和错误，变师道尊严为良师益友，使学生热爱教师但不盲从教师。

2. 师生交往要体现出合作性

开放的师生交往也必然会体现出合作性的特点。所谓的合作性，就是在教育教学实践活动中教师和学生相互协作共同完成对问题的解决。培养学生的创新能力需要教师更多地让学生提出问题，并让学生独立探索、完成问题的解决。这就要求在教学活动中，教师要将接受学习和发现学习有机地结合，适时适度地让学生完成对新问题、新知识的发现。在这一过程中，教师的教和学生的学是融合的，教学成为师生共同探索、发现和相互促进的活动。

3. 师生交往需要具有包容性

创新需要有打破常规的思维和勇气，需要面临着失败的可能和一系列的挫折，教师鼓励学生创新就需要在师生交往中表现出较大的宽容度和包容性。注重创新人格培养的人本主义心理学家罗杰斯就曾强调指出：促进创新能力发展需要有两个基本条件，就是心理自由和心理安全。在学生能够感受到安全和自由的环境中，才可能大胆地提出问题和进行质疑，才可能没有顾虑地表达出自己的真实思想。师生交往的包容性在教学中的表现主要是：即使问题偏离学科或看起来并不重要；教师也认真对待学生的问题，教师允许学生偏离自己的设定去解决问题；给予学生学习上选择的自由；真诚对待学生对自己的建议或批评；容忍学生在创新中的失误或失败，注重增强学生的自信心。

第三节 教师文化构建的可能与要求

一、构建创新教育所需要的教师文化的可能

（一）文化的可塑性是教师文化构建的前提

文化具有一定的独立性，也具有社会制约性。一方面由人创造和形成的文化会对人产生影响和制约，另一方面文化也会随着社会发展而产生变异，会伴随着社会经济、制度等的变化，做出适应性的反应。正如，美国文化人类学家恩伯（Ember）在《文化的变异》一书中所言：一般来说文化是具有适应性的，它适应着特定的自然和社会环境条件，有损一个社会生存机会的习俗不大可能持续存在。[①] 随着社会的发展，传统社会中教师文化所依存的社会条件逐渐消退、变化，相应地教师文化就会产生变化，会适应现代社会的发展。这种变化和发展可以是自发的，也可以是有计划地引导和推动。

现代社会的发展特别是知识经济的出现，要求社会更加关注各个领域的创新，更加关注创新人才的培养。适应这样的社会发展趋势和客观要求，教师文化也必然会发生相应的变迁。因此，构建创新教育所需要的教师文化是可为的。

（二）教育制度的革新是教师文化构建的基础

在教育制度上，现代社会通过不断进行教育改革，对传统进行扬弃，

---

① ［美］恩伯：《文化的变异》，杜杉杉译，辽宁人民出版社 1988 年版，第 43 页。

为教师创新提供了更大的空间。

从考试制度来看，目前我国的考试制度正从统一性向多元化方向发展，改革赋予了教师更多的创新和发展空间。为了保证考试制度与基础教育改革的协调发展，2001年的《基础教育课程改革纲要（试行）》在“改革和完善考试制度”部分明确提出：完善初中升高中的考试管理制度，考试内容应加强与社会实际和学生生活经验的联系，重视考查学生分析问题、解决问题的能力，部分学科可实行开卷考试。同时指出，高等学校招生考试制度改革，应与基础教育课程改革相衔接。考试要按照有助于高等学校选拔人才、有助于中学实施素质教育、有助于扩大高等学校办学自主权的原则，加强对学生能力和素质的考查。改革高等学校招生考试内容，探索提供多次机会、双向选择、综合评价的考试、选拔方式。在考试命题上，强调依据课程标准，杜绝设置偏题、怪题的现象。从试题形式和内容上看，高考的试题类型正趋向多样化，内容也更加贴近时代、贴近学生的生活，在考察学生基础知识的同时，注重考查学生综合运用知识解决问题的能力、创新能力。考试制度的这些改革尽管还存在着有待完善之处，但是改革所秉持的方向是加强多元和多样性，综合考查学生的各方面素质，给学生以更多的发挥空间，这就为教师教学创新提供了一定的空间。

同时，我国课程改革在课程设置、课程内容上也为教师创新提供了很大的空间。针对以往我国课程设置和课程内容呈现出过度统一的特点，改革强调了课程设置的综合性和选择性，并以课程标准来取代教学大纲，实行“一标多本”的课程政策。课程标准规定了各科教学所要实现的课程目标和所要学习的课程内容，规定了评价的基本标准，但是对于教材编制、教学设计和评价中的具体问题没有硬性规定。教师教学可以根据课程标准来灵活选择和使用教材、参考资料。教学中教师有了更大的选择和自主创新的空间，教师能够成为一个决策者，而不只是一个执行者。

（三）多元知识观的确立促进了教师文化的重构

1. 普遍真理的知识观受到质疑

普遍真理的知识观在现当代受到了许多哲学家、社会学家的质疑和批判。在科学哲学的研究领域，哲学家从自然科学的内部对科学知识型进行了批判。例如，波普尔指出，普遍真理性的知识观是对普通人认识能力的贬低和压制，这只会导致大多数普通人对知识的崇拜，实际上所有的知识在实质上都是一种“猜测性的知识”，都是我们对某些问题做出的暂时性的回答，这些回答还需要在以后的认识活动中不断地加以修正和反驳，可以说没有一种知识可以被一劳永逸的获得，所谓“终极的解释”的知识是根本不存在的。而知识社会学的研究也表明，知识是社会中的人所认识和发现的，作为社会中的人其发现过程总是受到现有文化传统和文化模式的制约，知识的生产其实与价值观念、生活方式、语言符号乃至形而上学的信仰都是不可分割的，知识具有一定的“文化限阈”，不是超文化的产物。无论是科学哲学还是知识社会学的研究都表明，现有的知识不是主观对客观的镜像摹写，也不是主体对客体的静态反映，而是主体在实践的基础上对运动、变化、发展着的客体的动态认识，是主观对客观的能动的理性的把握，知识是一个动态的发展过程，知识只具有相对的正确性。

随着对普遍真理性知识的质疑，人文知识的特点也受到人们的关注和认可。人们认识到人文知识是关于人文世界的知识，人文世界不同于外在于人而存在的相对客观的物质世界，人文世界有着极为丰富的精神蕴涵，包含着人的理想、目的、欲求、意义、价值等主观成分。来自于人文世界的人文知识关乎人的生存和生活的意义，与科学知识相区别的主观性正是人文知识的独特之处，也是人文知识发挥独特魅力与价值的所在。可见，现代社会中普遍真理性的知识观正在消退，知识不再具有绝对的正确性而只有相对的正确性，知识不再具有静止性而具有发展性，教材记载的知识也只是人们对现实世界认识的阶段性成果，教师不能够再依赖制度知识、权威的资料扮演真理代言者的角色。

2. 多元的知识观表明没有绝对的无知者

普遍的真理观导致人们将知识看作是遥不可及的神秘事物，知识超越于人们的现实生活，知识成了一种以特殊符号和话语系统构成的体系，成了记载于书本之上与生活相脱离的真理。同时，由于知识传播技术落后和途径单一，就形成了只有少数人拥有知识的现象，知识成了少数社会精英的资本，多数人对于知识只能是仰视和崇拜。

这种脱离现实生活的知识观在现当代受到了广泛的质疑。在后现代的知识型中人们注重知识与现实生活的联系，倡导多元的知识观，重视“地方性知识”和“实践知识”。所谓的“地方性知识”又称为“本土知识”，主要是指与普遍的知识形态不同的地域性的特殊知识。所谓的实践知识是指人们通过亲身实践获得的知识，是关于“如何做事”的知识。实践知识主要不是通过书本来获得，也不是人们之间通过语言传递就能掌握，它需要人们通过亲身实践来获得。在以往普遍真理性知识观之下，实践知识并不被承认，学校也不注重让学生通过实践的途径进行学习。而愈来愈多的研究证明，所谓的普遍性知识并不能解决所有具体问题，实践知识是人们实际生活中不可缺少的重要知识。例如，斯滕博格等人曾对一些成功的大学教师和公司经理进行“成功秘诀”的研究，① 研究中这些人一致认为学校中获得的正规知识与成功没有太大的关系，成功更多地倚重自己思维和行动中的非正规知识，这些非正规的知识是在工作中潜移默化获得的，没有人具体地教过他们，这些知识是意会的、心照不宣的知识。对于公司经理来说，懂得穿着得体、知道公司看重哪些行为、了解工作的轻重缓急、知道哪些产品容易卖出去都是必需的实践知识。对于大学教师来说，必需的实践知识是课堂的管理技巧、授课技巧、保持学生兴趣的技巧等等。这些知识虽然在书本上也有介绍，但是真正掌握和运用这种实践知识只能通过自己亲身的实践。多元的知识观给我们的启示是：知识并不是少数人的财产，多元的知识观之下没有绝对的无知者，人人都是知识的拥有者，只是人们所拥有的知识类型、多少以及深浅不同。

3. 学习是学生个体自主构建的过程

传统社会中，学生被视为是无知者，被视为是没有（或没有足够的）能力自己获得知识的人，学生知识的获得只能是由教师从外部给予，教师成为知识的给予者。教师的这一角色随着现代社会的发展而受到了否定，现在人们普遍认识到，学生获得知识的过程是在已有知识经验基础上自主建构的过程。

“建构”一词原本用于建筑或木器加工中，指为了某种目的而把已有

---

① ［美］斯腾伯格：《思维教学》，赵海燕译，中国轻工业出版社 2001 年版，第 133 页。

的零件、木料制成某种结构。在学习中，建构是指人通过新、旧经验之间反复的、双向的相互作用，来形成或调整自己已有的认知结构。建构主义（constructivism）是认知学习理论的进一步发展，其思想渊源可以追溯到杜威、皮亚杰（J. Piaget）、维果茨基（Vygotsty）、布鲁纳（J. S. Bruner）等人的相关学说。尽管建构主义理论内部有多种流派和各种主张，但是“建构主义理论的基本特征就是重视学习者的各种认知及信念”，强调“让学习者在学习过程中有更大的自由”。[①] 具体来说，建构主义者认为学习者不是洛克所说的“白板”，也不是有待填充的“容器”，而是有着大量生活经验和先前知识的主体，这些知识与经验可能促进学习，也可能妨碍学习。学习者新知识的形成是以原有的知识、经验为背景，在自己需要、意向、态度、信念和情感的基础上建构获得的。建构的过程一方面是理解知识的过程，同时也是对新知识进行分析、检验和批判的过程。正因为在现实的教学活动中，学生基于各自的知识经验来学习新的知识，各自对知识的理解会存在差异，因此，建构主义者还强调学习者之间的相互合作，强调在人际互动中通过社会性的协商进行知识的社会建构，从而使人的认识更为丰富和全面。

现实中人的学习是复杂的，一种学习理论难以对所有的学习活动做出合理的解释。但是，现实生活中即使存在着如同训练动物一样的教学活动，也并不代表这种教学是合理的。同样的识字教学，依靠机械记忆和重复强化的方法学生即使记住了大量的字词，也是在被动、强迫状态下的学习，这样的教学收获的是少量看得见的成果，得到的是浮出水面的冰山一角，失去的是沉于水下大面积的冰山主体。真正知识的获得应当伴随着人全部身心的成长与发展，关注并最大程度地发挥人的学习自主性。自主建构的学习体现了人的学习活动的主旨，无疑也是教学活动应当致力的方向。因此，知识的获得不是一个接受和被告知的过程，也不是一个将固态的知识从教师手中传递给学生的过程，知识获得是学生在已有知识经验基础上进行建构的过程，这一观点被越来越多的人所认可。

---

① ［美］戴尔·H·申克：《学习理论：教育的视角》，何一希等译，江苏教育出版社 2012 年版，第 24 页。

二、构建创新教育所需要的教师文化的要求

（一）建立起以权利为基础的民主师生关系

传统社会的专制集中表现为社会中一部分人对另一部分人身体或思想上的强迫支配和控制，导致人与他人之间形成身体和精神上的依附关系。形成人对“神”的依附、对“君”的依附、对“权威”的依附，这种依附关系被马克思称之为“人的依赖关系”，它是对人独立性和平等性的根本否定。在现代社会中，人们要求摆脱对他人的屈从和依附，要求打破人身依附的关系，要求社会充分尊重每一个人的理性力量，“天赋人权”、“自由”、“平等”成了现代社会中人们争取发展空间的口号。每个人的生存权和发展权都受到了社会的承认和尊重，所有人的基本权利都受到了法律的保障，人的平等性和人格的独立性有了全新的体现。

由此可见，专制的师生关系是传统社会的产物。在这种关系中教师与学生是操纵与被操纵、支配与被支配的关系，学生必须无条件的服从教师的权力意志，学生没有独立的人格，创新能力发展必然受到遏制。与此相对，作为学生创新促进者的教师必须与学生建立起民主的师生关系，这种民主的师生关系以权利为基础。具体体现在：教师尊重学生的权利，教师正确行使法律所规定的“规范性权力”，教师的权利与义务相统一。从教师的义务来看，我国教师法中与学生直接相关的教师义务有两条，即教师要“关心、爱护全体学生，尊重学生人格，促进学生在品德、智力、体质等方面全面发展；制止有害于学生的行为或者其他侵犯学生合法权益的行为，批评和抵制有害于学生健康成长的现象。”因此，作为学生创新促进者的教师要尊重学生的人格并促进学生健康、全面的发展，形成民主的师生关系。

教师和学生所形成的民主关系具有一定的特殊性，特殊性的集中体现就是教师在教学中必须将尊重学生和促进学生的发展相结合。尊重学生意味着教师要将学生视为具有独立人格的“人”，要求教师充分认识到学生的发展潜力，认识到学生身心的完整性与独立性，认识到学生独特的身心发展规律，认识到学生之间的差异性。以此为基础，教师教育教学活动要充分调动学生的主动性，让学生能够充分发挥自己的潜能，获得有个性的发展。在对一线的教师进行访谈的过程中，一位引导学校开展教学改革、

注重培养学生问题意识的语文教师坦言：要培养学生的问题意识、提高学生的发现问题能力，就必须先建立一个和谐的师生关系，这是为学生敢说话打下基础。而要建立和谐的师生关系，就要认识到学生是渴望自由的，要让学生问他想问的，要尊重学生的每一个问题，对于老师来说就要在学生面前放下架子。

尊重学生必须与促进学生的发展相结合，将促进学生发展作为尊重学生的目的。教师教育教学活动的直接目的指向是促进学生的发展，促进所有学生的主动发展，教师尊重学生形成民主的师生关系也是为了促进学生的主动发展。因此，尊重学生不是对学生的放任，民主的师生关系不等于放任的师生关系。虽然教育教学活动中存在学生教育教师、教师从学生处受益的现象，但是更多的时候应当是学生从教师处受益。在民主的师生关系中，在培养学生创新能力的教学活动中，教师也需要具有权威，需要具有对学生的一种较强的影响力。但是，与权力控制教学中教师所强调的权威不同，在民主的师生关系中教师的权威不是建立在外部权力的基础上，而是主要建立在教师个人能力、个人魅力、人格力量的基础上，教师不是强迫学生承认自己的权威，而是要从学生那里赢得权威。

（二）教师要注重对教学进行研究

教学要有所创新，教师就必须对教学进行研究，并将研究所获得的结论用于教学活动之中，来不断地改进自己的教学观念和教学行为，打破因循守旧的教学，走向教学观念、教学方法、教学组织、教学内容和教学评价等的创新。

教师研究是教师进行问题解决的活动。研究中教师要针对教学中的困惑，明确问题并提出假设最终得出结论，这一过程就是杜威所说的反省思维的过程。研究说起来神秘其实并不是高不可攀、难以企及。对此，我们通过一名语文教师的课后教学手记来进行具体分析。这名教师在执教《勇气》（人教版七年级上册）一课时，引导学生讨论“两种勇气是什么？你更看重哪种勇气？”。讨论过程中教师的观点受到了学生的质疑，教师随之采取了应对并进行了教学反思。[①]

---

① 陈绪伟：《有理念，还需要勇气——〈勇气〉教学手记》，《语文建设》2004 年第 10 期。

“老师，我不同意你的观点。如果说法国妇女身上表现出来的勇气还值得称道的话，那么美国伞兵身上所谓的勇气只是一种怯懦自私、胆小怕死的表现。他如果真有勇气，应该站出来，勇敢地面对德国士兵，而不应该给法国妇女带来不幸。这种勇气并不值得我们学习。”（我都感觉到我的脸红了）

几乎在同时，杜琳琳又站了起来：“我曾在《读者》上读过这篇课文，不过题目不是《勇气》，而是《第二次冒险》，比较起来，我认为《第二次冒险》这个题目好像更合适，因为美国伞兵身上表现出来的只是一种个人求生的欲望，他并没有考虑自己的行为给他人带来的后果，怎能称得上是智慧和勇气呢？”

这是我未曾想到的，见解却有新意，也很精彩，可我的思路全被打乱了。该如何处理这个问题呢？按照惯例，要么冷处理，放在课下讨论；要么充分肯定这个问题，再由我从文章的主旨、写作意图、写作技巧等方面给学生解释一下。可是，即便我解释清楚了，学生又能获得什么呢？这个问题真让我头疼。利用，还是放弃？引导，还是扼杀？

“学生是知识的主体建构者”，想到课改所提倡的这一点，我调整了一下教学目标，组织学生就这一问题谈自己的认识。这一下，课堂气氛高涨起来。

“是啊，美国伞兵太自私了，他的举动毁了一个原本幸福的家。”

“依我看，他是一个懦夫。”

也有不同意见：“他这样做有他的苦衷。他是军人，他活下来能够更好地打击敌人。”

我边听边在备课本上飞快地记录着。是啊，这不正是两种价值观的碰撞吗？这也正是中美文化观念的差异所在。这是多么好的生成性课程资源呀。接下来，我便顺着学生的思路，引导学生利用课前搜集的材料，就“勇气”所体现的不同价值观念进行讨论。

有的说：“王二小拼着自己的性命，把敌人引进包围圈，他虽然牺牲了，但他身上表现出的勇气真正值得我们学习。”也有的同学说：“从对待战争的态度看，我钦佩美国伞兵身上表现出的智慧和勇气，有时候，我们身上缺少的恰恰就是这一点。”

真是太精彩了，虽然略显稚嫩，甚至有点偏激，但这都是他们心里的声音呀，是他们个人的真实感受啊。那节课，上得不很完整，但学生用他们的智慧给了我很多启发。学生的潜能是不容忽视的，他们也在用自己略显稚嫩的眼光观察世界，他们也在用自己的心灵体察世界的人和事。

……

上例中，执教教师有多处进行反省思维的地方，这是教师将自己内心的思考过程、心理活动表达出来后我们所看到的。例如，在教师受到学生质疑后，教师面临着困惑继而产生问题。困惑在于教师觉得学生说的也有道理，自己犹豫不定应当是引导还是扼杀学生的质疑。而教师面临的问题是，在这种特定的情况之下自己如何做出合理的选择。在教师进行比较和思考之后，以新课改的理念来指导行动成为教师检验假设并做出结论的依据，据此教师做出了明确的结论，即利用学生的质疑并加以引导。得出结论之后，教师并不是只停留于“想”这一阶段，而是将结论付诸于行动。教师调整了预先设定好的教学设想，开始引导学生就这一话题开展讨论。这是在课堂教学活动过程中进行的反省思维，进行的问题解决活动。在课堂教学活动中，由于时间和情境所限教师的反省思维具有时间短的特点，教师要根据当时的具体情况立即做出结论。这种教师对于教学过程中的意外情况不是视而不见，也不是冲动性地、不假思索地处理，而是思考后选择适当处理方法的教学行为，是教学活动过程中教师进行研究的例子，教师的这种表现以往我们也称之为“教学机智”。

事例中还有教师在课堂教学结束之后进行的反省思维，这也是教师进行的一种教学研究活动。按照教学环节来看，教学可以分成教师备课、上课、课后辅导和评估等环节。因此，教学活动并不局限于上课这一部分，课堂教学之前和之后的教学工作在教师实际工作中占有相当大的比重，有着重要的意义，教师的课后研究相当重要。事例中的教师在课堂教学结束后，对教学进行了整体的反省思维，这时教师的问题就是更深层次、较为抽象的问题，即如何处理好师生关系、如何看待学生的问题。这一问题的具体表现就是：是否应当重视学生的问题、是否应当坦诚面对学生的质疑。教师通过对自己课堂教学的回顾，通过对所遇到的具体问题、自己的解决方案、方案实施后效果的思考，最后得出了自己的结论，即教师“要放下架子，真正走进学生的心灵世界，多倾听学生的心声，多进行心灵的沟通”。当教师将这一结论有意识地用于下一次或以后的课堂教学之中时，这就体现了教师教学研究用于改进教学活动的特点。

由此可见，与其他人员的教学研究相比较，教师的教学研究具有如下特点：研究对象相对稳定，教师以自己教学中遇到的问题为研究对象；研究者与研究成果使用者同一，教师既是问题的发现者、研究者，也是研究观点的验证者、研究成果的使用者；研究在时间、进度上没有严格而明确的规划，教师是在教学活动过程中随时发现问题随时思考并进行研究、改进；研究往往是对同一问题的不断深化，教师经常对同一个问题不断地进行研究，通过研究纠正已有的教学观念和教学行为；研究范围较小、问题较具体，教师研究的范围基本上就是自己教学工作所涉及的学生、学科、教学内容，研究范围较小，同时问题也经常聚焦于具体的教学活动、特定的教学内容和学生。

（三）教师的教学创新实践要合乎“恰当性”

培养学生的创新能力要求教师必须进行教学创新，必须根据具体的教学对象、内容、环境等调整教学活动的要素和环节，从而更大程度地促进学生的发展，挖掘学生的创新潜能。但是，需要注意的是教师教学的创新不能仅关注“新颖性”，必须将“新颖性”和“恰当性”相结合。这里所谓的“恰当性”，是指创新要符合教育教学的宗旨，创新要有利于教学目标的完成。这里，以笔者所听的一堂数学课为例进行分析。

这是小学二年级的数学课，教学内容是“认识 1 分钟”。教学中教师设计了许多活动让学生认识 1 分钟，活动包括：教师让学生说说 1 分钟可以做什么、1 分钟是长还是短，让学生通过数数、数自己的脉搏来认识 1 分钟，还让学生通过站立来认识 1 分钟（教师让学生在自己觉得到了 1 分钟的时候坐下来）。在“1 分钟可以做什么”的环节中，学生说了五花八门的答案，教师的总结是“可以做好多事情”；在“1 分钟是长还是短”的环节中，学生有的说长有的说短，教师的总结是“有的时候觉得长有的时候觉得短”；在“数数”的环节上，有的学生数得快有的学生数得慢，回答也是五花八门，有说 200 多个数，有说 30 个数，教师总结说“由于数得快慢不一样，所以 1 分钟可以数的数也是不一样的”；在数脉搏环节，教师演示了一下后，就让学生自己找脉搏并计时 1 分钟，结果学生有的把手指放在上臂处，有的放在胳膊肘处，学生所报的脉搏结果各不相同，有的说是 0，有的说是 200 多，有的说是 20，教师的总结是“脉搏数是 0 的同学没有找准脉搏，人在不同情况下脉搏数会不一样，同时运动员的脉搏与平常人也不一样”；在站立环节，学生在 15 秒左右开始纷纷坐下，在家长和同学的注视下，坚持到最后的学生是在 45 秒的时候坐下的，教师的总结是“大多数同学是在不到 30 秒的时候坐下的，只有 1 位同学接近 1 分钟”。这节课就这样热热闹闹地过去了，在课后对学生的访谈中，学生对于 1 分钟到底有多长，形成的都是相对性的认识，没有学生能相对比较准确地估计 1 分钟的长度。

相对于以往教学较多地让学生“静听”和“接受”，现在的课程和教学改革提倡教学方式的多样化，强调让学生探究和发现，让学生主动参与和勤于动手。从上述的教学事例来看，教师的教学在追求一种“改变”，这种改变是一种与以往教学不同的改变，强调让学生活动和探究，关注学生的个性化学习；教学也在追求一种“新颖性”，活动的设计让人耳目一新。但是，这是一种被误读的“创新”，是对教学创新的一种反叛。之所以说是“误读”，是因为教学创新需要合乎“恰当性”，创新的目的是为了更好地达到教学的目标，是为了更好地促进学生的发展。在“认识 1 分钟”的教学中，学生应该对“1 分钟大约有多长”有一定的认识，能够初步估计出 1 分钟的长短，对 1 分钟和 60 秒的关系有初步的认识。而上述的追求新颖性的教学并没有达到应有的目标，学生热热闹闹的一堂课下来，只是形成了一些相对的认识，并不能对 1 分钟形成正确的估计。原本应该是促进教学目标达成的活动，反而成了目标达成的阻碍。

因此，作为创新的实践者，教师一定要形成正确的创新认识：教学创新不等于求“变”，教学创新也不等于求“新”，“变”与“新”只是一种表面现象，内在地这种“变”与“新”都要符合教育教学的目的和目标。教学创新实质在于教师不因循守旧，能够根据变化了的情况采取最适当的方法，创新应当有利于学生的发展，有利于具体教学目标的实现。

第四章　小学教师的创新教学观念与行为

促进学生创新能力发展的教师角色要求教师树立正确的创新观念并具有相应的创新教学行为。为了能更深入地分析和构建教师角色文化，有必要对教育教学实践中教师的创新教学观念和行为进行实证性的调查，分析其中存在的问题并提出针对性的引导对策。

实证性调查主要采用问卷的方法来进行，研究编制的《教师创新教学观念和行为调查问卷》属于结构性问卷，其内容除了调查教师的基本信息外，还包括教师的创新教学观念和教师的创新教学行为两部分。调查于2014年9月至12月进行，采取分层随机抽样的方式选取样本，对象为某市市区内9所小学的教师。本次调查共发放问卷240份，回收216份，回收率为90%，其中有效问卷183份，有效率84.7%。调查对象的基本信息如下：

表4-1　调查对象的基本信息

对象	类别	人数	百分比（%）
性别	男	21	11.5
	女	162	88.5
年龄	30岁以下	16	8.7
	30—35岁	37	20.2
	36—40岁	25	13.7
	40岁以上	105	57.4
教龄	5年以下	12	6.6
	5—10年	20	10.9
	11—15年	36	19.7
	16—20年	17	9.3
	20年以上	98	53.6

对象	类别	人数	百分比（%）
所教科目	语文 数学 英语 其他	87 78 15 52	47.5 42.6 8.2 28.4
合计		183	

第一节　小学教师的创新教学观念现状

对教师创新教学观念的调查是从教师对创新能力的认识、对创新教学策略的认识、对创新教学现状和制约因素的认识这三个方面来进行。

一、教师对创新能力的认识

教师对创新能力的认识是其创新教学观念形成的基础，特别是对创新能力能否后天培养、中小学生是否普遍具有创新潜能、创新能力的心理结构这些问题的认识，直接会影响教师对创新教学的可能性、意义和任务的认识。

（一）对与创新能力相关因素的认识

教学实践中一些教师较为关注学生知识的获得和考试成绩。结合这一状况，问卷调查了教师对于“知识与创新能力关系”、“考试成绩与创新能力关系”的认识。从调查结果看，有 24 位教师认为“有了知识自然就会有了创新能力”，占所调查教师总体的 13.1%；有 82 位教师认为“知识越多创新能力就会越强”，占所调查教师总体的 44.8%；还有 2 位教师认为“知识越多创新能力越低”；另有 75 位教师认为“知识与创新能力之间关系不确定”，占所调查教师总体的 41.0%。从中可以看出，比较多地教师认为知识的数量对创新能力有较大影响，但也有不少的教师认识到知识与创新能力之间的关系具有复杂性，没有简单地将知识的多少与创新能力的高低划等号。实际上，知识对创新能力的影响不仅在于知识的数量，还在于知识的质量，比较多的高质量知识更有助于创新能力的发展和提高。同时，还应看到创新能力的发展离不开创新的思维品质与人格特征，不能简单地以知识的多寡来推论创新能力的高低。

与之相关的，此次调查中有126位小学教师认为“考试成绩与创新能力之间关系不确定”，占比68.9%。这说明，对于当前评价制度和标准下的考试成绩，大多数的教师认为并不能全面反映出学生的发展状况，包括学生创新能力的发展水平。在调查中，甚至有14位教师认为“学生的考试成绩越高表明学生的创新能力越低”，从中可以看出教师对现有教育评价制度之下的学生发展不甚乐观，认为学生的学习成绩与创新能力呈负相关。同时，调查中分别有22位、21位小学教师认为“成绩越高表明学生的创新能力也越高”、“成绩高表明学生的创新能力中等”，分别占所调查教师总体的12.0%和11.5%。

（二）对创新能力培养的可能性、任务和重要性的认识

从表4-2、4-3可以看出，在创新能力能否发展和后天培养的问题上，有4位教师认为“创新能力是天生的，后天不能发展”，仅占调查总体的2.2%。这说明绝大多数的教师认识到了，创新能力这一复杂而神秘的高级能力并不是完全由遗传素质决定的，教育在创新能力培养上是有可为的。对于中小学生是否普遍具有创新潜能的问题，有86.3%的教师首先肯定了“创新能力在每个人身上都可以获得发展”，但是只有65%的教师认为“中小学生普遍具有创新潜能，完全可以培养”。与之相关的，有26.8%的教师认为“只有少数学生具有创新潜能，可以重点培养”，有8.2%的教师认为“中小学生普遍不具有创新潜能，培养就是白费力气”。可见，这之中有部分教师可能是由于对创新能力的理解不全面，对中小学生个体意义上创新能力的认识不足，从而出现这样的问题。

表4-2　教师对于创新能力的认识

选项	频率（人）	有效百分比（%）	累计百分比（%）
创新能力在每个人身上都可以获得发展	158	86.3	86.3
创新能力是天生的，后天不能发展	4	2.2	88.5
创新能力只有在少数有天分的人身上才能获得发展	21	11.5	100.0
合计	183	100.0	

表 4-3　教师对于中小学生创新能力培养的认识

选　　项	频率（人）	百分比（%）	有效百分比（%）	累计百分比（%）
中小学生普遍具有创新潜能，完全可以培养	119	65.0	65.0	65.0
只有少数学生具有创新潜能，可以重点培养	49	26.8	26.8	91.8
中小学生普遍不具有创新潜能，培养就是白费力气	15	8.2	8.2	100.0
合计	183	100.0	100.0	

在对中小学校培养学生创新能力的任务认识上，有 17 位教师、占比 9.3%的教师认为“主要就是为学生在大学阶段创新打好知识技能的基础”，有 48 位、占比 26.2%的教师认为“要打好知识技能的基础，还要让学生有创新型的思维”，另有 118 位、占比 64.5%的教师认为“要全方位的培养，包括知识技能、创新型思维、创新精神等”。总体来看，绝大多数的教师对于这一问题有着较为正确的认识，认识到创新能力培养不单单要注重知识技能，还要关注学生思维品质和人格等方面的综合培养。

在对创新能力培养的重要性认识上，大部分的教师认同创新教育，认为“越是优秀的教师越应关注学生创造力的培养”。其中，有 44 名教师“完全认同”这一观点，占所调查教师总体的 24.0%；有 70 名教师“基本认同”这一观点，占所调查教师总体的 38.3%。但是，调查中也有部分教师并不是很认同，创新教育的重要性。有 21.3%的教师“不大认同”这一观点，有 16.4%的教师是“完全不认同”。

二、对创新教学策略的认识

教师的创新教学策略涉及到教学环节的各个方面，包括教学内容、教学方法、教学反馈与评价、教学组织形式，等等。在问卷中，根据教师教学实践中可能存在的认识误区，从“问题的特征”和“教学方法”两个角度设计了可以多选的两道问题，从而来调查教师对创新教学策略的基本认识。

（一）对创新教学中问题特征的认识

在“问题特征”这一角度，让教师从六个选项中选择更有利于学生创新能力发展的选项，最多选三项。经过统计，选择“开放性问题”的教师有165人，占总数的90.2%；选择“封闭性问题”的教师有24人，占总体人数的13.1%；选择“只有唯一正确答案的问题”的教师有21人，占总数的11.5%；选择“有很多不同答案的问题”的人数为142人，占总体的77.6%；选择“对学生来说不熟悉的问题”的教师有64人，占比35.0%；选择“学生以前接触过的问题”的有46人，占所调查教师总体的25.1%。

在六个选项中，问题的开放程度以及答案是否唯一性，关系到问题的解决过程中学生能否进行发散性思维、能否提出不同的观点。尽管学生进行发散式思维过程中思维的角度未必是最佳的，提出的不同观点也未必是最有说服力的，但是如果不提供可以让学生从不同角度进行思考的问题，那么学生就会缺乏发散思维的机会，就不利于创新思维的形成和发展。因此，创新教学中教师应该关注开放式问题和有着不同答案的问题。从调查数据中可以看出，大多数的教师基本能够认识和关注到创新能力培养中问题的这部分特征。但是，在对后两个选项的认识上，大多数的教师没有明确的认识，不是特别清楚问题的熟悉程度对于学生创新能力培养有什么样的影响。其实，正如许多心理学家所研究的，学校教育中学生解决的如果更多的是熟悉的、结构良好的问题，那么学生就容易按照已有的解决问题方法来进行思考，而且会对实际生活中问题的解决无所适从。因此，教学中教师需要让学生通过解决不熟悉的问题来进行发现和探究，来进行创新性的思维。

（二）对创新教学方法的认识

“教学方法”角度的问题，也是让教师从六个选项中选择更有利于学生创新能力发展的选项，最多选三项。经过统计，有30位教师选择了“为节省时间更多地向学生讲解知识，几乎不需要学生自己发现”，占比16.4%；有149位教师选择“让学生提出自己的不同见解、新颖的看法”，占总体人数的81.4%；选择“学生的不同见解如果是错误的就不能鼓励”的教师有35人，占总体的19.1%；选择“学生能自己解决的问题就尽可能让学生自己解决”的有146人，占总体的79.8%；选择“学生可以提出自己想到的问题”的教师有35人，占调查总人数的19.1%；选择“学生提出自己的问题一定得有价值才行”的教师有89人，占比48.6%。

上述六个选项中，为了节省时间高效率教学而强调接受学习是不利于学生创新能力发展的，应当将接受和发现相结合，而且“学生能自己解决的问题就尽可能让学生自己解决”。同时，促进学生创新能力发展需要让学生提出不同的观点，提出自己的看法。从调查数据上看，绝大多数的教师也都认识到了这一点，选择了关注发现学习和学生思维的独特性。但是，对于另外三个选项，教师在认识上存在一定的不足之处。学生提出的见解不会都是正确的，不正确的地方需要教师进行引导，但是对于学生能够提出自己的观点、提出不同的观点，教师应当给与肯定，这对于学生创新人格的形成有着积极作用。同样，创新能力的培养需要教师营造出自由、宽松、包容的教学氛围，教师应当鼓励学生提出自己的问题，而这个问题未必就一定是有价值的。鼓励学生提出问题、提出自己的观点，这样的教学策略对于学生发现问题能力的发展、创新意识的形成、自信心和独立性的培养都是有益的。

三、对创新教学现状和制约因素的认识

（一）对创新教学现状的认识

调查还让教师根据自己的观察和理解对当前中小学创新教学的现状进行评价，评价通过多选题的方式来进行。根据统计，有 125 名小学教师认为“中学因为有升学的压力所以不太注重创新能力培养”，占比 68.3%；有 71 名教师认为“小学和中学都不大关注创新能力培养”，占比 38.8%；有 138 名教师认为“一些看似培养学生创新能力的做法大多是流于形式”，占比 75.4%；有 102 名教师选择了“中小学校还是有不少老师关注学生创新能力培养”，占比 55.7%。从数据上看，比较多的教师对当前的一些创新教育教学的做法存有质疑，而且认为与小学相比中学不太关注创新能力培养。

此次调查还对初中教师发放了相同的问卷，由于问卷的回收率低，所以没有将初中教师列入为调查统计的主要对象。在有效的 73 份初中教师问卷中，对于同一问题，有 59 位、占比 80.8%的初中教师认为“中学因为有升学的压力所以不太注重创新能力培养”，有 24 位、占比 32.9%的教师认为“小学和中学都不大关注创新能力培养”，有 51 位、占比

69.9%的初中教师认为“一些看似培养学生创新能力的做法大多是流于形式”，还有45.2%教师选择了“中小学校还是有不少老师关注学生创新能力培养”。从数据上看，初中教师和小学教师的认识基本相同，而且对于中学的创新能力培养状况，初中教师的认识更不乐观。

（二）对制约创新教学因素的认识

根据对影响教师教学因素的初步分析和筛选，研究对相关的主要因素进行了针对性调查。

其一，教师对现有评价制度的认识。调查结果显示，有31位教师认为现有的考试制度对学生的创新能力培养有利，占比16.9%；有84位教师选择了“不利”，占比45.9%；有20名教师认为“没什么关系”，占比10.9%；还有48名教师认为现有的考试制度对学生创新能力培养的影响“难以确定”，占比26.2%。从调查结果上看，绝大多数教师认为考试制度对创新教学有影响，是不可忽视的一个制约因素。而且，相比较而言，更多的教师认为现有的考试制度对创新能力培养产生的是消极影响。其实，教学评价制度改革一直是我国教育改革的关注点，近些年我国的考试评价制度已经进行了较大改革和调整。但是，从教师的认识上看，改革后的考试制度在实施以后，并没有对创新教育实践起到足够的推动作用。如果分析其原因的话，那么可能是我们的考试制度确实还需要继续改进，另一方面也可能是制度中对创新教育有利的措施没有很好地在实践中实施。

其二，教师职业倦怠对创新教学的影响。教育教学改革对教师有着更高的要求，而且随着教师教龄、工作量等的变化，教师在从业过程中大多会或轻或重地产生职业倦怠，这种职业倦怠继而又会对教师的工作产生消极的影响。在调查中，有59名教师自认为职业倦怠对自己的工作“产生很大影响，不愿再去更多地钻研和学习”，占比32.2%；有78名教师认为职业倦怠对自己的教学工作“有影响，但不是很大”，占比42%；还有46名教师认为自己“没有职业倦怠感”，占比25.1%。一般来说，职业倦怠是从业者自身不愿对外承认和呈现的状态。调查中有137名、占比74.9%的教师自认存在职业倦怠，而且对教学改革产生了消极影响，从中可见职业倦怠现象较为普遍而且不容忽视。而且如表4-4所示，这种较普遍的职业倦怠现象在不同教龄群体中都不同程度地存在。

表 4-4　职业倦怠对教师自身教学改革的影响

教　龄	产生很大影响，不愿再去更多地钻研和学习	有影响，但不是更大	没有职业倦怠感	合计
5 年以下	7	2	3	12
5—10 年	4	12	4	20
11—15 年	8	11	17	36
16—20 年	7	7	3	17
20 年以上	33	46	19	98
合　计	59	78	46	183

其三，影响教师自身创新教学的因素。在问卷中，通过多选题的形式让教师对影响其教学改革的因素进行最多三项的选择。从调查结果上看，有 140 位教师认为“用学生的学习成绩来评价教师工作的制度”是对自身影响最大的因素，占比 76.5%。其次是“缺少培训学习、教学设备资料等的外在支持”，占比 58.5%，再次是“自己很难突破自己长时间形成的教学想法、教学模式”，占比 51.4%。另外，还有 61 名教师选择了“有好的教学想法却顾及学校同事的看法，很难实施”，占比 33.3%。从这一调查数据可以看出，教师普遍认为外在因素对自己的影响更大。而且大多数教师反对将学生的学习成绩与自己的工作成效直接挂钩，认为会阻碍自己在教育教学工作上的创新。其实，教师的教育教学工作不仅仅体现在学生学习成绩的变化上，还体现在学生发展的多个方面。另外，从学生发展的角度来说，影响学生发展、影响学生学习成绩的因素有很多，教师的教学也只是其中之一。学校用学生的学习成绩来评价教师的教学确实存在一定的片面性，会对教师的教学工作起着不正确的导向。

在对初中教师的调查中，初中教师对这一问题的回答与小学教师基本相同。选择最多的也是评价制度，占比 61.6%，其次是外在的培训学习等的支持，占比 54.8% ，另外还有 50.7%的教师选择“自己很难突破自己长时间形成的教学想法、教学模式”。因此，从调查统计数据上看，促进教师进行教育教学改革，需要建立对教师教学工作的正确评价制度以及为教师提供学习发展的条件，进而帮助教师突破已有的教学观念的束缚。

第二节　小学教师的创新教学行为现状

对教师创新教学行为的调查是从创新教学的内容、创新教学的方法、创新教学的组织形式、创新教学的评价及反馈四个方面进行的，共 30 个题目。教师创新教学行为的调查题目主要参考使用了英国学者 cmpley 于 1997 年编制的“创造性教学行为自评量表”（简称：CFT 指标）。CFT 指标包含了独立性、整合性、动机、判断、灵活性、评价、问题、机会和挫败 9 个维度。新加坡学者 Kay 曾经运用 CFT 指标对教师进行施测，发现整个量表具有较好的信、效度指标。我国的研究人员 2008 年对该自评量表进行了初测和修订，初测表明 CFT 具有较好的信效度。研究人员修订后的量表选取的是 CFT 中的 28 道题目，分为“学习方式指导”、“动机激发”、“观点评价”和“鼓励变通”四个维度，修订后的量表结构更为简洁清晰，并能够全面测量教师的创造性教学行为。[①]

本研究对 CFT 量表原文进行了翻译，对照、借鉴已有的研究，并根据教学活动的基本结构，将量表分为四个维度。其中，“创新教学的内容”包含 6 个题目，是 CFT 量表中的“动机”部分；“创新教学的方法”包含 11 个题目，有 CFT 量表中“问题”的 5 个题目、“灵活性”和“独立性”各 3 个题目；“创新教学的组织形式”包含 5 个题目，有 CFT 量表中“整合性”的 4 个题目、“机会”的 1 个题目；“创新教学的评价及反馈”包含 8 个题目，有 CFT 量表中“挫败”的 3 个题目、“判断”的 3 个题目以及“评价”的 2 个题目。量表采用 5 点计分，从 1 至 5 代表了“从不这样做”到“总是这样做”，选择的数值越大越表明教师某种教学行为的经常性、稳定性。另外，为了尽可能保证调查数据的真实可靠，部分题目采用了反向表述的方式，在对维度计分时这些题目采用了反向计分。

① 张景焕、初玉霞、林崇德：《教师创造性教学行为评价量表的结构》，《心理发展与教育》2008 年第 3 期。

一、创新教学的内容

CFT 量表中的“机会”表示的是教师在教学中要鼓励学生掌握有助于发散思维的真实的知识，它相当于我们所强调的使学生获得和运用多样的知识技能。教师自评后的调查结果显示，6 个题目的均值在 4.0 附近，标准差均小于 1.0。“在教学中强调掌握基础知识和基本技能的重要性”，均值 4.23；“强调学生要将知识运用到不同的情境中”的均值为 4.15；“教给学生最基本的知识，然后让他们自己去发现更多的知识”的均值为 4.06；“让学生用学到的知识去解决他们生活中的实际问题”的均值为 4.02；“鼓励学生向我展示他们自己学到的东西”均值为 3.97；最低的是“允许学生向我问我所教学科范围以外的知识”，均值为 3.93。从数据上看，教师总体上都能够在教学中关注学生掌握知识技能的基础性、多样性、实用性，强调学生对知识的运用和自我探求。相比较而言，教师对学科之后的知识学习并不是很关注，这是目前教师值得反思和改进的方面。

二、创新教学的方法

CFT 量表中的“问题”是指教师认真倾听学生的问题，采纳他们的建议，“灵活性”和“独立性”是指教师鼓励学生灵活思维、独立学习。由这三个部分构成的创新教学方法，主要关注教师能否重视学生的问题、让学生独立学习和激发学生发散思维。在创新教学活动中，教师应当充分重视学生的问题，积极促进学生问题意识和问题能力的提高。同时还要提供给学生独立学习、发现学习的机会，在学生问题解决的过程中引导学生进行发散思维。

首先，在“问题”方面。与此相关的 5 道题目中有 3 道采用了反向表述。调查结果显示，“我认真倾听学生提出的问题”、“我鼓励学生通过思考深化他们的问题和建议”的均值分别为 4.06 和 4.08，“我不鼓励学生自由发问，因为问题有时显得不切题”、“对于学生提出的显得可笑的问题，我不会耐心倾听”、“对于学生并不实际或不一定有用的建议，我不会认真倾听”其均值分别为 2.08、2.23、2.11。对上述反向表述的题目进行反向计分后其均值则为 3.92、3.77、3.89。5 道题目的标准差均在 1.0

以上，其均值表明教师能够经常性地采用有助于激发学生问题意识的教学方法。

其次，在“灵活性”的角度上。吉尔福特在对发散思维的研究中，特别强调发散思维的灵活性，强调解决问题时需要从多种角度、不同方面进行思维。在创新教学中，教师需要采用多种方法引导学生的多角度、发散性思维。在与“灵活性”相关的题目调查中，绝大多数的教师认为自己在教学中关注到了对学生思维的引导。从均值上看，“我鼓励学生花时间从不同的方面进行思考”、“我鼓励学生从不同的角度思考，哪怕其想法可能行不通”、“我不喜欢学生偏离我所教的方法去尝试自己的想法”其均值分别为 3.80、3.65 和 2.41，对最后一道反向表述的问题反向计分后均值为 3.59，数值表明教师的教学引导行为具有经常性。

最后，在“独立性”的角度上。创新能力培养无疑需要教师在教学活动中让学生有独立学习的机会，让学生学会完整的问题解决思维过程，并且在独立学习的过程中让学生有所发现和创新。调查显示，“我期望学生自己检查作业，而不是等我给他们批改”、“我给学生留出开放性的问题，让他们自己去寻求答案”、“我给学生留出有待他们自己解决的问题”其均值分别为 3.38、3.81 和 3.84。

三、创新教学的组织形式

CFT 量表中的“整合性”是指教学中要引导学生形成合作、整合的学习方式，也就是强调教学中师生合作和生生合作。“机会”是指教师采用多种材料、在多种情境中提供学生合作的机会。由“整合性”和“机会”构成的创新教学组织形式，强调的是教学活动中要形成良好的师生、生生互动以及相互间的合作，这不仅有利于学生思维的激发，还有利于学生创新人格的培养。

调查结果显示，“学生在我的课上会经常进行小组活动”、“我期望学生在小组活动中主动合作”、“我和学生探究他们的观点以鼓励他们思考”均值分别为 3.83、4.00 和 3.94，“在我的课上学生没有机会交流他们的看法和观点”、“我不允许学生交作业前相互之间展示作业”在反向计分后均值分别为 3.83 和 3.02。数值表明，调查中的小学教师能够经常性地采用小组合作学习等教学组织形式。

“我不允许学生交作业前相互之间展示作业”的题目，在反向计分后均值最低。分析原因，可能是有的教师认为学生交作业前相互展示容易出现照抄、照改的现象，不利于教师了解学生学习的真实状况。结合创新教学方法中的得分较低的三项教学行为进行综合分析，可以发现，教师在教学中比较倾向于对学生学习的直接管理和控制。这种看似极有效率的管理方式，其实是在剥夺学生自我监督、自我管理和自我评价的机会，减少了学生自我发现的空间，不利于学生自主学习、发现学习能力的培养，也不利于创新能力的发展。

四、创新教学的评价及反馈

CFT 量表中的“挫败”是指教师帮助学生面对挫折和失败，使他们有勇气尝试新的问题，“判断”是指直到学生完全算出或清晰地推断后，教师再判断他们的想法，“评价”是指教师促进学生自我评价。由“挫败”、“判断”和“评价”构成的创新教学评价与反馈，强调的是教师要通过对学生的延迟评价和积极反馈帮助学生建立自信心，激发学生的创新热情。

通过数据统计可以看出，与“挫败”相关的题目其均值高于其他两个方面。“我的学生遇到挫折时，可以找我寻求情感支持”、“我帮助学生正确对待失败，使他们重新获得信心”和“我鼓励遭遇失败的学生寻求其他可能的解决办法”均值分别为 3.95、4.10、4.06。与“判断”相关的三个题目——“我只在学生充分讨论他们的看法后才发表评论”、“学生知道我不会轻易否定他们的建议”和“学生提出某些观点时，我让他们进一步思考后才表明我的态度”，均值分别为 3.72、3.73 和 3.96。与“评价”相关的题目“无论对错我的学生都有机会自己进行判断”、“学生们很清楚我期望他们先自己检查作业”，其均值分别为 3.90、3.83。

表 4-5　教师创新教学行为各维度的均值

维度	创新教学的内容	创新教学的方法	创新教学的组织形式	创新教学的评价及反馈
均值	4.06	3.77	3.72	3.91
N	183	183	183	183

从教师创新教学行为的各维度均值来看，教师的教学活动能够较好地

促进学生创新能力的发展，特别是在创新教学的内容方面。但是，由于研究采用的是教师自评量表而不是对教师课堂教学行为的观察，所以调查中的数值存在着与实际行为不一致并一定程度上偏高的可能。对于这一点，我国研究人员在对比研究中也有所分析①。因此，对于教学实践中教师的创新教学行为也不能过于乐观。

第三节　教师创新教学观念与行为的引导策略

良好的创新教学观念与行为的形成需要教师将相关理论和教学实践相结合，将外部支持与自我提升相协调。鉴于在第三章的教师文化特征构建中对教师自身有所论述，这里我们着重就外部引导和支持策略进行论述。

一、加强区域教师培训，激发教师创新教学的热情

从调查中我们发现，对于创新教学这样的教学改革，比较多的教师自身没有更大的动力，而且认为外部提供的条件不足是制约其教学发展与革新的主要因素。虽然调查中的教师存在着对自身因素缺乏足够重视的问题，但是不可否认的是，现实中许多教师在自身经历和周围环境的多重因素作用下，其教学观念已经相对稳定和固化，其教学行为也具有模式化的倾向。调查中51.4%的教师都认为“自己很难突破自己长时间形成的教学想法、教学模式”，可以说这是教学实践中教师比较普遍的一个状态。在这种情况下，要让教师转变已有的教学观念和行为，仅靠教师自身是难以实现的，重要的是需要让教师走出去，接受不同的观念和行为的冲击，才有可能激发起教师的发展主动性、自觉性，激发起教师的创新教学热情。

应该说，目前城市中小学教师接受学习和培训的机会是比较多的，不

① 张景焕、初玉霞、林崇德：《教师创造性教学行为评价量表的结构》《心理发展与教育》2008年第3期。

同的教师参加的培训层次也各有侧重，国家级、省级、市级的，等等。在这里，我们强调要重视市级之下的区域教师培训。区域教师培训相较于其他层次的培训主要具有如下的特点和优势：一是培训内容更具有针对性。培训机构和教师可以根据区域内各个学段、各个学科的教师所面临的学习需求和教学困惑来组织安排培训的内容，做到有的放矢；二是培训形式更具有多样性。由于区域内同一学段、同一学科、同一教龄区间的教师人数相对有限，所以区域教师培训可以组织不同类型的培训，可以是理论知识的学习研讨、案例分析，也可以进行课堂观摩、教学点评等，多种形式的培训活动有助于提高教师培训的实际效果；三是参与培训的人员间相互交流性强。由于参加培训的教师在平时的工作和生活中较为熟悉，所以在培训活动中教师之间相互交流的主动性、广泛性要好一些；四是参加培训的教师更容易树立起学习的榜样。由于彼此间的熟悉，在学习活动中被观摩的优秀教师不会让其他教师产生遥不可及的疏离感，所以参加培训学习的教师更容易在活动中受到触动，从而尝试着学习和改变。

根据对教师创新教学观念和行为的调查，我们认为区域教师培训引导的重点一方面是帮助教师澄清一些模糊认识，另一方面是让教师将观念和行为相统一。在认识澄清上，应让教师认识到创新能力是一个人综合素质的体现，创新教学也不是一种与其他教学改革没有关联的孤立的教学改革。它与我们所提倡的素质教育、生命教育、主体教育、自主学习等都是相互关联的教育教学改革，从而深化教师对创新教学的认识和认同。同时，还要让教师认识到创新教学活动要注重培养学生的问题意识，让学生敢问问题、爱问问题、会问问题，特别是要让学生对实际生活中的问题产生兴趣，将学校中的知识运用到实际问题的解决活动中。在观念和行为的统一上，要注重通过对优秀教师教学活动的观摩和案例分析，让教师认识到创新教学活动的可行性并了解教学活动中的具体方式方法。需要指出的是，教学活动具有艺术性，创新教学活动也具有艺术性。尽管创新教学有典型性的教学行为特征，但是在教学实践中教师需要根据学生、教学内容、教学情景具体运用，并要处理好教学中的一些关系，如教师与学生的关系、引导与发现的关系、发散思维和聚合思维的关系、学科知识和实际生活运用的关系，等等。在教师培训活动中，可以通过教学观摩引导教师思考和领悟，并借鉴创新教学活动中的一些具体的策略、方法。

二、学校要建立起支持性的管理和评价体制

创新能力发展离不开其所处环境的影响，也正是基于这一点，许多心理学家都强调从系统的角度来研究创新能力，并且将环境纳入到影响人的创新能力发展和创新实践的重要因素之中。例如，美国心理学家 Csikszentmihalyi 提出的创新能力三叉系统模型，就将创新能力视为人、产品和环境相互作用的结果，斯滕伯格也将环境作为制约创新能力形成发展的六大因素之一。

教师的创新能力发展和教学创新实践也离不开所处环境的影响，特别是教育制度的制约。作为直接性、经常性影响教师发展的学校环境，能否为教师创新实践提供支持性的体制，成为新型教师文化构建的关键所在。这里，我们强调学校需要重视管理和评价体制的转变和建立。从管理体制上看，等级森严强调服从的科层管理体制不利于教师自主性的发挥，也不利于创新型教师的成长。如果在学校教育教学实践中，教师对于课程编制、教学改革与决策没有参与权，甚至没有知情权，那么教师就会成为机械的执行者。不仅教师应有的教学自由权受到挤压，教师没有可以进行教学创新的空间，而且也会丧失创新的积极性。因此，促进教师的专业发展和成长，促进教师成为创新教学的实践者，需要学校建立“以人为本”的新型管理体制。对于教师而言，“以人为本”的管理体制不仅要将教师作为学校发展的基础，而且要将促进教师发展作为学校发展的目标。这样的管理体制需要学校的管理者与教师形成民主、平等的关系，需要将教师纳入到管理决策的主体中，充分尊重教师的主体权益。同时，“以人为本”的管理体制需要给与教师自主管理的空间和自由，鼓励教师教育教学工作的创新，允许和宽容教师创新过程中的失误，只有这样教师才会在学校环境中感受到支持性的氛围。

在评价体制上，“唯分数论”的教师评价标准容易导致教师忽视学生创新能力的培养，导致课堂教学追求学生对固化的结果性知识的快速掌握。首先，考试分数只是对学生学科学习方面的一个测查，如果仅以考试分数来评价教师就会导致教师只关注学生的学科知识学习，忽视学生多方

面知识的获取，忽视知识的综合运用以及健康人格的形成等，而这不利于学生创新能力的发展，也自然不利于形成创新教育所需要的教师文化。其次，从现有学科考试的内容和形式上看，考试还不能充分测查出学生的学科创新思维和创新能力，唯分数论的评价体制容易导致教师在教学中不重视引导学生学习的过程，不重视学科创新思维培养，只关注学生学科学习的结果。导致教师更多地让学生进行接受式学习从而来提高学习效率，这就与创新人才的培养要求背道而驰。因此，学校对教师的评价需要建立正确、全面的标准，从而引导并鼓励教师的创新教学。

正确而全面的评价标准需要建立在对学生发展的全面评估基础上，必须以促进学生全面且具有个性的发展为导向，以学生的创新潜能充分展现和发挥为最终的目标。这样的评价标准必然会促进教师价值观念和行为的转变，促进教师创新教学观念与行为的统一。对于这样的评价标准和体制，有的人可能会产生怀疑和质疑，认为激发学生的创新潜能、培养学生的创新能力会影响学生的考试成绩。实际上，在中小学教学实践中有许多优秀的教师，也有许多进行相关教学改革的学校，他们的实践经验表明，这样的教学改革并不会对学生学科知识的学习和掌握产生消极影响，反而更有利于学生的持续性发展。在调查走访的过程中，一所学校正在开展“问号教学”的改革试验。教学活动中教师通过让学生问问题并自己解决问题来学习，试验进行了三年的时间。改革实践的结果就是三个月之后同年级的试验班比对照班学生学习成绩提高的快，而且学生升入学区的初中后普遍表现的比其他学生要更加优秀。所以，学校转变“唯分数论”的评价体制会更有利于学生、教师和学校的发展，有利于创新的、积极的教师文化形成。

三、学校要重视教学改革，提升教师创新教学的行动力

外部的理论熏陶和观念撞击只是为教师教学革新提供了可能，如果要将这种可能变成现实，还需要学校在相应的制度基础上，为教师营造出一种积极投身于教学改革实践的学校氛围。让教师能够将改革的愿望落实到实践中，不断在教学改革实践中提升自己的行动力。

促进教师创新教学的学校氛围营造，首先需要学校的管理者认同创新

教育教学的价值，并且将其作为学校教育教学改革的目标。学生的创新能力是学生综合素质的体现，也是其良好素质的体现。创新能力的培养需要学生能够主动学习、学会学习，所学的知识融会贯通并与实际生活相联系，能够积极思维发现问题提出问题，并会创造性地解决问题，能够在学习活动中有合作意识、自信心、顽强的意志力，等等。上述的这些其实在我们的中小学教学实践中也是许多学校、教师所注重的方面，并从学科教学、校本课程、道德教育等角度进行着改革与研究。因此，创新教育教学并不是脱离现实难以实现的口号，而是不同学校不同程度上所共同追求的目标。当然，在实践中不同的学校可以根据自身的特点有针对性、有层次地开展创新教育教学改革。可以在课堂教学中开展创新教学，培养学生的创新精神创新能力，也可以在活动课程中开展改革与研究。可以直接指向于创新能力的培养，也可以从创新思维、创新人格等入手进行培养。总之，只有学校管理者认同并努力实践着创新教学改革，才会更大程度上推动教师转变观念，推动教师将创新教学的愿望变成行动。

其次，学校要通过校本研修引导教师的创新教学实践。学校的创新教学改革是一个不断产生任务、问题并需要深入思考进行解决的复杂过程，这样的过程要求学校不能仅仅依靠外部的教研培训来解决问题，而要通过学校自身的教育教学研究活动来推进改革。因此，学校需要注重校本研修，通过立足于学校自身来积极研究教师所面临的具体问题，并在尝试解决的过程中不断完善方法。这样的过程也是一种行动研究的过程，在研究活动中每位教师都会提升自己的研究意识，也会提高自己的教学反思与研究的能力。在校本研修的过程中，学校要充分挖掘每位教师的特点、优势，让教师教学实践中可供借鉴的地方成为学校中的学习资源，并且关注教师经验的提升，使之成为具有普遍性的创新教学策略与方法。

最后，要运用多种形式促进教师间的合作与引领。在调查中，有33.3%的教师表示在实践中“有好的教学想法却顾及学校同事的看法，很难实施”，这说明教师所在学校的教师群体对教师自身行为有着较大影响。因此，引导教师创新教学并提高其实践能力，需要关注教师群体的发展，关注教师间的相互影响。在校本研修的过程中，学校要注重教师团队的建设，通过学科的教案设计、教学内容组织、教学方法选择等研讨活动引导教师间充分对话与合作。并且通过专题研讨、评课、论坛等形式促进创新教学实践中表现优秀的教师对其它教师的影响，从而引领教师整体的发展。

第五章　创新能力培养中课程内容间的关系

从学生创新能力培养的要求来看，教师的创新教学需要更为关注课程内容、教学方法、教学评价这三个方面。然而，教学实践中有的教师对于上述三个方面却存在一定的认识误区，特别是对创新教学中学科课程与活动课程的关系、接受学习与发现学习的关系、学业成就评价与表现性评价的关系存在认识上的偏颇之处。针对于此，本书的第五、第六、第七章将分别对创新教学中教师如何正确认识和处理课程内容、教学方法、教学评价中的关系展开论述。

第一节　学科课程是创新能力培养所必需的

一、学科课程并不必然阻碍学生创新能力的发展

（一）学科课程是否会导致学生机械接受学习

对于学科课程在创新能力培养中的作用有着不同的认识。有的教师、有的研究者认为，之所以我国中小学生的创新能力普遍较低，甚至于出现“创新能力丧失在基础教育阶段”的说法，主要在于我国一直以来实施的是学科课程，或者说一直以学科课程作为学校课程的中心。而学科课程不利于学生创新能力的发展，甚至会扼杀学生的创新能力。其主要的理由

是：学科教学中的知识与学生的经验相脱离，而且学科课程有着确定的学科逻辑，教师教学中必然就会强迫学生内化知识，教学变成一种训练，学生的人格发展也会受到扭曲。对于这种论调有的教师并不同意，认为学科课程是学校教育的重要组成部分，可以使学生获得大量的知识技能，不能加以否定。从中我们获得的印象是：学科课程可以使学生获得大量的知识技能，但是，相伴随的就是会出现阻碍学生创新能力发展甚至于会扼杀学生创新能力的问题。对此要进行具体分析。

需要对学科课程进行解释。所谓的学科课程（subject curriculum）又被称为“科目课程”、“分科课程”，是指根据各级各类学校培养目标和科学发展水平，从各种科学中选择出适合一定年龄阶段学生发展水平的知识，以知识的内在逻辑体系为基础组织起来的课程。学科课程伴随着学校教育的产生而出现，并且一直以来都受到制度化学校教育的青睐。可以说，将知识视为是课程的主要内容，并将课程分为各门学科，是自古以来制度化学校教育实践的常规做法。学科课程的主要特点是有一个学科知识的逻辑，而且各个学科中的知识是以往人类经验的总结，这些知识对于学生来说是一种间接经验。那么，具有学科逻辑也是间接经验集合体的学科课程是不是就一定会导致学科教学出现上述所说的状况？即教学就一定会与学生的经验相脱离，并且教师一定会强迫学生进行学习，教学是一种训练。如果出现这种状况，是不是就一定阻碍学生创新能力的发展？

认为学科课程教学脱离学生的经验，必然导致学生强迫学习，对此可以理解为，学科课程必然导致学生机械接受学习。对于机械接受学习的理解，我们是以奥苏贝尔（D. P. Ausubel）的理论为基础的。接受学习，是指学生所要学习的主要内容不是学生自己发现的，学习中主要内容多少是以一种定型的形式呈现给学生的，学生的学习主要是一种对知识进行同化的过程。发现学习与之相反。发现学习中学生学习的主要内容不是给予的，在学生能够内化它之前，是由他们自己去发现的。而机械学习是与有意义学习相区别的，二者的区别在于新旧知识之间是否建立了实质性、非形式化的联系。奥苏贝尔认为，有意义学习必须具备三个条件：第一，学生具有有意义学习的心向，也就是积极地把新知识与自己认知结构中原有的知识内容建立实质性联系的心理准备状态；第二，学生认知结构中具有同化新知识的适当知识基础；第三，要学习的新知识本身具有逻辑意义，能与学生认知结构中的有关知识相联系，在适当条件下能被学生同化到他的认知结构中去。也就是说，只要学生处于积极、主动的学习状态，而且新知识的获得与已有知识经验之间建立了有机的联系，那么学习就是有意义的学习。机械的学习与之相反。认为学科教学中学生的学习是与经验相脱离的被强迫状态下的知识内化，这样的学习其实质就是一种机械的接受学习。这里，还需提及“学生经验”的概念。“学生经验”是一个多义的概念，有的人认为既包括着学生的知识也包括知识之外的日常生活经验，有的认为只是指学生的日常生活经验；有的认为包括学生获得的间接经验和直接经验，有的认为只是指学生的直接经验；还有的认为学生的经验既是名词又是动词，包含着让学生获得经验的过程。在这里，学生的经验应当是名词，主要指学生的日常生活经验，侧重于直接经验。直接经验是学生在实际生活中获得的对人、事、物等的直接认识，间接经验是别人所获得的认识。当别人的间接经验与个人的直接经验具有一定的联系或相似性时，个人可以基于已有的直接经验来理解间接经验。

如果学科教学必然导致学生的机械接受学习，那么，学生学习所获得的知识就是不被学生理解的知识，知识之间没有逻辑联系。而且，学生学习活动中的思维必然是被动的、僵化的，学生的人格发展必然受到扭曲。这样一来，学科教学确实不利于学生创新能力的发展。那么，学科教学是不是会必然造成这种状况？是不是必然阻碍学生创新能力的发展呢？

（二）学科课程并不必然阻碍学生创新能力的发展

尽管现实的学科教学实践中确实存在着知识与学生的经验相脱离，以及学生机械接受学习的现象。但是，这并不是学科教学的必然。在学科教学中，学科知识可以与学生的经验相结合，而且通过与学生的知识、经验相结合，学生可以进行有意义的接受学习，还可以进行发现学习。同时，在学科教学中学科的逻辑并不是教学的最终目的，学科教学仍然需要而且可以关注到学生所学知识在生活中的运用。对于此，我们以一个语文教学的案例进行具体分析。这是笔者在一所普通的初中所听的一节语文课，执教的是一位有着丰富教学经验的教师。听她的课有十几节，从她的教学中可以看出她比较注重调动学生的积极性，教学能够不断关注学生在课堂中的反应。下面是她在初中预备年级教学《“诺曼底”号遇难记》一课时的主要片段。①

师：请大家看一个片断，这是《泰坦尼克号》的电影片段，大家看看当时的场面是怎样的。

（多媒体放映泰坦尼克号被撞后，人们惊慌失措、四处奔逃，一片混乱的场面，时间约为2—3分钟）

师：当时是怎样的场面？

生：混乱的，大家都想逃生。

生：慌乱的，都怕自己沉入大海。

师：再来看课文的第11节。

生：（读第11节的内容）

师：这样的场面任其发展会怎样？

生：船毁人亡。

（屏幕显示：“我眼中的哈尔威船长”）

师：“我”眼中的船长是什么样的人呢？小组讨论一下。

（学生4人一个小组开始讨论）

师：说说小组讨论的结果。

生：我们小组认为，哈尔威船长有四种品质——勇于献身、临危不惧、镇定自若、忠于职守。

师：怎么讨论出来的？

生：“勇于献身”是从这里看出来的。他说：“必须把六十人救出去。”而实际上船上一共六十一人，他把自己给忘了。

师：那么，他真把自己给忘了吗？这个问题先放一放。

生：“临危不惧”表现在哈尔威船长“犹如铁铸，纹丝不动，随着轮船一起沉入了深渊。”

师：这表现出他面对死亡——

生（部分）：无所畏惧。

---

① 附：课文第11节的内容。“震荡可怕极了。一刹那间，男人、女人、小孩，所有的人都奔到甲板上，人们半裸着身子，奔跑着，尖叫着，哭泣着，惊恐万状，一片混乱。海水哗哗往里灌，汹涌湍急，势不可当。轮机火炉被海浪呛得嘶嘶地直喘粗气。”

师：其它的小组？

生：哈尔威船长是一个威严的人，表现在“大家立时不出声了，没有一个人违抗他的意志。”

师：为什么他的威信这么高？

生：他说：“哪个男人胆敢在女人前面，你就开枪打死他。”

师：同时他安排转移是很有方法的，先让妇女、小孩这些弱势群体的人先走。

生：哈尔威船长是一个好心的人，表现在他说：“把克莱芒救出去！”克莱芒是见习水手，还不过是个孩子。

师：符合前面所说的弱势群体。那么，他为什么过一会儿才这样喊道？

生：因为克莱芒还是水手，他还要履行水手的职责。

师：水手要履行水手的职责，可见，哈尔威船长是一个什么样的人？用书上的话——

生：他把每件事、每个人都考虑到了。

师：考虑他自己了吗？

生：是的，他要和“诺曼底”号一同沉入海底。

师：履行船长的职责，同船一起沉入海底。

（屏幕显示出一个矗立于海边的雕像）

师：这里有一个哈尔威船长的雕像，要你为雕像题词的话，你会题什么？小组讨论一下。

（学生讨论后将结果写在纸上交给老师）

师：老师读一下各小组的讨论结果。“虽然你的肉体已经死去，但你那忠于职守、临危不惧的精神永远活在我们心中。”……老师也写了一个题词，“为了保全60人的生命，他永远地留在了这里。”实际上，像这样危难之中需要人忠于职守的事情在我们身边也有发生，现在老师发给大家一篇文章，是一名北京的大学生在“非典”肆虐期间写的文章，题目是《“非典”时期的怕和爱 请为我的父母祈祷》。

……

这篇课文中的许多事物、情节、人物都是远离学生生活的，学生不具备直接经验。例如，“巨型游轮”、“船与船相撞”、“哈尔威船长”、“水手”等。也就是说，学科知识与学生实际生活经验存在着一定的距离。但是，不能因为学生缺乏直接经验就放弃学科知识的传授，学科教学不能停留于学生已有的经验，特别是停留于学生已有的直接经验。因为，人的认识如果只局限于自己的直接经验，就不会借鉴和利用他人的经验来解决问题，生活就不会得到有效的扩展和深入。在学科教学中，教师应当基于学生已有的经验并引领学生的经验，使学生的知识和经验不断深化和拓展。这就需要教师注意处理好学科知识与学生已有的知识经验的关系。当学生没有足够的直接经验来理解学科知识时，教师就需要通过生动形象的文字、图片、表演、模型、影视图像等手段来使学生获得对事实、原理等的相关经验，通过这样的一些相关经验可以唤起学生已有的直接经验，让学生用类似的直接经验来理解学科知识中的一些间接经验。

在《“诺曼底”号遇难记》一课的教学中，教学目标除了通过课文来掌握和巩固相关的字词、语法、修辞等知识外，还需要学生能够深入理解课文中哈尔威船长这一人物形象，并对学生人生观、价值观有所触动。而学生对于课文所描述的特定场景和情节缺乏相关的经历和体验，这不利于学生深入理解人物形象，不利于教学目标的达成。对于此，教师注意通过补充材料来使学生获得必要的感性经验。主要表现在，教师教学中穿插了一段《泰坦尼克号》的影视资料，使学生理解课文第 11 节所描述的场面，并将学生带到课文所描述的情境之中。当然，有助于调动学生情感和体验将学生带入课文情境的不只是一段影视资料。教学中教师让学生阅读课文、运用多媒体显示出雕塑的形象等都有助于使学生进入课文的情境，有助于唤起学生的想象，唤起学生对相似情景的记忆和有关的情感体验。而这一教学手段无疑是有助于学生对课文、对船长形象的理解的，这体现在学生在讨论后对船长形象的准确概括上，也体现在学生为船长雕像的题词上。在这些活动中，学生的讨论是积极的，对船长雕像题词中也渗透着学生真挚的感情。在课堂上，教师并没有将学生的题词读完，在课后我看到了学生的这些题词，从中对于学生的情感体验有了直观的感受。例如，“英雄是一位有自制能力、忠于职守的人，一位永远不屈服于危险的人!!!”这一题词中的三个感叹号，使人感受到学生对这位忠于职守的船长的钦佩。在这样的教学中，看不出强迫的机械训练，教师让学生自己思考并积极解决问题。例如，当时的场面是怎么样的？这样的场面任其发展会怎么样？你眼中的哈尔威船长是怎样的形象？等等。对这些问题的回答是学生主动思考后获得的结果。

学科教学中，教师不仅要让学生用已有的经验来理解、掌握学科知识，同时还需要让学生用所学的学科知识来解决现实生活中的问题。在《"诺曼底"号遇难记》一课的教学中，教师并没有停留于字、词、篇、章的教学和对人物的理解，而是引导学生运用所学的知识理解和认识现实生活中的问题。这主要表现在教学中教师让学生阅读《"非典"时期的怕和爱 请为我的父母祈祷》文章，让学生写阅读笔记。"非典"时期是学生现实生活中都经历过的特殊时期，这一特殊时期中发生的一些事情和一些变化也是学生有所感受的。教师通过让学生阅读文章，使学生认识到现实生活中也有像"诺曼底"号遇难那样的事例，现实生活中也有像哈尔威船长那样危难关头忠于职守的人，从而将课文的学习延伸到学生的现实生活之中，让学生学会认识现实生活的问题。

从这一教学案例中我们可以看出，学科教学并不必然与学生的经验相脱离，也并不必然导致学生的机械接受学习。认为学科课程必然阻碍学生创新能力发展没有依据。

二、学科课程是创新能力培养所必需的

（一）有利于学生掌握创新所需要的知识技能

学生创新能力的发展需要以一定的知识技能为基础，在基础教育阶段我们强调这种知识技能是全面的和融会贯通的。全面意味着知识技能是一定数量的、多方面的知识技能，能够形成合理的知识结构。融会贯通意味着知识技能还必须具有逻辑上的联系，要能够达到结构化，特别是知识之间要形成网络化的联系。而学科课程本身的特点决定了，学科课程有利于学生掌握全面而结构化的知识和技能，形成系统化的知识技能。

学科课程是由一系列学科组成的，各门学科都同一门科学相对应。而学科是以该门科学知识体系的内在逻辑为基础，以该领域的知识技能为中心，并遵循学生的心理发展特点编排起来的。各种学科之间形成了一个体

系，通过各门学科的开设以保证学生能够获得多学科、多方面的知识技能。从各门学科来看，以知识为逻辑起点的学科在知识的组织和编排上具有简约性和逻辑性，有利于学生在较短时间内获得系统的、结构化的知识技能。简约性表现为，学科知识是对已有知识的重新整理和编排，经过整理后的知识不是原有知识获得过程的重现。与原有的知识发现发展的过程相比较，学科知识省略了知识探索中的许多环节，知识的呈现是简约化的。简约化的知识是具有逻辑性的，强调概念、事实、原理之间的逻辑联系。因此，经过重新加工过的学科知识是对结果性知识的重新编排，这种编排有利于学生迅速获得系统的知识。

以生物学科中“光合作用的原理”为例。关于光合作用基本原理的发现，前后经历了二百年的时间。最早是美国科学家在 1771 年观察到老鼠在有绿色植物的密封钟罩中可延长生命，发现了植物呼出氧气的现象。十年后，又有科学家确定出植物吸入二氧化碳、呼出氧气的变换现象和作用。1862 年，德国的科学家发现叶绿体中光合作用的第一可见产物是淀粉。后来，俄国的科学家进一步证明光是提供绿色植物进行光合作用的能源，在光能转化为生物能的过程中，叶绿素起着重要的作用。进入 20 世纪以后，科学家们又相继发现了光合作用的限制因子律、植物中二氧化碳的同化作用，进而 1957 年提出了光合作用的蓝图。可以说，科学史上对于光合作用原理的发现是漫长的过程。而在生物学科的知识编排上，对于这一原理仅以一句话进行陈述，即“光合作用是绿色植物通过叶绿体，利用光能，把二氧化碳和水合成储藏能量的有机物（主要是淀粉），并且释放出氧气的过程。”对于这一原理的教学，教师可以通过实验演示等方式用几个小时的时间使学生理解。由于这一原理是经过对学科知识的整体编排之后才在具体的年级中出现，原理的学习建立在以前所学的生物学科知识的基础之上，所以学生学习获得的知识之间具有结构化的逻辑联系。

（二）取消或严重忽视学科课程不利于创新能力的发展

对创新能力培养的关注并不是当代的事情。以往，在一些国家的教育实践中曾经出现过为了强调创新能力培养，而取消或严重忽视学科课程的做法。通过对这些做法所产生的影响的考察，也可以对学科课程在创新能力培养中的作用有更清晰的认识。

以进步教育运动前后美国的教育发展为例。在20世纪初期，美国社会的发展已经对人的创新能力提出了明显的要求，社会要求学校教育培养出的学生能够将知识技能运用到实际的工作和生活中，能够解决工作和生活中出现的一些新问题。但是，当时学校教育培养出来的学生存在知识技能脱离实际，不能解决实际问题更不能解决新问题的情况。对于此，一些进步教育运动的倡导者提出必须对学校教育加以改革。在课程上，他们认为学校教育一直以来都是围绕着学科来进行教学，而这种学科课程不利于学生创新能力的培养，必须以一种新的课程来取代学科课程。在吸收了卢梭的自然教育思想、裴斯泰洛齐（J. H. Pestalozzi）的教育适应自然原则等思想的基础上，他们主张必须从儿童的兴趣和需要出发，以儿童的活动为中心，来设计课程的内容和结构，这就形成了所谓的活动课程。活动课程在20世纪20、30年代风行一时。当时美国的许多学校在课程设置上都受到了活动课程的影响，各种活动成为学校课程的中心。学校让学生在解决现实社会生活的各种实际问题的活动中，学习相关的科学基础知识，获得相关的基本技能。同时，活动课程理论还影响到了世界上许多国家的学校教育改革活动。在苏联，当时曾一度取消学科课程、取消教科书，把课程分成“自然”、“劳动”、“社会”三个领域，以学生的劳动活动为中心组织教学。

但是，这种以活动课程来取代学科课程，取消或严重忽视学科课程的学校教育实践很快就暴露出了问题。人们发现，活动课程容易导致对学生兴趣和需要的片面强调，而且学校教育教学活动缺乏严格的计划，学生不能掌握系统的知识技能。对此，巴格莱（W. C. Bagley）等要素主义者指出：进步教育运动以活动课程来否定传统的学科课程，造成了美国教育出现了种种难堪的局面。例如，初等学校学生的学术水准没有达到其他发达国家基础教育的学业水平；中等学校的学术水准落后于其他国家18岁学生达到的水平；高等学校学生缺乏基础文化知识的人数越来越多，而且由于缺乏基本的和中等的水平，许多高校不得不开设补修阅读课程；除文化水平下降外，数学语法的水平也明显降低。[①] 片面强调活动课程从而忽视

① 陆有铨：《躁动的百年——20世纪的教育历程》，山东教育出版社2001年版，第51页。

学科课程的做法在美国受到了广泛的批评。而1957年苏联人造卫星发射成功又极大地震动了美国，人们纷纷要求纠正进步教育运动所产生的不良影响，加强学科课程以提高基础教育的质量。在这种背景下，为了培养高水平的科技创新人才，提高美国科技的竞争力，美国颁布了《国防教育法》，法案强调要加强普通学校的自然科学、数学和现代外语的教学。随后又展开了课程改革，而课程改革的特点就是纠正进步教育对学科课程的否定，改革强调加强对学科课程的研究，并重新编写教材。

从上述的历史回顾中可以看出，取消或严重忽视学科课程不利于学生系统掌握各种文化科学知识，而这些知识是学生深入解决问题并有所创新的关键，是学术领域创新人才培养的重要基础。美国强调加强学科课程，特别是自然科学、数学和外语的学科教学，就是为了培养更多的高水平科技创新人才。因此，创新能力的培养不能忽视学科课程，学科课程及其教学是创新能力培养必不可少的一个组成部分。

第二节　创新能力培养还需要有活动课程

一、单一的学科课程容易造成“高分低能”的现象

学科课程并不必然阻碍学生创新能力的发展，创新能力的培养需要有学科课程。但是，我国一直以来都注重学科课程及其教学，为什么还会出现创新能力普遍评价不高的现象呢？究其根源，不在于我们设置了学科课程，而在于我们只设置了学科课程，或者过于重视了学科课程。这种单一的学科课程必然不利于学生创新能力的发展，很长时间以来的“高分低能”现象主要就是这种单一学科课程所造成的。“高分低能”现象有着特定的含义，指的是学生能够很好地解决学科学习中的问题，并且获得高分，却不能将知识技能运用到实际问题的解决中，学生解决实际问题的能力太低。而这种能够用所学的知识技能来解决实际问题的能力正是我们创新能力培养所强调的。那么，为什么学生会高分低能、创新能力不高呢？

从对学科课程的分析上我们就可以有较为具体的认识。

（一）学科课程不利于学生掌握综合的知识技能

创新能力培养重要的是使学生能够解决社会实际问题，而实际问题的解决需要学生具有多种多样的知识技能，而且这些知识技能必须是融会贯通的。融会贯通的一个表现就是能够围绕着实际问题的解决综合运用各种知识技能。然而，学科课程的特点决定了，学科学习中学生掌握的各种知识技能是相互分离的。如果学校只有单一的学科课程，那么，这种分离的状况就会持续，甚至会越来越严重，从而不利于学生对于实际问题的解决。

学科课程是基于知识的逻辑体系组织而成的，各门学科具有一定的独立性，彼此相对分离有着自己的体系。相对于完整的自然和社会来说，学科课程中各门学科是对整体的世界、社会的分解。例如，一个运动着的物质，物理学科只讲解其运动的基本形式，运动的速度、惯性等问题，对于这一物质的性质却不介绍。对于物质性质的了解需要通过化学学科的学习来完成，化学研究这种物质的组成成分、结构，在什么情况下会发生结构上的变化等。如果需要对这一物质的数量和形状进行考察，那么这又是数学的任务，需要学习数学的知识技能。同时，随着学科的分化，这种对完整事物进行分解的现象也不断加剧。例如，现实生活中物体的数量和形状是统一的，但是在数学学科中，数和形往往被分到了代数、几何等学科中分别学习。从这可以看出，不同的学科是从不同的角度来研究一个事物、现象和问题的，自成体系的学科知识技能是对完整世界的一种分解。

同时，当我们过于强调学科的知识技能时，还会加剧这种分解的状况。其表现就是，往往不能关注学科间的联系，甚至不能关注学科内部知识之间的联系。这在我国以往的学科教材编写中就有所体现。以 1993 年人民教育出版社编写的初级中学《生物》教材为例。[①] 植物是由根、茎、叶等部分组成，《生物》（第一册上）在论述植物的结构和性质时，是这样展开的。讲到“根”时，举的例子是菜豆和小麦的根；讲到“叶”时，举的例子却是杨树和月季的叶；等到讲“茎”时，又把研究的对象换成了椴

① 潘苏东：《从分科走向综合——初中阶段科学课程设置问题的研究》，中国轻工业出版社 2004 年版，第 54 页。

树和玉米的。这样讲述可能是因为菜豆和小麦的根、杨树和月季的叶、椴树和玉米的茎具有典型性，但是学生记住的根是菜豆和小麦的，叶是杨树和月季的，茎却是椴树和玉米的，根、茎、叶完全分离，没有结合成有机的整体，结果学生对一个完整的植物体缺乏认识。

（二）学科课程不利于学生掌握与现实问题相联系的知识技能

创新能力培养需要学生能够解决社会生活中的实际问题，需要学生关注现实的社会生活，对社会的发展和变化有所了解。然而，学科课程的特点决定了，学科课程并不能及时地反映现实的社会生活，不利于学生掌握与现实问题解决相联系的知识技能。

学科课程具有相对的稳定性。这种稳定性主要表现为各门学科的知识体系和结构是相对稳定的，相应地各门学科的设置、构成各门学科的知识技能也具有一定的稳定性。学科课程的这种稳定性与变动不居的现实社会生活形成了鲜明对比。现代社会日新月异的发展，使得现实社会生活中不断产生出新知识、新问题，涌现出新的现象。例如，贫穷问题、战争问题、环境问题、水资源问题、人口问题、社会治安问题、社会流动问题，等等。这些问题和现象需要人们具有相关的知识和技能来分析和解决。但是，学科课程的相对稳定性，决定了学科课程并不能及时反映社会生活的变化，不能及时地反映生活中出现的新问题。如果学校只有单一的学科课程，势必导致学生的学习与现实的社会生活相脱节。学生既不能学会关注实际的社会问题，也不完全具备解决这些问题的知识和技能。这在我国以往的学校教育中有着明显的表现。以往我国的课程设置中过于偏重学科课程，而且学科课程基本上都是必修课程、国家的统一课程，忽视了其他课程的设置。当社会发展需要学校教育关注一些社会问题时，原有的学科课程不能充分反映和展开这些问题。实践中，我们往往采取增开新学科的方法，或开设一些专题进行教育。学校的课程表中会出现环境保护、健康教育、信息技术、安全教育、人口教育之类的“新学科”。说是“新学科”，是因为这些专题完全是按照学科教学的方式来进行的。而这些不断出现和更新的学科、专题教育一方面仍存在不能及时反映社会生活的问题，另一方面又增加了学生的负担。

此外，学科课程中的知识技能还具有一定的抽象性，是对现实生活中各种具体事物、问题的抽象，这也不利于学生将知识技能与具体的情景化的实际问题相联系，不利于创新能力的发展。

综上所述，从学生创新活动所必需的知识技能上看，学科课程虽然能够使学生掌握大量的、系统的知识技能，但是，也存在不利于学生掌握综合的知识技能，不利于学生掌握与现实生活中各种问题紧密联系的知识技能的一面。在学生创新能力的培养上，学科课程既有优势又存在不足，在改革学科课程的同时也要认识到，只有单一的学科课程必然不利于学生创新能力的发展。

二、活动课程可以弥补单一学科课程的不足

活动课程（activity curriculum）是与学科课程相对的一种课程形态。活动课程不以学科知识的体系为基础，而是以学生的经验及其相关的社会活动过程为基础组织起来。由于活动课程注重学生的经验，要求学生通过解决各种问题来反思、重构自己的经验，所以，活动课程又被称为“经验课程”。在创新能力的培养上，学科课程的不足正是活动课程的优势，学校教育可以通过设置活动课程来弥补学科课程的不足，以促进学生创新能力的更好发展。

我们国家在1992年的课程改革中将活动课程正式纳入到课程结构中，使其作为一个独立的课程形态。在当时的《九年义务教育“六·三”学制全日制小学、初级中学课程计划》中，“活动”与“学科”是并列纳入到课程设置之中的，活动课程成为课程结构的重要组成部分，这打破了长期以来课程设置上学科课程一统天下的局面。而此次建国以来的第八次基础教育课程改革在课程结构上又进一步作了调整。除了对学科课程进行改革，增加了选修课程、综合课程之外，还设置了综合实践活动课程。所谓的综合实践活动课程是指“基于学生的直接经验、密切联系学生自身生活和社会生活、体现对知识的综合运用的课程形态。”[①] 可见，综合实践活动课程在课程形态上属于活动课程，它是对以往活动课程的进一步规范。综合实践活动课程的内容

① 钟启权等：《为了中华民族的复兴 为了每位学生的发展》，华东师范大学出版社2001年版，第73页。

包括指定的研究性学习、社区服务与社会实践、信息技术教育、劳动与技术教育四大领域，还包括大量的非指定领域，如：班团队活动、校传统活动、学生同伴间的交往活动、学生个人或群体的心理健康活动等。

活动课程的开设有利于弥补单一学科课程的不足，有利于对学生创新能力的培养。对此，我们结合一个综合实践活动课的案例进行具体分析。案例是一所小学三年级学生进行的“校园门口小摊贩问题”主题研究活动。[①]

[问题的确定]

在我们学校校园门口，常年都有小摊贩，我们班级就经常有同学因吃小摊上的东西，而肚子疼痛。有些同学玩小摊子上卖的玩具手枪，由于没有安全保证，结果一不小心就会打伤同学的眼睛。班级的一名同学还曾经拿着辣丝样本到了县医院，请医生做了一次样本培养化验，了解到辣丝中竟然含有大量的细菌，其中大肠杆菌大大超标。于是有同学想到，我们可以以小摊贩为题，经过探究并加以宣传，告诉同学们不要再去买小摊上的不安全物品。经过讨论后，同学们认为小摊贩的问题比较靠近我们的生活，也具有一定的价值，所以将“校园门口小摊贩问题”初步定为我们的课题。

[方案的制定]

课题确定以后，大多数同学表示可以做问卷调查。于是大家决定对周边的居民，特别是学生家长发问卷，来了解家长的态度。还有的同学提出需要了解现在国家对于校园门口小摊贩问题的政策，于是分为两组，一部分同学去发放问卷，一部分去了解政策并分析现在政策的优缺点。

[方案的实施]

（1）设计、发放问卷，统计数据

调查问卷的问题包括：您认为校园门口能否设有小摊子？您认为小摊子上的玩具有安全保证吗？您认为小摊子上的食品符合标准吗？您怎样看待孩子购买小摊子上的物品？您对整治校园门口小摊子有何建议？

---

① 《校门口小摊贩问题的研究》，http：//blog.lyge.cn/36144/archives/219436.aspx，2014年9月10日。对原文作了整理。

根据调查，统计结果如下：认为可在校门口摆摊的人有8.6%，认为不能在校门口摆摊的人为91.4%；认为小摊子上的玩具有安全保证的占15%，认为小摊子上的玩具没有安全保证的占85%；认为小摊子上的食品不符合标准的为100%；认为让孩子购买小摊子上的物品，无所谓的人占比7%、有些担心的占48%、很担心的人占比45%；对整治校园门口小摊子的建议，认为要加大处罚力度的占20.5%，认为学校要加大教育管理力度的占51.5%，认为要对小摊贩进行集中管理的占28%。经上面的数据分析，人们基本上对校门口小摊贩持不赞成存在的态度。

（2）调查、分析现有政策

为了了解国家有关“校园门口小摊贩”问题的现有的政策，我们班的同学通过采访律师和上网搜索，找到了相关政策，分析了政策的优缺点。

《江苏省城市市容卫生管理条例》的十三章“城市市容管理”中的第十五条规定：任何单位和个人不得擅自占用道路、人行过街桥、人行地下通道、地铁通道以及其他公共场地摆摊设点。经批准临时占用道路以及其他公共场地，摆摊经营的应当保持周围市容环境卫生整洁。违反条例按照以下规定处理：擅自占用道路、人行过街桥、人行地下通道、地铁通道以及其他公共场地摆摊设点的，责令停止违法行为，继续违法经营的，可以暂扣其兜售的物品及装盛器具。处以20元以上200元以下罚款。决定暂扣的，应当出具暂扣清单。要求违法行为的人按照规定时间到指定地点接受处理。逾期不到指定地点接受处理造成损失的由违法行为人承担。

优点：规定比较全面、齐全。不足之处：该法律中没有对校园门口小摊贩的行为做出详细的规定，没有从根本上解决校园门口小摊贩这个问题，法律责任不明确。政府的规定中没有明确指出学校周边小区摆摊设点的问题，特别是那些流动的小摊贩无法控制。另外，在处罚条例中我们觉得处罚的力度不够大。

[研究的结论和行动]

在各小组的研究基础上，我们班的同学经过共同的讨论，终于制定出了班级解决“校园门口小摊贩问题”的方案。其一，建立执勤队，加强监督检查（本方案学校已经采用）。由学校政教处组织执勤队队员每天在校门口附近执勤，执勤队可以在上学前和放学后在校门口附近执勤，发现有买小摊贩东西的同学就及时制止并教育，学校政教处每周做总结。其二，设立校园门口服务处——售货亭。在我们校门口建两个小售货亭，这两个售货亭由国家工商部门来管理，售货亭里的商品价格由物价部门统一标价。在这售货亭里，同学们可以买到卫生的食品、安全的玩具和许多文具。其三，在校门口悬挂提示牌，加强宣传。我们准备设计几个提示牌挂在学校门口，用鲜活的画面和醒目的标题引起人们的重视。其四，优化现有的各项政策。为了保护学生权益，在现有的江苏省市容管理条例中应明确指出不允许在校园门口摆摊设点，向小学生兜售食品、玩具等；对一些流动的摊贩，县里的市容部门应有相应的措施，如特别加强在校园门口的督察。

为了尽早解决这个问题，同学还制定了行动计划。我们的行动计划：一是将已经设计出了宣传画、手抄小报、提示牌，送到市民手中，希望他们能关注并在生活中监督和宣传。二是向县里的市容管理部门反映我们校园门口小摊贩的现状，把我们的方案汇报给他们，希望他们能尽快解决。三是给县长伯伯写一封信，希望政府部门能重视校园门口小摊贩的问题，并提出我们的方案，附上我们设计的售货亭的图样。四是向全校同学发出倡议书，倡议大家不去买小摊贩的东西。

通过这一案例，我们可以看出活动课程与学科课程有着很大的差别。仅从教学内容上看，活动课程具有内容开放性和高度综合性的特点，这些特点有利于学生获得创新所必需的多样的知识技能，获得与实际问题相联系的知识技能，有利于学生将各种知识技能相综合，围绕着实际问题的解决将知识技能组织起来。

首先，活动课程的内容具有开放性，内容直接来源于学生的现实生活，有利于引导学生关注社会实际问题，掌握创新所需要的与实际问题解决有关的知识技能。与学科课程的稳定性相对比，活动课程的内容有较大的开放性和灵活性，课程有一定的规划但是没有具体的计划，在教学中教师应当根据学生的兴趣、学校和社区的变化等确定具体的活动内容。在本案例中，学生研究的问题不是预先就规定好的，也不是教师指定的，而是学生在教师指导下自己确定的，是学生从自己身边发生的事情出发，来研究自己感兴趣的问题。问题产生的契机是学生自己身上实际发生的事情，而这样的事情又具有一定的普遍性。家长对于学校附近的小摊贩是怎么看的？家长有什么建议、要求？城市管理中有没有政策可以约束、规范这样的校园小摊贩？作为学校和学生可以采取什么样的有效方法？等等。

而在研究校园门口“小摊贩问题”的过程中，学生学到了许多有利于问题解决的知识技能，这些知识技能是学生解决问题所不可缺少的，也是学生创新能力发展所需要的，没有这些知识技能学生就不能很好地解决实际问题。知识表现在：关于食品卫生的知识，关于城市市容管理方面的政策，关于问卷设计方面的知识，等等。技能表现在：合作的技能，沟通的技能，进行问卷调查的技能，等等。从知识来看，这些知识不是学科课程能反映的，但是却是学生解决实际问题所需要掌握的。从技能来看，这些技能也不是特定的学科课程所能培养的。例如，沟通的技能。在语文或其他的学科教学中，学生也需要与他人进行沟通，但是这种沟通相对较为简单，在沟通的人员上局限于同学、老师，在沟通的内容也局限于学科学习的内容，比较单一。而在解决实际问题的过程中，学生所需要的是一种复杂的沟通技能，这种沟通的技能属于高端技能。学生需要确定沟通的目的、对象、问题、方式，而在实际活动中沟通的对象又是复杂的，学生需要与各种各样的人进行沟通、交流，沟通的内容也是不同的。在本案例中，学生不仅与本班同学、老师沟通，而且还和家长、学校主管部门、律师沟通，在行动计划中要与政府部门沟通。在实际与这些人进行交流的过程中，学生才能不断提高并掌握沟通的技能。因此，活动课程开放性、直接面向现实社会生活问题的特点，可以弥补学科课程不能及时反映社会生活变化的不足，使学生能够关注社会问题和社会现象，从中获得创新能力发展所需要的相关知识技能，这些知识和技能是不能够通过学科课程获得的。

其次，活动课程的内容具有高度的综合性，有利于学生综合运用各种知识技能。活动课程不以各门学科知识体系为中心，而以学生的经验及其相关的社会活动过程为基础，注重社会生活的完整性，强调学生已有的生活经验的完整性。因此，在活动课程中学生直接面对的是各种社会生活问题，在解决这些问题的过程中学生知识、经验、技能都是相互融合的。这表现在：活动中学生需要运用学科知识技能，但是这些知识技能不是单一学科的，而是多学科的；多学科的知识技能不是相互割裂的，而是综合在一起的，致力于同一个问题的解决；在解决问题的过程中学生不仅运用学科的知识技能，还需要运用一些学科学习中不能够获得的知识技能。在案例中，学生运用的知识和技能有的主要是通过学科学习获得的，有的是在实际活动中获得的，有的是在日常生活中获得的。从学科知识技能来看，具有工具性的语文和数学学科在问题解决中是被充分运用的。学生制作问卷、写调查报告、采访律师、制作海报等方面运用了语文学科的知识技能，在问卷的统计、数据处理方面运用的是数学学科的知识技能，宣传画的绘制、售货亭图样的设计、海报的设计等运用的又是美术学科的知识技能，同时学生还运用了电脑课中获得的知识技能，在网上查找资料。另外，仅有学科知识技能还不够，为了解决问题学生还从活动中获得了相应的知识技能。例如，城市管理政策上的知识，与周围居民的联系、沟通、访谈的技能，等等。在解决问题的活动中，这些知识技能是综合在一起的，具有相互融合的特点。例如，在海报的制作上，图案、颜色等的运用体现出的是美术的知识技能，句子、内容编写又体现了语文的知识技能，内容中如果有数据，又反映了数学的知识技能，这些是融合在一起的，共同形成了一份完整的海报。

可以看出，活动课程的内容是跨学科、跨领域的，是高度综合的，融合了多种知识技能。而活动课程的这一特点，有利于弥补学科课程的不足，有利于学生掌握综合的知识技能，使各种知识技能融会贯通，从而有助于发展学生的创新能力。

第三节 创新能力培养需要将学科课程和活动课程相结合

一、两类课程相割裂或相混淆都不利于创新能力的培养

从以上的分析可以看出，学科课程是创新能力培养所必需的，但是单一的学科课程却不利于创新能力的培养，而活动课程却可以弥补单一学科课程的不足，创新能力培养既需要学科课程也需要有活动课程。那么，是

不是设置了这两类课程就一定会优势互补，促进学生创新能力发展呢？并不必然。在实践中如果将这两类课程相割裂，或者将两类课程相混淆，仍然不利于创新能力的培养。

（一）两类课程相割裂不利于创新能力的培养

两类课程相互割裂的具体表现就是，只是看到学科课程和活动课程的区别，并刻意强调这种不同之处，实践中也往往将两种课程彼此分离。在研究中，许多人认为学科课程与活动课程存在着根本性的区别，二者的不同表现为：在认识论上，学科课程是知识本位，活动课程是经验本位；在方法论上，学科课程强调的是分析，活动课程强调的是综合；在教育观念上，学科课程是社会本位论，强调“教育要为未来的生活做准备”，活动课程是个人本位论，强调“教育就是生活”；在所传递的知识上，学科课程传递的是间接经验，活动课程与此相反，注重让学生丰富直接经验；在知识的性质上，学科课程是学术性知识，活动课程是现实有用的经验性知识；在课程的排列上，学科课程是逻辑顺序，活动课程是心理顺序；在教学方法上，学科课程重学习的结果，教学方法是接受学习，活动课程重学习的过程，教学方法是发现学习；在教学组织形式上，学科课程是班级授课制，活动课程是灵活多样的组织形式。如此等等，将两类课程形态对立起来。这种对立极易导致以非此即彼的思维方式，在两类课程之间画上一条泾渭分明的线，彼此不能越界互不相干。活动课程中既不能有逻辑性的学科知识，学科课程中也不能有解决实际问题的直接经验。

这样，既使学校教育开设了学科课程和活动课程，仍然不能形成课程形态上的优势互补，仍然不利于创新能力的培养。一方面，学科课程中的知识技能不能够在活动课程中得到综合运用，各种学科的知识技能仍然是割裂的、分离的。同时学生也不能将学科中的知识技能与现实生活有效的联系，各种学科的知识技能仍然是抽象的，不能很好地运用到具体问题解决的情境中。也就是说，学科课程对于创新能力培养的不利方面仍然存在。另一方面，由于活动课程避免运用学科的知识技能，活动课程也容易出现流于学生兴趣，流于学生身体上的活动的情况，活动中学生不能有效地解决实际问题，创新能力不能获得较好的发展。而且，当学科课程避免运用活动课程中学生获得的丰富经验时，也会导致学科知识一定程度上与学生经验相脱离，这也同样不利于创新能力的培养。

（二）两类课程相混淆也不利于创新能力的培养

与割裂相反的是，实践中还有将两种课程形态相互混淆的倾向。这种混淆表现在：按照学科课程的内容要求来进行活动课程的教学；以活动课程的内容要求来进行学科课程的教学。前者在实践中的表现就是，教师在教学中对于活动的主题、具体问题都细致地布置给学生，学生只需要按照教师的布置用某一学科的知识技能来进行解决。如，教学中教师布置任务，让学生对于“噪声污染”这一活动主题写一篇作文。这样的教学既没有体现出活动课程内容的开放性，也不能体现出内容的综合性。显然，活动课程的优势不能发挥出来，不利于创新能力的培养。这种表现已经被人们所关注并予以了理论上的分析、批评，这里就不过多论述。还有一种相反的情况。那就是按照活动课程的内容要求来进行学科教学，这也是将两类课程形态相混淆的表现。以一个教学案例来分析。该案例是一位教师执教初中语文《寓言两则》时的一个教学片断。[①]

师：听说我们现在第一册书只剩下第六单元没有学。这个单元的学习内容是丰富多彩的，有诗歌，有童话，还有短小有趣的古代寓言故事。这节课我们先学哪一篇呢？

生：《女娲造人》。

生：《女娲造人》一读就懂，新书一发下来我就看过了。学《蚊子与狮子》吧。

生：《蚊子与狮子》全是大白话，我看还是学习文言寓言《塞翁失马》吧。

生：不如学《智子疑邻》。

师：为什么你要选《智子疑邻》呢？

生：有一年高考作文题就是拿这个寓言做材料的。

生：《智子疑邻》好是好，只是太短了。

生：那就把《智子疑邻》、《塞翁失马》放在一起学吧。

师：大家说怎么样？

① 张悦群：《建立超市式课型 加大新课改力度》，《语文教学通讯：初中刊》2005 年第 1 期。

生：好。

师：对这两则寓言，我们应该学些什么东西呢？

生：会解释字词，能翻译全文。

生：能有表情地诵读课文。

生：我看这两则寓言不长，不如熟读成诵。

生：其实，最主要的是理解这两则寓言故事的寓意。

师：大家说，理解这两则寓言故事的寓意，是不是关键的学习任务？

生：是的。

师：其他还有哪些？哪个同学概括一下？

生：综合大家的意见，本课的学习重点是理解两则寓言故事的寓意，其次是解释生字新词，翻译两则寓言并熟读课文。

……

学科课程中的知识具有内在的逻辑性，知识之间构成了具有学科特点的结构化体系。所以，学科课程的这一特点有利于学生掌握系统的知识技能，这是创新能力培养所需要的。学科课程的这种特点，要求学科教学必须具有相应的特征。在教学中，教师不能像活动课程那样根据学生的兴趣和需要来确定具体的教学内容，不能像活动课程那样内容具有高度的开放性。但是，在本案例中，学科课程内容的特点却没有体现出来。虽然学生学习的仍然是学科的知识，仍然是语文的知识，但是，具体的学习内容是学生根据自己的兴趣和需要来确定的，关于学习所要解决的问题也主要是学生自己来确定的，这就破坏了知识之间特有的内在联系。案例中，执教教师倡导建立“超市式的课型”，其内在的含义就是学生相当于顾客，教学中要让学生成为课堂上的主人，让学生在课堂上自己选课，自己订立学习的任务、目标，最好一切都让学生自己选择。当学生对于有的课文不喜欢、不愿意学，那怎么办呢？该教师认为，新课程是用教材教，而不是教教材，将一本书教完了的教师不一定是优秀的教师，而且学生不喜欢的课文学生也不会有学习的兴趣。所以，学生不喜欢的课文可以不学习。这种做法和观念完全忽略了学科课程知识的特点，忽略了知识之间的内在逻辑联系。让学生根据自己的兴趣、需要来选择学习的内容，并自己订立学习的任务和所要解决的问题，是以活动课程的实施方式来进行学科课程的教学。其结果就是学科课程在创新能力培养中的优势得不到体现，学生不能很好地掌握有利于创新的系统知识技能。当然，我们并不是反对教师对教学内容的调整，但是这种调整一定是在遵循学科课程内在特点上的调整。教师需要根据课程标准，在把握学科教学目标、学科知识技能内在联系的基础上，根据学生的已有知识经验进行调整，这需要教师有很高的教学水平和理论素养。这绝对不同于上面案例中随学生一时兴趣来更换或删减教材内容的做法。

因此，在实际的教学中将学科课程和活动课程相对立或者将二者相混淆都不利于创新能力的培养。前者不能保证二者的优势互补，后者不能保证不同课程本身优势的发挥。

二、两类课程相互结合才有利于创新能力的培养

我们认为，只有这两类课程相互结合才有利于创新能力的培养，才能真正优势互补，使学生掌握创新所必需的全面的知识技能。两类课程的相互结合是，既要看到二者的区别又要看到二者的联系，并在学校课程一体化的思想下使二者相互补充。

（一）注意在活动课程中让学生充分运用学科知识技能

要做到真正的优势互补，就需要在活动课程中注意使学生充分运用各种学科知识技能。这一方面可以使学科知识技能在运用中得到巩固、验证、深化，使各种学科知识技能不断综合、相互联系，将知识技能与实际事物、实际问题相联系。另一方面，各种学科知识技能的充分运用，可以使知识技能成为解决实际问题的有效工具，成为丰富和提升学生生活的有益部分，有助于学生在解决问题的过程中有所创新。我们以具体活动课程的教学案例进行分析。这个案例是教师在教学一年级数学“测量”的内容后设计的主题活动，主题为“你知道我有多高吗？”[①]

主题缘起于学校校园内的一棵百年古树，教师借“植树节”的机会，借这棵学生们天天见到的古树之口发出一个问题：“你知道我有多高吗？”

---

① 王洁：《综合课程开发与案例》，文汇出版社2002年版，第67—72页，对原案例做了删减。

1. 准备阶段

教师让志愿者提交活动的方案争金点子奖。一周后，学生提交的方案如下。生 1：利用影子。在太阳照射时，当我们的影子与我们的身高相同，说明大树的影子也与大树的高度相同，马上测量大树的影子。生 2：利用媒介物。先拍一张大树和门房的照片，看出大树的高度相当于门房的几倍，然后量出门房的高度，大树的高度就是它的几倍。生 3：在氢气球上扎一根很长的塑料绳，把氢气球放上天，当它与大树同样高度时，量出塑料绳的长度。生 4：准备一只风筝，把它放上天空，当它飞到和大树一样高时，量出放风筝时所用的棉线的长度。生 5：将竹竿一根一根扎紧接好，树起来，当它和大树一样高时，测量出所接竹竿的长度。生 6：在松鼠的尾巴上扎一根绳子，把它放了，让它爬上树，它尾巴上的绳子有多长，就说明大树有多高。……

2. 实施阶段

教师通过组织填写行动计划、竞选组长来进行活动。这一阶段教师给出如下的指导：(1) 组织行动小组讨论商议；(2) 印发行动计划，每人一张；(3) 参与评选行动组长。学生需要完成如下的作业：(1) 小组讨论(为期一周)；(2) 独立填写行动计划；(3) 交流计划，竞选组长。

面对近二十种方法，学生组成行动小组通过填写行动计划，细化具体步骤，得出五种切实可行的，能够解决实际问题的方法。即上文所列举的前五种方法。在这一过程中，教师引导学生按照自己的兴趣来确定研究方向，并树立统筹安排的思想以保证活动过程中有足够的人力投入研究。考虑到活动中可能出现各种问题，还请来各位任课教师作为指导专家，帮助共同完成任务。

3. 体验阶段

活动结束了，可学生的活动热情依然高涨，有的撰写观察日记，有的进行自我评价，有的制作电脑小报……他们纷纷以独特的方式来汇报自己在活动中的感受。学生在日记中写道：生 1：今天上午九点左右我们来到操场上，我们先测出了竹竿的高度和竹竿影子的长度，当我们要去测量大树的影子时发现它落在了学校对面的气象大楼的墙上。我们恍然大悟，上午我们是无法测量到大树的影子的，我们要在下午，大树的影子转过来时才能测到。生 2：学校操场周围有许多高楼，风老是在打转，因此我们的风筝怎么也飞不上天，我们真不服气！生 3：为了把三根竹竿接好，我们累得满头大汗，但只要一拿起来就会松动，甚至脱落。朱老师见了，给我们拿来了封箱带，当我们接好后发现连大树的一半都没到，于是我们又接了一根、两根、三根，一直到第七根，我们想再试一试。我们终于接好了，可它像一根钓鱼钩一样弯下了腰，怎么也直不起来。大家只能再拆去两根，巧的是竹竿的高度正好是大树的一半，我们高兴地跳了起来。生 4：在宋子悦小朋友的帮助下，我们得到了一个氢气球。我们小组第一个测出了大树的高度，我们应该向他表示感谢。……

案例中的学生是小学一年级的学生，由他们所学的学科课程的范围和深度所限，在活动中虽然学生也运用了学科的知识技能，但是知识技能的种类不是很多，学科知识技能的深度也不是很深，知识技能显得比较简单。但是，这个案例有一个特点，就是活动的主题是由学科课程的内容所引发的，学生“测量大树身高”这一活动是由数学学科中“测量”的内容引发出来的。

在小学一年级的数学“测量”教学中，学生所需要学习的只是初步的测量知识。如，认识米，体会米的实际意义，能估计较长物体的长度；掌握米和厘米间的关系，能恰当选择单位表示物体的长度。在数学教学中教师一般让学生通过实际测量书本、铅笔盒、身高、课桌来加深对知识的理解，并学会初步运用测量的知识。由学科课程的特点所局限，学生所学的是关于测量的一般性的知识技能，而这些知识技能与实际生活存在一定的距离，有时并不能直接运用到实际问题的解决中，如本案例中如何测量学校古树的高度。在设计活动课程的内容时，教师通过学生日常生活中常见的这棵古树来引发兴趣，让学生用所学的测量知识来解决实际的问题，就是要测出这棵古树到底有多高。由于测量古树不能像测量规则物体那样直接测量，所以在解决这一问题时学生需要创新才能解决。在实际测量的过程中，学生首先要考虑的是如何将不规则的古树转换成可以直接测量的规则物体，再通过直接测量规则的物体来知道古树的身高。通过这样的活动，学生一方面巩固、深化了学科课程中的测量知识与技能，同时也认识到了实际生活中需要测量的物体是多种多样的，需要运用许多的方式来进行测量，而且往往需要进行一定的转换才能直接测量。这样，通过活动课程的学习学生学科课程的知识技能得到了深化、延伸，同时学科课程的知识技能也成了有效解决活动课程中问题的工具。因此，将活动课程与学科课程相结合时，有的学科课程的内容会成为活动主题的线索，成为具体活动内容的生发点。

虽然活动的主题是从学科课程的内容中引发出来的，但是，活动又不是学科课程的一种学习活动，而具有活动课程的特点。活动中学生所运用的知识技能是高度综合的，多样的。在问题解决过程中，学生综合运用了数学知识技能、语文知识技能、科学方面的知识，学生制作电脑小报还涉及到了电脑操作的知识技能。同时，活动还涉及了环境保护的知识以及学校的百年校史。除了这些知识以外，学生在问题解决过程中还运用了大量的非正规知识。如，如何找到氢气球、竹竿怎么绑以及小组间如何合作等。这些都是没有纳入到学科范围内的知识和技能，这些知识技能同样是问题解决必需的。在这些知识技能的运用中，各种知识技能之间得到了有效结合，而且学科的知识技能也得到了深化。例如，学生所写的日记，由于有真实的活动经过与体验，学生写得也就生动、形象，充满了真挚的情感。通过这样的活动，可以使学生的知识技能围绕着实际问题组织起来，使学科的知识技能综合化，加深对学科知识技能的理解。而这些，无疑都有助于学生创新能力的发展。

因此，在活动课程中要注意指导学生充分运用学科的知识技能，这可以使学科的知识技能与实际的问题相结合，使各种知识技能相互综合，有利于学生创新能力的培养。

（二）注意将活动课程的成果充实到学科课程之中

学科课程与活动课程的结合，还需要注意将活动课程的成果运用到学科课程中，在学生的学科课程学习中进行深化。这种充实包括：将学生在活动课程中获得的知识技能运用到学科学习中，在学科学习中得到拓展和深化；使活动课程中产生的问题通过学科课程活动解决。通过这样的运用，一方面学生可以结合自己实际活动的经验来理解、掌握学科知识，另一方面还可以解决活动课程学习中存在的问题，有利于以后更好地解决生活实际中的问题，在活动中有所创新。目前关于这方面的实际材料并不太多。但是，我在一所初中听过一节思想品德课，这节课的内容教师完全可以充分利用学生活动中的知识和技能。当时执教的教师并没有这样运用，而是让学生在课堂上进行了一系列的活动。我想结合这一教学案例来分析，学科课程的教学如何才能运用活动课程中的成果。下面是教师实际教学的片断，课的内容是“集体生活需要合作”。

师：这是上周活动课的成果——小组海报，以这三个小组的海报为例，请同学谈谈制作的过程。

生：我们小组当时进行了分工……

生：我们小组分配了任务，大家一起努力完成……

师：可见，我们在制作海报时，有共同的任务，并且要进行分工、相互配合，还要互相交流。这就是合作。（屏幕显示：合作的概念）

大家思考一下，学习和生活中还有哪些事情需要与他人合作？

（学生小组讨论）

生：建桥梁、军事战争中。

生：划龙舟。

生：体育运动。

师：学习生活中需不需要合作？

生：难的学习任务需要讨论和合作。

师：下面是老师找到的合作的例子。

（教师运用多媒体演示了社会生活中的各种合作，时间较长）

师：在我们的生活中应当怎样与他人合作？在合作中应当具备哪些品质？（学生讨论）

生：分工配合。

生：虚心请教。

师：看教材，如果像第二副图那样，小组中相互争吵、小组长只用自己的方案，这样的话好吗？

生：不好。

师：应该考虑他人的想法，要宽容。教材中提到的品质有“虚心、团结、宽容”。那么，合作有什么好处？

生：（学生基本上重复前面的内容）

师：现在搞一个活动，拼拼图，有5幅拼图。希望大家用集体的力量完成。

（以小组为单位，学生非常积极地开始拼拼图）

师：最先拼完的小组为什么会拼得这么快？

生：我们每人拼一个角，最后合起来。

师：其他小组？

生：先拼边框，再拼中间。

师：对，合作要讲究方法。

……

这堂课的主要教学任务是让学生理解什么是合作？为什么要合作？生活中的合作有哪些？合作时应当注意什么？（包括合作者的品质、合作的方法）应当说，执教的教师对于内容是精心设计的，有的环节设计的非常好。但是，在教学中，如果教师注意运用学生活动课程中的资源就更好了。例如，在分析合作的概念时，可以让学生回忆最近一次活动中大家是如何完成任务的，让学生根据自己的理解概括出合作的定义。实际教学中，学生基本上已经将合作的主要元素分析出来了，如任务、分工、配合、交流，如果教师让学生自己进行概念的归纳就更好了。在分析合作的品质时，教师可以根据学生实际活动中发生的具体事例进行分析，而学生在活动课程的学习中发生的这种事例是相当多的。例如，有的学生在活动中不认真、有的小组在活动中争执不断导致活动无法深入、有的小组组长决定一切，等等。通过对学生自己活动中这些事例的分析，既可以让学生深入理解合作的概念、合作的品质，又可以让学生在以后的活动课程学习中更好地进行合作。而教师在分析合作的品质时由于缺乏具体事例，加上“品质”一词具有抽象性，刚开始学生无法理解合作的品质指的是什么，教学也没能对此展开充分的讨论。而后，在对合作的方法进行分析时，教师也可以以学生在活动课程学习中的例子进行分析，让学生各自分析自己小组合作制作海报时的一些经验和教训。如果教师在教学中能够这样注意将活动课程的资源有效地运用于学科教学中，那么教学效果会有很大的提高，学生的学习生活也才能达以真正地交融、沟通。

第六章　创新能力培养中教学方法间的关系

第一节　接受学习是创新能力培养所必需的

一、接受学习并不必然阻碍学生创新能力的发展

（一）接受学习是否不利于创新能力培养

对于教学方法的区分目前并没有一致的认识。有的研究者从“教师教”的角度，将教学方法分成讲授法、演示法等；有的研究者从“教师教引发学生学”的角度，将教学方法分为接受学习与发现学习。这里我们采用后一种区分方法。所谓的接受学习，是指学生学习的主要内容是教师以一种定论的形式呈现给学生的，学生的学习主要是对知识进行同化的过程。所谓的发现学习是指学生学习的主要内容不是教师通过定论的方式呈现给学生，而是在学生内化这些知识之前，由学生自己获得的一种学习过程。

在现有的研究中，关于什么样的教学方法才有利于学生创新能力的培养存在认识上的分歧。有的认为接受学习的教学方法阻碍了学生创新能力的发展，我国中小学生创新能力水平低就是接受学习造成的。有的人对此并不同意，认为不能够完全否定接受学习的作用，接受学习可以使学生获得大量的知识技能，接受学习并不阻碍学生创新能力的发展。从中可以看出，对于接受学习的作用存在不同的意见。那么，接受学习是不是一定阻

碍学生创新能力的发展？接受学习是不是又一定对创新能力的培养有利呢？首先，看前者。从反对和批驳接受学习的理由上看，其主要的观点就是，创新能力的培养需要学生进行自主建构的学习，而接受学习并不是学生自主建构知识的学习。

所谓自主建构的学习是基于建构主义对学习的理解。建构主义者认为学习者新知识的形成是以原有的知识、经验为背景，在自己需要、意向、态度、信念和情感的基础上建构获得的。建构的过程是理解知识的过程，同时也是对新知识进行分析、检验和批判的过程。从建构主义对学习的理解上看，建构主义普遍强调的是学习过程中学习者是积极主动的，能够将新知识与原有的知识经验建立起有机的联系，这包括对新知识的分析、检验和批判。由于建构主义的学习理论关注到了学生原有的知识经验，关注到学生对于知识的主动理解和知识之间的结构性联系，受到了广泛的认可。

由此可见，自主建构指的是这种积极主动地将新知识与原有的知识经验建立起联系的过程。这有利于学生获得具有内在联系的知识，也有利于学生人格自主性的形成，当然对于创新能力培养有益。如果接受学习不是学生自主建构知识的学习，那么接受学习就必然是一种被动的学习，就是脱离学生已有知识经验的学习，知识之间没有必然的逻辑联系，没有形成结构化的知识，这种学习也必然会阻碍学生创新能力的发展。

（二）机械的接受学习才阻碍学生创新能力的培养

我们认为，对于接受学习不能一概否定。认为接受学习一定不是自主建构的学习是对接受学习的错误理解。根据奥苏贝尔对机械学习和有意义学习的区分，接受学习可以是有意义的学习，也可以是机械的学习，有意义的接受学习也是一种学生自主建构知识的学习过程。因为，在有意义的接受学习中，学生一方面具有积极学习的心向，具有将新知识同已有的知识经验相联系的积极的思维状态，另一方面新知识与学生原有的知识经验之间形成了实质性的联系，这种联系使得新知识被真正理解，新知识被纳入到原有的知识结构之中。因此，有意义的接受学习也是学生自主建构知识的过程，这种接受学习并不阻碍学生创新能力的发展，反而对创新能力的培养有益。

相对应的是，在机械的接受学习中，由于学生没有积极的学习心向，知识之间也没有建立逻辑性的联系，所以学习中学生是对知识的被动、机械的记忆，这种学习必然不利于学生创新能力的发展。对于机械的接受学习，韦特海默在《创造性思维》中有着生动地描述。[①] 他曾观察过一堂数学课，教师进行的是“平行四边形面积”的教学。教学中，教师画出了一个标准的平行四边形，然后通过在左上角、右上角各画出一个垂直线，引出平行四边形面积与长方形面积的关系，并最终得出计算平行四边形面积的公式。教学中学生看似都理解、掌握了平行四边形面积的计算方法，而且在练习中也都正确无误地进行着计算。但是，在随后韦特海默画出两个平行四边形并让学生计算面积时，许多学生都束手无策，学生不知道如何来计算这样的平行四边形的面积。韦特海默观察到，有的学生在计算中一字不漏地重复着教师的话，并画着垂直线。但是，不久学生就发现画完垂直线的图形与教师演示的图形不一样，面对着不一样的图形学生不知道如何计算它的面积了。还有的学生在图形的下面，坚定不移地写着“面积等于底乘以高”的公式，之后便不知所措了。其实，韦特海默所画的这两个平行四边形，只是教师所画的标准平行四边形的一个变式，是教师所画的图形的翻转。但是，大多数的学生都不认识，也不知道如何来计算面积。这说明，学生尽管对于教师所讲述的都听明白了，但是他们并不是真正理解和掌握了知识。对于平行四边形及其面积的计算。学生只是掌握了“标准”的平行四边形的特征及其面积计算。当“标准”的平行四边形被旋转 90 度或 180 度时，底与高的位置发生了变化、长短也发生了变化，对于这样变化了的图形学生就束手无策了。这样，知识之间没有建立本质的、必然的联系，没有形成具有内在逻辑联系的知识结构。

这种机械接受学习的例子并不少见，可以说早期学校教育中的接受学习更多的属于这种机械接受学习。例如，在我国古代的私塾，学生学习主要通过大量的背诵、记忆和模仿来进行，这些学习建立在缺乏有效理解的基础上，由于学习的机械和枯燥，教师还经常运用严厉的纪律措施来维持教学。在现代，社会的进步和科学的发展要求人们更关注学生的有意义学

① ［德］韦特海默：《创造性思维》，林宗基译，教育科学出版社 1987 年版，第 17—19 页。

习，接受学习也更多的是有意义的接受学习。但是，在现代的教学中机械的接受学习仍或多或少地存在。韦特海默研究中所举的例子就是一个体现。而认为接受学习不利于学生创新能力发展的人，他们所举的例子所批评的接受学习也是机械的接受学习。例如，在语文教学中，教师一般对《葛朗台》、《项链》课文进行这样的分析和讲解。认为葛朗台为了金钱，逼死了妻子，葬送了女儿的一生，体现了资产阶级贪婪、凶狠的一面，《项链》中的玛蒂尔德是资产阶级妇女的代表，有着资产阶级虚荣心，最终自己深受其害。而这样的讲解并不能够被学生完全理解和接受，甚至于学生还有着相反的见解。一位学生就曾经对教师关于马蒂尔德的分析做过这样的反思："老师这么说，我们当然也只能认为女主人公的虚荣是不好的。但后来我们再想想，虚荣心又有谁没有，为什么虚荣心要被我们所鄙夷？而且我们怎么就不想想女主人作为贫家妇女，又有多少为生计奔波、为人世所累的辛酸呢？但那时老师根本没引导我们这么想过。"[①] 由于教师对课文的分析、对人物的评价与学生的知识经验相脱离，教师所呈现出来的这种定论与学生的知识不能有机地联系起来，教学是一种机械的接受学习。这种教学必然导致学生对知识的生吞活剥、死记硬背，教学不仅不利于学生创新能力的培养，而且必然会压制学生创新能力的发展。

因此，对于接受学习要辩证看待，认为接受学习必然阻碍学生创新能力发展的观点是错误的，认为接受学习就一定有利的观点也不全面。有意义的接受学习并不会阻碍学生创新能力的发展，而机械的接受学习不仅不利于学生创新能力的培养，而且会扼杀学生的创新能力。

二、学科课程的教学要以接受学习为主

还有的人认为，为了培养学生的创新能力，应当在所有的学习活动中贯彻发现学习，学科课程的教学中也要以发现学习为主。那么，学科课程的教学是否应当以发现学习为主呢？

学科课程的教学应当是发现学习，还是接受学习，这是以往就争论过的话题。在进步教育运动受到批评时，布鲁纳曾主持并推行过结构主义的

① 孔庆东等：《审视中学语文教育》，汕头大学出版社 1999 年版，第 14 页。

课程改革。在改革中强调要纠正进步教育不重视学科课程的做法，主张学校教育仍然要以学科课程为中心。但是，学科课程的教学应当是发现学习，让学生像科学家那样经历真正的知识发现过程，发现问题并解决问题，最终获得学科知识。布鲁纳认为，“发现”并不限于那种寻求人类尚未知晓之事物的行为，而是用自己的头脑亲自获得知识的一切形式。学生的发现学习主要是对已有学科知识的再发现，主要是发现由概念、原理等构成的学科知识的结构。布鲁纳认为虽然学生的发现主要是一种再发现，发现没有产生新的科学成果，但是对于学生的学习和以后的学习有着重要的意义。通过发现学习可以提高学生的智力潜力，使学生的学习由外部动机转向内部动机，还可以让学生学会发现的方法。同时，通过发现学习获得的知识更为深刻，有助于保持记忆。教学中教师应当遵循以下的步骤使学生进行发现学习：(1) 设置问题情境，形成使学生感兴趣的问题，或者让学生在疑问中提出自己的问题；(2) 针对选出的问题，提出解决问题的各种假设和答案；(3) 引导学生收集和组织有关的资料，以供发现和解决问题；(4) 组织学生分析、比较资料，进行思考、讨论，以事实为论据验证假说；(5) 引导学生将获取的新知识（也就是通过自己发现得出的结论），纳入到自己的认知结构中，并运用到新的问题情境中，使其得到巩固和深化，形成迁移能力。由此可见，布鲁纳是想让学生通过完整的问题解决活动来获得知识，活动中学生有所发现也就是有所创新。这样的学习活动有利于学生掌握创新所必需的思维步骤，形成创新所需要的思维品质，能够将发散思维和聚合思维相结合，能够将逻辑思维和非逻辑的思维相结合。

那么，布鲁纳在学科课程中倡导发现学习其效果又如何呢？实践证明，在学科课程的教学中普遍运用发现学习并不可行。只有少数学生在这样的学科学习中表现得出色，展露出较高的创新能力，而大多数学生感到学习困难，学习兴趣也大为降低。相应地，许多学生并不能很好地掌握学科知识，不能有效率地获得系统的学科知识技能，而这并不利于学生创新能力的培养。正像奥苏贝尔所批评的那样，发现学习不是一个能够使学生高效率获得知识的方法，学科课程的教学不能以发现学习为主，只能是以有意义的接受学习为主。通过这种有意义的接受学习，学生可以高效地获得各种科学文化知识，可以获得有助于创新的、系统的学科知识和技能。同时，学科课程中的一些知识技能也并不适合让学生发现，例如，一些描述事实的材料、学科知识中的一些约定俗成的名称、动作技能等。

因此，接受学习不仅并不必然阻碍学生创新能力的发展，而且还是创新能力培养所必需的一种教学方法。学科课程的教学主要是接受学习，通过接受学习，学生可以有效率地获得系统的学科知识技能。当然，我们所说的接受学习指的是有意义的接受学习，不过就像奥苏贝尔本人所强调的那样，有意义学习和机械学习不是截然分开的，有意义学习中也会有机械学习的成分，只不过更多的还是有意义学习成分。

第二节　创新能力培养还需要有发现学习

一、创新更需要学生能够独立发现和解决问题

既然有意义的接受学习有利于学生创新能力的培养，那么，是不是创新能力培养只需要让学生进行接受学习就可以了呢？答案是否定的。教学实践中如果只有接受学习必然不利于学生创新能力的培养。对于此，我们以一个教学案例进行具体分析。案例是笔者在一所初中的预备年级所听的一节语文课的教学片段，执教的教师就是前面教学《“诺曼底”号遇难记》的那位教师，教学内容是一篇文言文《陈太丘与友期》。

师：通过预习谁来说一说课文说的是什么意思？

生：（省略）

师：看看课文选自哪？

生：《世说新语》

师：谁写的？

生：南朝刘义庆，《世说新语》记录的是奇闻轶（生读成 tie）事。

师：（板书“轶”）这个字读什么？查字典。

（生都查字典）

生：读 yi。

师：什么意思？

生：没有正式记载的。

师：《世说新语》记录的是一些事情，短小、易读。我们看看课文怎样来翻译？第一句，自读时划圈的是哪些字？

生：“期”。

师：第一句是什么意思？

生：陈太丘与朋友约定出行……

师：那么，这里的“期”是约定、约定时间，这个“的”多余、去掉（在开始解题时，有的学生将“期”解释为“约定的时间”、教师当时将学生所说的“约定的时间”写在黑板上，这时教师将原板书“约定的时间”中的“的”擦掉）。

……

（师生在解释课文后）

师：课文讲了什么道理？

生：答应人家的事一定讲信用，一次不讲信用就被人看不起。

生：讲信用，如果不讲信用，别人就会生气。

师：一定要讲信用，要说到做到，不讲信用就会失去朋友。这里的友人是谁呢？告诉大家他比陈太丘的官职高两级，他迟到或许是故意或许是有急事，而他在发了一通脾气被元方指责后，感到惭愧并要“下车引之”，你们觉得他怎么样？

生：知错能改。

师（紧接着）：善莫大焉。那么元方呢？

生：入门不顾。

师：你们觉得元方怎么样？

（学生立即议论纷纷，有的说元芳做的对，有的认为不对）

师：对元方“入门不顾”赞成的举手（师点了人数 11 人），我把你们叫做正方。那相反观点的 17 名学生就是反方，正、反方说说你们的理由。

生：我是正方，是客人先不对的。

师：从哪儿看出来的？

生：（生将元芳责问客人的话引述了一遍）从这可以看出客人无信、无礼。

生：我是反方，他已经认错了，而且他还是客人，所以元方“入门不顾”不对。

生：我是正方，他迟到了却恶人先告状。

师：哎，恶人先告状？合适吗？从哪儿看出他是恶人？应该是倒打一耙。

师：现在老师总结一下你们的观点。正方认为是客人先不对，元方明辨是非，所以元方没有错。反方认为客人已经知道错了，元方就应该原谅他，所以元方的行为不对。对吧？

生（齐）：对。

师：课文中有一句话可以让我们理解元方“入门不顾”的行为，是哪一句？

（这时学生尤其是正方的学生立即看课文，有的学生有所顿悟并开始回答）

生：时年七岁。

师：对，时年七岁。七岁的孩子会怎么样？

生：童言无忌。

（许多正方的学生从元方只有七岁这一点，对自己的观点纷纷进行维护和补充）

师：元方当时只有七岁，七岁的孩子怎么想就怎么做，而我们已经将近两个七岁了，就应该多理解他人。

……

如果单从接受学习和发现学习的概念来看，本案例中有接受学习也有发现学习。例如，教师对《世说新语》的归纳、对“期”的解释的纠正、对于“友人”的介绍、对于“恶人先告状的纠正”、对于“元方”行为的评价等都是接受学习的表现。而学生在预习基础上对课文的解释、对于课文讲了什么道理的回答、对于“友人”的评价、对于“元方”行为的评价等都是发现学习过程的表现。在这些问题的解决中，学生主要是依靠自己的思考来获得答案。通过这样的区分，很难看出本案例的教学是属于接受学习还是属于发现学习。确实，就像奥苏贝尔所说的那样，接受学习和发现学习也不是截然分开的两种方法。一个从整体上看是接受学习的教学中会有发现学习，而一个整体上看属于发现学习的教学中也会有接受学习。那么，案例中的教学主要属于接受学习还是发现学习呢？我们认为，主要属于接受学习。之所以说主要属于接受学习，是因为整个教学中学生所要解决的问题、解决问题的方法不是或基本不是学生发现的，而是教师呈现出来的。

由学科课程的特点所决定，在学科课程的教学中，学生所学习的内容是预先就确定的，通过内容所要达到的目标也是确定的。在案例中，《陈太丘与友期》的教学应当使学生能够正确理解课文，包括对字词的正确解释、对课文的正确解释、对课文蕴含道理的认识、对人物及其关系的理解和评价。如果将学生学科学习的活动看作是一个问题解决的活动，那么学生所要解决的问题不是自己选择和发现的，是预先就确定好的。这是教学目标所蕴含的问题，如课文讲了什么道理、如何评价人物及其行为。同时，解决这些问题的方法也不是学生自己获得的。解决这些问题需要确定问题之间的关系，确定需要具备什么样的条件才能解决问题，如何才能一步步地接近目标来解决问题。而这些主要是由教师来完成的，是教师在教学之前就要进行的相应计划和安排，包括设计解决问题的阶段（体现为对教学阶段和步骤的设计）、为了解决问题需要让学生完成什么样的任务（包括对学生提出问题）。当然，教师在实际的教学中并不是僵化地运用先前的设计，教师会根据学生学习的实际情况进行调整。例如，让学生正反方进行辩论就是根据学生对人物评价的分歧而灵活安排的一个环节。通过这样的设计，教师在教学中不断地引导学生思维逐步深入，并最终获得对问题的解决，也就是能够正确解释课文、对课文之中蕴含的道理有所认识、对于人物及其行为有一个合理评价。按照创新能力培养需要学生形成的思维过程来看，学生在这个完整的问题解决活动中没有自己提出和确定问题的阶段，也没有完整的根据问题自己来收集资料并进行假设和推理的过程，也就是说解决问题的方法基本上不是学生发现的。说基本上不是学生发现的，是因为在问题解决的过程中也有学生在具体环节上进行发现的成分。但是，在解决这些具体问题上，也要看到教师围绕问题解决适时地提供给学生方法，有时教师还直接给出比较合理的答案。例如，学生对于元方的行为评价不一时，教师一方面提示学生，另一方面也呈现出自己对于问题的解决，呈现出自己的答案，引导学生能够全面地分析和解决问题。既看到元方行为的不妥当之处，也看到元方还是一个孩子，对他的行为应当能够理解。

通过这样的教学过程，教师可以使学生不必走弯路、不必经历自己独自解决问题的长时间的过程，就能够较快地掌握学科知识技能。但是，学生的学习没有自己确定问题的过程，也没有完整地自己寻找解决问题方法的过程，相应地学生就缺乏独立提出问题的能力和独立解决问题的能力。而这种独立发现和解决问题的能力是创新能力的表现，也是较高创新能力发展所必需的。因此，单一的接受学习不利于学生创新能力的培养。

二、创新能力培养还需要有发现学习

（一）发现学习有利于学生独立地发现和解决问题

单一的接受学习缺少学生独立发现和提出问题的环节，同时也缺少学生通过完整的创新思维过程来解决问题的环节，这些不利于学生创新能力的培养。而单一的接受学习的不足却可以通过发现学习来弥补。对此，我们通过一个活动课程的教学案例进行分析。案例是一名高二的学生在学校研究课程的学习中进行的一项“乞丐文化”的调查。[①]

[缘起]

陪老外乘地铁尴尬遇行乞

2006年7月份，华师大二附中来了一群英国交流生，黄妍成为一名接待交流生的志愿者。一天，黄妍带一位英国女生乘地铁去人民广场。没想到，刚上车就有一个行乞的小男孩走过来。小男孩用双手紧拽着那位女生的裤脚，不住地摇晃，直到拿到钱才作罢。女生嘀咕了一句，显然对小男孩近似无赖的乞讨行为大为反感，这让站在一旁的黄妍深感尴尬，不知该说什么话才好。正巧，高一学期结束的时候，老师布置了一项作业：让

---

① 马丹：《学生科技创新就该多点人文精神》，《新民晚报》，2007年4月2日。http：//www.daexp.com，2007年4月21日。

学生们针对上海的社会文化现象写一篇 5000 字的研究报告。其他同学研究的题目有“石库门文化”、“饮食文化”等，黄妍一下子就想到了要做“乞丐文化”。

2006 年 9 月份，在查阅了大量的书籍资料后，黄妍拿出了乞丐文化研究报告的第一稿。但老师和同学们认为这份报告主观性的东西太多，缺乏有关社会实际情况的内容。于是，黄妍开始大举实地采访乞丐，和他们对话，以获取第一手材料。

[实地调查]

地铁走访险遭“砸机”

去年 8 月份起，每个双休日，黄妍就开始她在地铁上的穿梭之路。轨道交通 1 号线、2 号线……5 号线，几乎每一个站点都留下了黄妍考察的足迹。从浦东、闸北、杨浦，一直到闵行，除了南汇、奉贤、金山、嘉定、崇明等郊县外，黄妍走遍了上海中心区域的 11 个区。因为频繁的站点走访，让黄妍这个路盲对如今的上海轨道交通变得非常熟悉。不过让她印象最深刻的还是“砸机”事件。那是在 1 号线与 2 号线的换乘通道，一个身边带着小孩的男性乞讨者，看上去不过四十多岁的样子。在看到相机之后，他大声地向她嚷道不许拍照，甚至吓走了一位准备给他钱的中年妇女。眼见恐吓无果，那人企图冲上来砸掉她的相机。黄妍说，那是她第一次被人威胁，吓得要死。不过后来，这样的事情碰得多了也就不再害怕了，倒是锻炼出了她抓角度拍摄的技巧。

零花钱换得对话“丐帮”

除了地铁沿线，诸如南京东路、福州路等人流密集的地方也成了她的考察点。一次，在福州路上海书城附近的一个角落，她巧遇了一伙正在“开会”的“丐帮”。那是一个四男四女的团伙，男性乞讨者都是盲眼老人，身边各有一把二胡，四位中年妇女似乎是老人的监管人，在商定好当天的乞讨路线之后便散开了。为了了解这些人的故事，黄妍想也没想就跟上了两位看上去比较面善的乞丐。“可没想到那些人口风很紧，无论怎么交流就是不肯说话。”最后，黄妍掏出了零花钱，换得了一次宝贵的对话机会。

提起这段经历，黄妍说有时候出去逛街，碰到乞丐就立刻想到掏出手机拍上两张、上前聊两句。寒假里，她在新东方学习英语，每次下课第一件事情就是兜马路找乞丐。“只有样本量够大，我的调查才更能贴近事实。”在完成了乞丐人群的走访后，黄妍又向712位市民展开关于乞丐影响的问卷调查，想获得一些可行性的建议。她说，本来认为社会调查是很简单的事情，没想到做起来才知道不仅费时费力而且还有危险。

[“黄妍报告”建议]

设立“无家可归者基金会”

黄妍在报告中提到，2006年上海乞丐中男女比例与1994年有很大变化，与她查到的2005年北京和广州的统计数据也有很大不同。“女性乞丐有增加的趋势”，“老幼类弱势乞丐相对分布较少，仅占14%和8%，然而中壮龄乞丐占到约34%，青壮龄占31%”，“265人中有221人自己购买食物，由此初步推断，现在的乞丐不为温饱而乞讨，而是以乞得钱财为主要目的”，“行乞超过一年的人数占了75%，他们认为这是高收入低劳动，乞丐有职业化倾向”……如此种种，黄妍在上海市图书馆、华东师大图书馆查阅了近30本各类书籍之后，以图文并茂的形式写成了48页的调查报告，将上海目前的行乞人群作了非常详尽地分析。她提出，是否可以根据乞丐行乞的不同原因予以疏导和帮助，甚至参照国外的一些做法，对确实有生活困难的弱势群体设立“无家可归者基金会”。

……

如果将这一案例与前文所举的《陈太丘与友期》的语文教学案例相比较，可以看出二者存在着相当大的差异。在本案例中，学生有相对独立的自己确定问题并自己来解决问题的过程，活动中学生经历了一个完整的创新所需要的思维过程，可以说学生学习活动的主要内容是自己发现的，而不是教师呈现出来的。所以，这一案例所体现出的是学生进行发现学习的过程，是一个发现学习的范例。发现学习体现在：(1) 研究的问题是学生自己发现的。活动课程的内容具有开放性和生成性。一般来说，活动课程的教学中，教师不能规定学生具体的活动内容。特别是对于高中生而言，要让学生自己选择研究的问题。案例中，教师只是提出了研究的领域、方向，即“上海的社会文化现象”。这是一个相当宽泛的领域，因此，也就给了学生相当大的选择问题的自由度，学生可以根据自己的兴趣、个人条件来确定具体的研究问题，每个人的问题可能都不一样。案例中，有的学生确定的研究问题是石库门文化，有的学生确定的问题是饮食文化。黄妍的选择主要来自于自己的一次经历所引发的对社会现象的思考和关注，也就是对乞丐现象的关注。在教师提出的“上海社会文化现象”的领域下自己确定出“乞丐文化”这一具体的研究问题，这一过程中学生进行的是发现学习。(2) 解决问题的方法主要是学生发现的。这包括制定活动的方案、确定实施方案的方法和步骤等。而这其实是学生提出解决问题的假设、进行推理并检验假设的思维步骤。案例中，学生刚开始通过查阅资料所作的研究被教师和同学认为是主观性太强。为了增强客观性，黄妍决定采取实地调查的方法，与乞丐进行对话。而在如何进行实地调查这一问题的解决上，学生是自己制定调查的路线、范围、对象、方法。在具体调查的过程中，又面临着许多的问题，这些问题是学生自己想办法解决的。例如，如何与这些乞丐接触、如何进行拍照、如何能够获得真实的资料、如何设计调查问卷、调查问卷包括的问题有哪些、如何设计对市民进行调查的问卷，等等。在调查之后，学生又面临着如何分析和处理所搜集的材料的问题。可以说，在这一案例中，学生解决问题过程中又包含着许多具体的问题，对这些问题的解决是学生发现学习的表现。(3) 研究成果的表达是学生发现学习的表现。通过研究黄妍对于上海的乞丐问题有了一定的认识：通过数据对比，比较出现在的上海乞丐与 1994 年有差别，上海的乞丐与北京的也不同，乞丐行乞的原因不同，提议设立“无家可归者基金会”。而对于这些成果的表达，从确定表达成果形式到撰写报告，直至写出图文并茂的 48 页调查报告，这个过程也是学生进行发现学习的表现。

从分析中我们可以看出，学科教学和活动课程的教学有着根本的不同：(1) 在学科教学中，由于教学所要完成的任务是预定的，也就是说学生所要解决的问题是预定的，学生没有真正独立发现问题的过程。学科教学通常是教师直接提出教学的任务、所要解决的问题，或者通过特定的情境使学生产生特定的问题。活动课程的教学与此不同。由活动课程的特点所决定，活动课程的教学没有预先确定的结论作为教学的牵引，学生通过活动所要发现的东西具有未知性，这对于教师和学生来说都一样。在活动中学生要自己发现并确定问题，问题是社会生活中的实际问题，是学生感兴趣的问题，课程的内容体现出开放性和灵活性。(2) 由学科预定的目标所决定，教师对于教学的步骤、具体活动必须有所设计，并对学生的思维活动进行把握，不能偏离教学的预定目标。这样，问题的解决方法主要是教师确定的。当然，其中也会有学生发现的成分，但是往往不居于主要地位。活动课程由于没有预定的结论，经常需要根据问题解决的情况来确定下一步的任务、方法，所以教师不可能对学生问题的解决活动进行细致、周密的安排，解决问题的方法主要是由学生来发现。因此，活动课程的教学中，教师经常只是提供对于问题解决或对于问题选定的参考性意见，决定权往往在学生手中。在上面的案例中，教师对于黄妍原来的研究方法提出了意见，但是具体如何得出符合实际的材料，如何具体进行实地调查教师并没有具体明确地指导，更多的是学生自己来解决问题。因此，由活动课程的特点所决定，活动课程的教学只能以学生发现学习为主。

当然，这里我们比较的是学科课程教学和活动课程教学中的普遍情况。不能否认，有的学科课程的教学也更多地体现出学生发现学习的特点。如在问题的提出阶段通过设置特定的情景让学生来发现特定的问题，在问题的解决阶段基本上让学生自己来获得解决问题的方法。这样的教学更多的具有了发现学习的特征。同时，在活动课程的教学中有时活动的具体主题也是教师确定的，前面所说的小学一年级学生“测量大树的身高”就是一例。有时在活动课程的进行中教师还要根据学生的年龄特点、学习能力给与指导和帮助，但是，这种指导和帮助不同于那种大包大揽的指导。在实践中，有的教师对活动题目、步骤、分工、计划、方法以及成果的表现方法都大包大揽地给学生规定好了，学生只需要按部就班地去活动。这种活动课程中，教师是在“教”学生而不是在“指导”学生。

从接受学习和发现学习的比较中可以看出，只有接受学习不利于学生形成创新所需要的完整的思维步骤，学生独立发现问题和解决问题的能力得不到提高。而发现学习的特点决定了，学生可以在学习中形成完整的发现和解决问题的思维步骤，有利于学生创新能力的培养。同时，从思维的方法上看，学科课程中的接受学习主要是学生在教师的引导下进行聚合思维和逻辑思维，一步步深入分析问题并最终获得答案。而发现学习中学生要从许多种可能中确定出具体的问题，从许多种可能中确定解决问题的方法，学生学习中发散性思维和非逻辑的思维更为突出，这种思维的方法可以与接受学习形成互补。当然，只要有发现的地方就都有聚合思维和发散思维的结合，都不同程度地存在逻辑思维和非逻辑思维的结合，只有这样的结合才能有所发现、有所创新。所以，上面思维方法区分也是相对性的区分。

（二）机械的发现学习不利于学生创新能力的培养

还有一种观点认为，凡是发现学习都有利于创新能力的培养。其理由是，发现学习是学生创新能力在学习活动中的一种表现，在这一过程中学生学习一定是积极的，而且由于知识是学生自己发现的，也必然是有逻辑联系，能形成结构化的知识的。那么，果真如此吗？

我们认为，必须对发现学习进行具体分析，不能对发现学习持盲目肯定的态度。与接受学习一样，对于发现学习也要一分为二地看待。发现学习也可以是有意义的，也可以是机械的。在机械的发现学习中，学生既没有将新知识和已有知识相联系的积极心向，也没能够在知识之间建立联系，将新知识纳入到原有的知识结构中。如何理解呢？我们以一个学科教学的案例进行分析。案例是两位教师在不同班级教学同一内容“分数除以整数”时，所发生的不同情况。教学中两位教师主要运用的是发现学习的方法。①

一位教师在设计教学时这样设想：先从学生的生活实际出发，引出问题：“今天是佳佳的十岁生日，福利院的阿姨送来了生日蛋糕。把蛋糕的3/5平均分成3份，每份是这个蛋糕的几分之几？”学生自己尝试计算，会直接用分子除以整数算出每份是这蛋糕的1/5，获得成功的体验。接着教师把问题改成：“把蛋糕的1/5平均分成3份，每份是这个蛋糕的几分之几？”学生也会继续尝试计算，计算中“分子1不能被除数3整除”将会使学生产生困惑，激发起学生求知的欲望。之后，由教师引导学生探究分数除以整数的计算法则。备课时，教师最担心的是：当出示第二个问题后，如果真的有学生会算而且积极举手时，教师该怎么办？不让学生发言，将会打击这些学生的积极性；反之，以学生的发言代替其他学生的独立思考，学生探究欲望就会大打折扣，教师寄希望于教学中不要出现这样的学生，然而终究没能如愿。课前教师最担心的问题在课中还是出现了，

---

① 潘晓明：《由“担心学生会了”引起的思考》，《小学各科教与学》2004年第6期。

而且是提前出现了。一名学生直接用 1/5 乘以 1/3 来计算，结果学生的“节外生枝”使教师的教学没有了层次，剩余的时间教师只好领着学生做练习。课后，教师埋怨说：教学失败的原因就是有的学生已经会了。失败的原因真是因为有学生已经会了吗？对此，我们展开了讨论：学习新知识时，有学生已经会了是否属于正常？这些已经会了的学生到底会了些什么？我们的教学如何使每个学生在原有基础上都得到充分的发展？带着这些想法，我们又一次走进了数学课堂。课一开始，教师就直截了当地提出问题：“把一根 4/5 米长的铁丝平均剪成两段，每段长是多少米，你会列式计算吗？”大多数学生的算式是用 4/5 除以 2，也有学生列出的算式是 4/5 乘以 1/2。对此，教师均予以肯定，并告诉学生：分数除以整数的计算在解决实际问题时常会遇到。今天，我们一起来探究分数除以整数的计算方法。学生一下子明确自己的学习目标。接着，教师结合 4/5 除以 2 提问：你会计算吗？你能用多少种方法进行计算？学生积极地独立思考，多角度地寻找着解决问题的方法。结果，出现了多种不同的方法：（1）4/5÷2＝0.8÷2 （2）4/5÷2＝（4÷2）/5 （3）4/5÷2＝4/5×1/2 ……当教师让学生对这些方法阐明自己的理由时，对于第二种方法，有学生说：“分数乘法是分子、分母分别相乘，我就想分数除法也可以这样算。”教师问：“这是你的一种猜测，能进行验证吗？”学生开始思考证明。对于第三种方法，学生说：“我是看过书的，可我不知道为什么要乘以除数的倒数。”……

案例中，教师都是直接提出学生需要解决的问题，问题不是学生独立发现的。但是在解决问题的方法上，教师是让学生独立发现来获得解决问题的方法，也就是“分数除以整数”的计算方法。所以，教学更多地具有发现学习的特点，是学科教学中发现学习的例子。在第一位教师进行教学时，教师设置了一个疑难的情境，就是当分数中的分子不能被除数整除时，学生应该感到遇到了困难，就会试图来寻找解决问题的方法。而发现解决问题的方法对学生来说有一定的难度，不能够简单地获得，学生会假设出各种可能的方法，然后不断地进行推理来获得正确的、最好的方法。例如，学生会将 1/5 换成是小数，用小数来直接除以 3；还有可能用分子 1 来除以 3，而分母不变；用 1/5 乘以 3 的倒数；等等。学生通过比较各种方法，最后得出只有用分数乘以除数的倒数，才是最有效的方法，这种方法可以用到各种情况中，不必受除数和被除数情况的限制。而在实际的教学中，面对教师设计的问题，一位学生直接就发现了解决问题的方法，获得了正确的答案。对于学生完满的发现，教师没有进行追问，学生进行发现的思维过程没有展现出来。而教师认为学生发现了正确的方法那就表明学生已经真正理解了知识，教学就像教师所说的没有了层次，简单讲解后就让学生进行练习。那么，发现正确方法的学生是不是真正理解了知识呢？我们可以从后面教师的教学中得到一些启示。后一位教师也设置问题情境让学生积极思考，进行发现学习。教学中，教师也碰到了学生发现了正确答案的情况，但是，教师并没有停留于学生的这一发现。教师让学生列出各种各样的方法，并且说说自己为什么这样来计算。在说明理由时，我们可以发现，用第二种方法的学生有猜想的成分，而用第三种方法也就是最有效方法的学生是看书看来的，自己并不明白。这样，学生的思维完全得以展现。从这里，我们可以想见，前一次教学中学生的发现也极有可能是看书看来的，或者是一种猜测、猜想，而学生对于为什么这样计算并不理解。这种发现学习，就是一种机械的发现学习。在机械发现的过程中，学生并不一定就有积极思维来解决问题的学习心向，而且学生也没有将新知识和已有的知识经验联系起来，新知识没有纳入到知识结构之中，知识不是被真正理解的。

因此，发现学习并不一定就是学生进行积极思维并真正理解知识的一种学习，很有可能是一种盲目的尝试错误，没有进行推理和检验的猜想。这种发现学习是一种机械的发现学习，不是学生创新能力的表现，对于学生创新能力的培养也并不有利。

第三节　创新能力培养需要将接受学习和发现学习相结合

通过上述分析可以看出，接受学习和发现学习都是创新能力培养所需要的方法。学科教学中主要是接受学习，这有利于使学生获得创新所需要的大量系统的学科知识技能。活动课程中主要是发现学习，有利于学生解决社会生活中的实际问题，有利于学生形成完整的创新所必需的思维过程。但是，这并不是说在学科课程教学中教师要尽可能多地让学生接受，活动课程教学中教师要不加干预地让学生自己发现。这仍然不利于学生创新能力的发展。前者会造成接受学习不利于创新能力培养的地方更加突出，后者容易造成学生不能真正有所发现，发现学习流于形式没有实效。因此，在学科课程和活动课程的教学中，教师要处理好接受学习和发现学习的关系，将接受学习和发现学习有效地结合起来。使学生在学科学习中也尽可能地有所发现，在活动课程的学习中通过接受以便更好地进行发现。

一、学科课程的教学教师要在接受学习的过程中引导学生发现

在学科课程的教学中，教师要将接受学习和发现学习结合起来，既要保证学生能够有效率的获得系统的学科知识技能，又要促使学生在学习的过程中尽可能地发现问题和解决问题，进行发现学习，只有这样才能更好地促进学生创新能力的发展。

（一）教学中教师要注意让学生发现并提出问题

创新能力培养需要学生能够提出问题，学科教学也要关注到这一点，要让学生在学习中拥有充分的提问权，质疑问难最好贯穿于课堂教学的全过程。但是，在引导学生发现和提出问题时教师不能盲目进行，一定要将接受学习和学生的发现学习结合起来。对于此，我们以一个教学片段为例进行分析。[①] 这是一位教师在教学小学一年级数学《高矮》一课时的片段，教师首先出示了教材中的一幅情景图。师："谁能根据这幅图编一个故事？"生："星期日，小东和小红到公园里玩……"教师表扬学生讲得好，又问："你们能根据这幅图来提出数学问题吗？"学生回答非常踊跃，"有两个小孩子，一个老爷爷，一共有几个人？""有一辆蓝色的车，又开来一辆红色的车，一共有几辆车？""有一个红灯，一个绿灯，一个黄灯，

① 李玲玲：《时间浪费在哪里？——对"教不完"现象的思考》，《基础教育课程》2005年第10期。

一共有几个灯？”……这时，教师有点急了：“你们看，这三个人谁高谁矮？”总算引到主题上了，但这时已用去了17分钟。在教学结束时，这堂课中教师的预定教学任务没有完成。

在这一教学片段中，教师试图让学生根据背景图自己来提出问题，提出这节课应当解决的问题，然后让学生在学习中解决自己的问题。可以说，教师的教学贯穿着让学生自己发现问题和解决问题的精神。为此，教师提出了一个不具有明显导向性的问题，即“你们能根据这幅图来提出数学问题吗？”其意在于让学生通过自己的思考提出“三个人谁高谁矮？”这一问题也是课堂教学所要完成的目标和任务。但是，由于教师的问题没有明显的导向性，所以学生回答时也五花八门，但都符合教师的问题要求，都是数学问题。而教师为了让学生自己发现问题，对于学生的回答没有做出进一步的反馈和引导，任由学生不断进行发散式的思维，用了17分钟的教学时间。在这一教学片段中，教师让学生自己发现和提出问题的环节并不成功，同时由于这一环节用的时间过多，也影响了后面教学任务的完成。

学科教学中学生学习的任务也是学生学习中所要解决的问题，但是，这一问题不是学生发现的，不是学生想到了这一问题才开始安排教学的任务和内容。与此相反，应当是先有了一节课所要解决的问题才能开始进行教学。也就是说，问题实际上不是学生发现的。但是，学科教学中为了让学生学会发现和提出问题，为了使教学任务变成学生积极思维的对象，变成学生的一个“问题”，教师应当采用一些手段、措施来创设特定的学习情境，让学生能够发现问题，发现学习的任务。当然，这里的“发现”不是自然状态下学生的真实发现。也以一个教学片段来进行说明。这个教学片段是笔者在一所初中预备年级所听的一节数学课的片段，教学内容是“一元一次方程式”。

师：今天我们继续学习一元一次方程

（板书）$\frac{7x}{20}=\frac{x}{5}+3$

与以前我们学习的有什么不同？

生：前两节学习的是带有整数、小数的方程，这次不一样，有分数。

生：这次是分子含有未知数的。

师：含有未知数的项是整系数，这次的系数是分数。

师：$\frac{7x}{20}$项的系数是多少？

生：$\frac{7}{20}$。

师：（板书）$\frac{7x}{20}=\frac{7}{20}x$

师：$\frac{x}{5}$的系数是多少？

生：$\frac{1}{5}$。

师：今天我们学习含有分母的方程如何来解？

（板书）“如何把方程变形为不含分母的方程？”

师：怎么样？怎么才能变形？

生：将分数变成除法的形式。

师：只变形式是不行的。

生：将分数化成小数。

师：如果不能整除呢？

（这时学生都在思考，有的学生似有所悟）

生：都乘上最小公倍数，将分母去掉。

师：试试。

……

在这一教学片段中，教师首先提出学习的内容仍然是“一元一次方程”，这就限定了学习活动的范围。但是，具体的学习任务并没有直接揭示出来，而是给出了一个方程式，让学生比较和前两次课中学习的方程式有什么不同。学生经过比较后，基本上找出了不同和差异之处，但是不够准确。教师通过归纳后，准确地用数学语言概括出了二者的不同，即系数是整数和系数是分数的差别。进而，教师让学生找出方程式中各项的系数。在这些基础上，教师才揭示出教学的任务，即如何来解含有分母的方程式。可以说，具体的教学任务有学生参与发现的成分。但是，学生的发现是在接受学习基础上的发现，是接受学习中的发现。这主要表现在，学生不是漫无边际地发现，而是在对具体的方程式进行比较的过程中进行发现，同时当学生发现的结果并不是很准确时，教师也没有不加干预地一直等待，而是在学生发现的基础上进行归纳总结，直接用数学语言指出了二者的差异。这样，教师在教学中既让学生进行接受学习，同时又尽可能提供条件让学生进行发现，让学生有主动发现问题的思维过程。而学生的这一积极思维过程又为后来的学习打下基础。在解决如何将含有分母的方程变形为不含分母的方程时，已有的关于系数是整数的方程知识无疑起到了“先行组织者”（advance orgnizer）的作用，促进了学生后来的“发现”。

因此，学科教学中教师要让学生发现和提出问题，但是不能忽视学科教学的特点，不能让学生泛泛地进行发现，应当是通过提供一系列的条件让学生能进行有成效的发现。而这种情况下学生的发现，其实也是在接受学习基础上的发现。回过头来再看前面所举的“高矮”的教学片段，就可以看出，教师对学生的发现没有进行必要的引导，没有提供让学生有效发现的条件，这样学生只是漫无边际地进行发散思维，却没有聚合思维。自然，实际教学中的发现也就没有成效，也影响了学生后来的学习。

（二）教学中教师要注意让学生解决问题并有所发现

学科教学中教师还要尽可能地让学生自己来解决问题，自己发现解决问题的方法，获得问题的答案。但是，这种发现学习也一定要在接受学习的基础上来进行的，否则就会造成学生的发现低效，同时学生还不能较好地掌握创新所需要的学科知识技能。对此，我们通过一个教学片段来进行分析。[①] 这是小学一年级数学教学的片段，教学内容是“比较数的大小”。教师首先让学生观察图找出数学信息并提出数学问题，学生提出了一个比较数的大小的式子：21○18。下面是师生间的问答：

师：你会比较它们的大小吗？

众学生：21 大于 18。

师：你是怎样比出大小的？跟同学们说说你的方法好吗？

生 1：21 里面有 2 个 10，而 18 里面有 1 个 10，所以 21 比 18 大。

---

① 李玲玲：《时间浪费在哪里？——对“教不完”现象的思考》，《基础教育课程》2005 年第 10 期。

生 2：从 18 开始数，再数 3 个才是 21。

生 3：我是倒过来数的。

生 4：因为 21—18＝3，21 比 18 多 3。所以 21 大。

生 5：21 与 30 近一点，18 与 30 远一点。

师：同学们喜欢动脑筋，方法真多。下面我们再来看：21○32，说说你是怎样比的？

接下来学生又纷纷重复类似上面的方法……

在这一教学片断中，教师注意让学生自己来解决问题，来获得“数的比较”的方法，这体现在教学中教师让学生提出解决问题的各种方法。但是，当学生提出各种解决问题的方法后，教师却缺乏必要的引导，从而使得学生只是停留于自己原有的方法，没有得出对两位数进行比较的有效方法。也就是说学生没有真正发现解决问题的方法。在对创新能力进行概念界定时我们曾指出，方法的新颖性、与众不同，并不是创新产品的根本特征，创新的产品需要具有新颖性，同时还需要具有恰当性，需要产品能够有效地解决问题。恰当性，在不同的问题解决中有不同的具体要求和体现，而在数学的问题解决中，恰当性需要解决问题的方法是最为简便的，对于该类问题的解决具有广泛的适用性。在“数的比较”的教学中，学生提出的各种不同方法是有差别的。第一种方法是在十位上进行比较，当十位上二者大小不同时，数的大小自然就有了结果；第二种、第三种、第四种方法是学生根据学过的加法和减法来进行的，实际上这种方法是已经比较出大小后才能进行的加与减。对于这些方法，教师应当引导学生进行分析和比较，看哪一种是最为简便的、有效的。在进行分析时，学生的思维就会从发散走向聚合，通过分析和评价寻找最为有效的方法。而对于两位数的比较来说，从十位上开始比较、十位相同时再比较个位数，是最为有效的方法。教师应当让学生通过比较，得出这样结论。同时，还要引导学生将这种方法运用到其他的问题解决中，而不是一味地让学生重复原有的各种不同方法。这种重复只能是让学生的思维、认识在原有的水平上打转，解决问题的能力得不到发展。因此，在教学中教师要处理好接受学习和发现学习的关系，要让学生积极地解决问题并要有所发现，但是不能不加以引导。当学生通过发散思维得出各种各样的结论时，教师要引导学生对各种答案进行分析比较，通过比较剔除错误和不恰当的答案，使学生的思维从发散到聚合。这样，学生既能够通过非逻辑思维获得发现，有所创新，又能通过逻辑思维对所发现的成果进行检验。

由此可见，在学科教学中教师要注意让学生进行发现学习。但是，要注意到学生的发现是在接受学习过程中的发现，教师一定要提供必要的条件，进行必要的引导。通过这样的过程，一方面学生在学科学习中也能进行发散思维、非逻辑思维，另一方面又能够将发散思维与聚合思维、非逻辑思维与逻辑思维相结合。这正如德国心理学家海纳特（G. Heinelt）所说的："我们今天面临的相当困难的任务，无疑是在极端的墨守成规和彻底的放任自流之间寻找一条中间道路，这条道路应该是现实的和有建设性的，换句话说：创造力意味着从再现反应式的狭隘行为和思维中解放出来，向灵活性、自发性和独立性的方向发展，而不是走到绝对自由的新的极端上去。"①

二、活动课程的教学教师要注意指导学生进行发现学习

活动课程中学生主要进行的是发现学习，但是，教师只有加以指导，将接受学习和发现学习结合起来，才能使学生有效地进行发现，才有利于创新能力的培养。一般来说，在活动课程的教学中学生发现学习是围绕着主题展开的，活动主要涉及确定活动主题、制定活动方案、实施活动方案、活动成果交流与展示这四个有序的环节。这四个环节其实是与创新活动所需要的思维过程相对应的。主题确定相当于确定问题；制定活动方案相当于提出假设并进行推理，获得最为可行的解决问题的假设；实施活动方案相当于在行动中检验假设，看看是否真的能够解决问题；活动成果交流与展示相当于表达成果的阶段。当然，在活动的实施中，各个阶段并不是截然分开的，在活动方案的实施过程中有时也要有交流，有时在实施过程中还要对以前制定的活动方案进行调整。这里，我们主要按照学生主题活动开展的阶段顺序，对活动课程教学中教师的指导进行分析。

① ［德］海纳特：《创造力》，陈钢林译，工人出版社 1986 年版，第 73 页。

（一）教学中教师要指导学生确定活动的主题

已有的研究将主题确定的方式划分为三种：封闭式的、半封闭式的和开放式的。封闭式的就是教师根据现有的资源、学生的特点等确定活动的主题，然后通过各种方式来调动学生的积极性，让学生对主题感兴趣；半封闭式的是教师在进行调查分析的基础上事先确定几个主题，然后让学生从中进行选择；开放式的是教师提出选题的原则或一个大的选题领域，让学生根据这些原则、领域来自己确定研究的问题。从这几种方式上看，无疑，开放式的方式最有利于调动学生的积极性、主动性，有利于引导学生关注自然和社会问题，提高发现和提出问题的能力。但是，实施中教师必须根据学生的年龄特点、提出问题的能力选择更适合的方法。一般来说，应当随着学生选题能力的提高逐步采用开放式的选题方式。

在开放式选题中，教师经常遇到的情况有两种：一种是学生的问题太少，一种是学生的问题太多。对于这两种情况，教师要关注并进行有针对性的指导，否则前者会导致学生不能进行充分的发散思维，不会去关注和发现各种问题，后者会导致学生思维过于发散不能与聚合思维相结合。第一种情况，学生的问题太少不是学生没有感兴趣的问题，没有对自然和社会现象的关注，而是没有将这些问题与自己的研究联系起来。对于此，教师可以通过举出各种各样可以进行研究的问题，来开启学生的思维，让学生明白自己生活中有很多可以进行研究的问题。在此基础上，教师要引导学生多观察、留意社会问题和社会现象。与此相反的第二种情况，就是学生的问题太多。这在教学实践中也经常遇到，而且随着学生研究兴趣的高涨这种问题会经常发生。在选题时，学生往往会根据自己的兴趣提出各种各样的问题，例如“金字塔”、“UFO”、“网络游戏”、“百慕大三角”，等等之类的问题，学生不知道应该选择哪一个问题来进行研究。如果教师任由学生自己来决定，那么学生对问题的选择容易流于兴趣，由于所选的问题不具备研究的可行性，到最后就会变成网上资料的堆积。相反，教师如果单方面地枪毙学生的问题，就会打击学生选题的积极性，而且也不利于学生发现和确定问题能力的提高。那么，对于这样的情况教师应当如何处理呢？当教师面对学生提出的五花八的问题难以取舍时，需要指导学生关注选题的实践性和可行性。实践性就是指问题要能通过实践的方式来进行研究，例如能够进行实地调查、采访、参观等。可行性是指学生对问题的研究具有一定的可行条件，例如有调查的对象、有可查找的资料、有进行研究的能力等。通过指导学生思考问题的可行性、实践性，让学生关注到问题的研究价值，让学生学会对各种感兴趣的问题进行分析，这样发散思维与聚合思维相结合，从中确定出合适的问题。同时，为了让学生能够选出具有恰当的问题，教师还可以制定出一个选题的领域、范围，让学生根据选题的实践性、可行性等原则，在指定的范围中进行选择和确定。

（二）教学中教师要指导学生制定活动方案

在确定了问题之后，教师要指导学生进行活动方案的制定。活动方案的制定大致包括：初步查找资料和进行调查、对资料进行分析、提出解决问题的具体方案。初步查找资料和进行调查阶段，其目的是让学生对所要研究的问题有大致的了解，为方案的制定做准备。教师要指导学生掌握查找资料的途径、方法，调查的方式、方法等。在调查和搜集资料的基础上，教师指导学生制定活动的方案。活动方案的内容主要包括：主题、时间、地点、参加人员、具体步骤、组织形式、活动方式、必要的活动设备、活动的注意事项等。方案的制定以及方案中的一些问题主要由学生自己解决。但是，教师要进行关注并作必要的指导。例如，指导学生的分工与合作、组长的选定以及活动方式是否合理。同时，还要关注学生的方案是否可行。

（三）教学中教师要指导学生实施活动方案

活动方案的实施包括：设计问卷、发放问卷，制定访谈计划、进行访谈，根据方案深入查找资料，进入实地观察、参观，进行体验性的活动，等等。在实施阶段，学生需要解决具体的问题并克服许多的困难。这一阶段需要教师做好跟踪指导。对于此，我们以一个具体活动事例来进行分析和说明。这是一位教师在指导学生活动时遇到的问题。[①]

那是一节阶段总结交流课。我想经过一个月的资料收集和社会调查，两周的总结整理，中学生应该是很有收获的。在交流课上，学生都准备一份总结报告，多为小论文。初听起来觉得还真不错，细细品味，觉得很多

① 丘远光：《综合实践活动课教学成长记忆》，《教育科研论坛》2006 年第 4 期。

学生的总结缺乏真情实感，资料堆砌的现象很多。这是怎么回事？学生不是喜欢进行调查吗？为什么没有人写调查报告？学生不是喜欢做实验吗？为什么没有人写实验报告？我百思不得其解。我先肯定了学生的总结都及时完成，然后说出我的疑惑。大家七嘴八舌说开了：老师，还是写篇小论文简单，网上有的是。老师，哪有时间去调查？再说调查报告多难写。学生道出了心声。

创新能力的培养需要学生具有克服困难、不断进取的人格特征，这是深入解决问题并有所发现所必需的。在活动方案实施的过程中，学生需要克服很多的困难，这些困难大多是学生在以往的学习生活和日常生活中所没有遇到过的。例如，如何做调查、设计问卷？如何印刷问卷、发问卷？问卷发给谁、问卷需要发多少？如何与陌生人交谈、对陌生人进行采访？如何与有关的部门进行联系？如何进行实验并作记录？如何对资料进行分析并对数据进行统计？等等，一系列的问题。这些问题的解决需要教师的协助和指导，同时更重要的是需要学生迎难而上，不断地克服困难来解决问题。只有这样，学生一方面可以深入地解决问题，同时更为重要的是，学生可以获得在学科学习活动中获得不到的体验，获得在学科学习中学不到的知识和技能。上面事例中学生在活动中走捷径的问题，可以说是活动课程实施中经常发生的问题。例如，活动中有的学生并没有真正调查，或是随便找人调查来凑数，还有的不及时参加小组的活动，等等。这些问题需要教师高度重视，并做好活动实施阶段的跟踪指导。

一般来说，跟踪指导时教师要为学生的活动开展提供必要的条件，例如与相关的部门联系、进行协调，为学生提供一些资料。还要对学生活动中的具体问题进行指导，为学生介绍各种方法、提供一些建议，应当组织好相关的一些活动。在上面的案例中，教师通过反思后及时调整了自己原定的计划对学生进行了跟踪指导。在学生小组活动前组织开计划交流会，活动过程中教师也尽可能地作为一个合作者参与，在活动后教师还鼓励学生写活动体验，为学生展示自我搭建平台，等等。案例给与我们的启发是，在跟踪指导阶段，教师要组织一些必要的活动，让学生在活动中制定下一次活动的计划、交流活动中的体会、谈出自己遇到的困难、相互启发解决问题。只有通过这样的指导，学生才能够深入研究问题，才能够在活动中克服困难逐步形成创新所需要的人格特征。

（四）教学中教师要指导学生表达活动的成果

活动课程的教学还有一个重要的环节就是让学生表达、展示自己的活动成果。成果的表达与展示既是一次活动的总结，也是下一次活动的开始，可以为下一次活动提供很好的经验。这些经验包括在对本次活动选题反思的基础上获得以后活动选题的经验；在活动方案制定和实施中的经验；等等。因此，教师要重视指导学生对活动成果的表达与展示。

指导中，教师应让学生掌握表达和展示成果的两个主要原则：一是多样性原则。多样性包括成果的形式是多样的、成果的表达方式是多样的。活动课程中学生的成果与学科学习中的成果有着很大的不同。在活动课程的学习中，学生的成果既包括学生活动中获得的知识技能、调查报告、实验报告，也包括活动的体验、制作的物品、照片、宣传报、展板、对相关部门的建议等。这些都是学生活动的成果。教学中，注意指导学生在活动中收集和保存一些资料，让学生注意对活动进行记录、写反思和体会。在此基础上让学生用多种形式来表达自己的成果。另外，成果的表达方式也是多样的。可以是用说、读、写的方式来表达，还可以用制作、表演、辩论的方式来表达。二是个性化原则。个性化原则是指学生在表达成果时注意形式、方式上的个性特点，不能一味地采用有限的几种形式或方式。要引导学生根据自己活动的特点来表达成果，在表达成果的形式和方式上有所创新。

第七章　创新能力培养中教学评价方式间的关系

第一节　学业成就评价是创新能力培养所必需的

一、学业成就评价并不必然阻碍学生创新能力的发展

创新能力培养还需要关注对学生的评价，而学生评价的重要组成部分就是学生的学业成就评价。所谓的学业成就评价，是指以教学目标为依据，运用恰当、有效的工具和途径，对学生的学习水平进行价值判断的过程。也就是说，它是为了测定或诊断学生是否达到教学目标及其达到目标的程度。学业成就评价的主要方式就是测验，即通常所说的“考试”。可以说，学业成就评价是最早的学校教育评价活动，通过考试，社会可以评价学生的水平、选拔人才，还可以评价教学活动的成效等。创新能力的培养需要学生具有相应的知识技能，学业成就评价可以通过各种问题来确定学生对于知识技能的掌握情况，根据评价的结果教师可以调整教学活动，学生也可以作相应的调整，如纠正错误的知识、弥补知识技能上的不足等。因此，对于创新能力的培养来说，学业成就评价是必需的。但是，对于学业成就评价在创新能力培养中的作用目前存在着不同的认识。有的人认为学业成就评价与创新能力培养格格不入，会扼杀学生的创新能力。在第四章的调查中，就有近一半的教师认为现有考试制度对学生创新能力培养不利。可以看出，有必要对学业成就评价与创新能力培养之间的关系进

行深入分析。

（一）学业成就评价并不必然等于选拔和筛选

有的人认为，考试是一种总结性评价，是对学生进行的一种选拔和筛选，是为了给学生分出三六九等，而创新能力培养需要的是形成性评价，需要的是能够使所有的学生都获得发展的评价，以筛选为目的的考试显然不利于学生创新能力的培养。

需要对形成性评价、总结性评价稍作解释。评价从目的上看可以分成“诊断性评价”（diagnostic evaluation）、“形成性评价”（formative evaluation）和“总结性评价”（summative evaluation）三种类型。这种分类得益于美国教育心理学家布鲁姆（B. S. Bloom）的研究。布鲁姆认为，以往的评价只关注对学生进行鉴定和筛选，评价的目的是为了“选拔适合教育的儿童”，从而过早地对学生进行等级区分和贴标签，这就会影响学生以后的发展。为此，他认为评价应该分成“诊断性评价”、“形成性评价”和“总结性评价”三种。“诊断性评价”是在教学前，用来了解学生学习某门课程或某个学习任务的准备程度的评价。“形成性评价”是在课程编制、教学与学习的过程中使用系统性评价，收集有用的证据，以便对这三个过程中的任何一个过程加以改进的评价。而“总结性评价”是在一门课程的几个大阶段结束之后，或一门课程全部结束之后进行的评价。总结性评价主要是针对总的教学效果，评价出学生达到最终目标的程度并给学生评出等第，给学生打分是总结性评价的一个重要标志。[①] 仅从定义上看，形成性评价与总结性评价具有不同的目的，前者是为了改进教学、促进学生的发展，后者是给学生打分、将学生分出三六九等。如果考试只是为了给学生打个分数，然后按照分数对学生进行筛选和淘汰，那么，考试确实不利于创新能力培养。因为，创新能力培养要求教育面向所有的学生，使所有的学生都获得具有个性的发展，获得基于他们自身基础的最好发展，最大程度地发掘每一位学生的创新潜能，而不是对一部分学生的精心培养对另一部分学生遗弃、淘汰。

需要辩证看待形成性评价和总结性评价。正像布鲁姆本人所说的，三

---

① 钟启泉、黄志成：《美国教学论流派》，陕西人民教育出版社 1993 年版，第 96－101 页。

种评价的区别是相对的，总结性评价也有可能成为诊断性评价，还可以成为形成性评价。如何理解呢？例如，当一个阶段（我们可以假设是一个学期）的教学结束了，学生通过一门学科（可以假设是数学学科）的考试获得了一个分数，得到了一个在全班中的考试名次，这种考试是一种总结性评价。如果这次数学考试对于学生和教师的意义仅止于此，那么就是一个单纯的总结性评价。如果教师在下一学期的数学教学中，以这次考试为基础来确定学生数学学习的准备程度，那么，这次数学考试又成为了诊断性评价。同理，如果教师通过考试来了解学生掌握知识技能的情况，并在下一学期制定相应的对策来改进教学，帮助学生掌握他还没有学会的部分，那么就成为了形成性评价。为此，布鲁姆还专门区分出了形成性考试和总结性考试。二者的重要差别在于作为形成性评价的考试有一个反馈和矫正的环节，通过考试教师可以知道学生哪些方面已经掌握了，哪些方面还需要努力，从而及时地补救。因此，考试并不必然就是总结性评价，就是一种对学生以后的发展没有作用的评价，考试只是一种评价工具、手段，不同目的的人会有不同的使用用途，不能将考试绝对化，看成是一种只分等次、不能促进发展的评价。

其实，强调考试不利于创新能力发展的人，特别反对的是考试的选拔和筛选功能，认为这必然阻碍学生的创新能力发展。那么，创新能力培养是否需要具有选拔和筛选功能的考试呢？答案是肯定的，但是有附带条件。那就是，这种选拔是为了促进学生更具个性化的发展，不是为了对另一部分人进行淘汰，不是放弃对另一部分人的应有培养。学生的创新能力是不同的，有领域上的差异也有程度上的差别。从促进学生创新潜能的最大发挥上看，对于一部分有突出创新能力的学生应进行特殊的培养。而学校教育中班级授课的教学很难保证充分做到因人而异、因材施教，特别是班级中突出的一、二个学生，教师更难以顾及。对于这部分的学生可以也应该通过专门机构组织的考试来鉴别和选拔，进行特殊化的培养。但是，这种选拔不是对另一部分人的淘汰，这种淘汰意味着放弃对这部分学生的培养。同时，即使基础教育阶段有中考、高考这样的以选拔为主的考试，这种考试也并不必然阻碍学生创新能力的发展。这种考试应当是在每一位学生充分发展基础上的选拔，选拔只是对学生个性化发展结果的一种鉴别。这样的选拔性考试和创新能力的培养不冲突，也不矛盾。但是，如果教育活动只是为了选拔性的考试而进行，那么必然会阻碍学生创新能力的发展。但是，这种情况并不是选拔性考试必然带来的，只是特定社会发展阶段的一种产物。

因此，考试并不必然等于选拔和筛选，考试可以具有多种功能，可以成为促进学生不断发展的形成性评价。同时，选拔性的考试也并不必然会造成对一部分学生的淘汰和放弃，考试与创新能力培养并不必然冲突，也更谈不上必然的阻碍。

（二）学业成就评价的标准并不必然束缚学生思维

有的人认为，考试有统一的评价标准，试卷中的每一个问题都有唯一确定的标准答案，而统一的标准答案必然会束缚学生的思维，学生不能有更多的思维空间，对于问题不能做个性化的回答，这样，考试必然会阻碍学生创新能力的发展。

需要对学业成就评价的过程进行简单说明。学业成就评价的过程主要包括四个阶段：第一个阶段，确定学业成就评价的依据。评价的依据是下一步命题的依据，也是考试目的的表现。考试要能够看出学生是否达到预定的教学目标和已达到的程度，因此，考试首先就要确定目标是什么，要测出什么。例如，学生知识方面的目标、技能方面的目标，并对这些目标细化。第二个阶段，编制学业成就评价的试题。是根据已经确定的目标来选择和制定试题，试题要能够体现目标，每一个试题都应当与一定的评价目标相联系。第三个阶段，实施以测验为主的评价活动。让学生对已经编制好的试题进行回答。第四阶段，对测验结果进行分析。根据学生的回答，对照所要测定的目标，对学生的回答进行正误判断或赋予分值。在对测验结果进行分析时，要有一个统一的评价标准，评价的标准在编制试题时就应该明确出来，以便在分析时将学生的回答与评价标准相对照。例如，小学一年级需要学生掌握 10 以内的加减法，那么为了了解学生是否达到了目标要求，就需要出一系列的试题，如 5＋3＝？ 8－2＝？ 等等。由于试题要测的是学生对于数学 10 以内加减法的掌握程度，那么就会对学生的回答有一定的要求。学生如果用这样的题目来写一篇作文就是不合要求的回答。在测验时，有时还需要对试题给出符合标准的答案，如 8、

6这样的答案。当然，上面的例子是将测验简单化了的一种说明。但是，从简单的示例中我们可以看出，考试需要有一定的评价标准，这是考试的特点也是考试所必需的，只有确定出一定的评价标准，才能够保证测验的顺利进行，才能保证测验目的的达成。不过，正如主张考试阻碍学生创新能力培养的人所认识的，在考试中，如果每个或绝大多数的试题只能有一个正确答案，学生回答问题时也只能有一种表述方式，那么，这种考试必然束缚学生的思维，僵化学生的头脑，成了八股科举考试的延续，不仅不会促进人的创新能力发展，还会扼杀人的创新能力。

那么，考试是否必然会出现这样的情况呢？答案是否定的。考试并不必然导致大多数问题只有一个唯一符合标准的答案，也并不必然导致只有一种表述方式的标准答案。这里需要对所谓的“标准”以及“标准答案”有一个正确地认识。不同的试题其评分标准是不一样的。一般来说，客观性试题的答案是确定的、限于一个或几个答案，这些答案都是符合标准的答案。客观性试题主要包括这样一些类型：正误选择型的试题，是在两个供选择的答案中选定一个正确答案的试题；多项选择型试题，是在多个答案中选择一个或多个正确答案的试题；简单回答型的试题，是在一个完整的命题中留出一段空白，让学生补充完整。这些客观性的试题，其共同点就是评分的标准是确定的，符合标准的答案也是确定的。但是，答案可以有一个也可以有几个，或者说，“标准答案”可以是一个也可以是几个。与客观性试题相对的是主观性试题。主观性试题是让学生根据对测验所提问题的认识和理解，用自己的语言来形成答案。主观性试题常见的有简答题、论述题、案例分析题、作文题、应用题等。与客观性试题相比较，主观性试题更多地是评价学生综合运用知识来解决问题的能力，评价的是进行复杂思维的能力。因此，评分标准应当从多个方面来确定，而且标准具有一定的灵活性，往往不是明确而具体的，符合标准的答案也应该有多种表述方式，具体评价时还需要根据学生的回答作具体的分析。也就是说，主观性试题也有评分的标准，但是标准应当是复杂的，符合标准的答案是多样的。从对考试试题类型的分析上看，考试并不必然导致所有问题只有唯一正确的答案，也并不必然导致只有一种表述方式的回答。而且，主观性试题可以使学生有较大的思维空间，而客观性试题如果编制得当也会使学生积极思维，考试必然束缚学生思维的说法是不能成立的。

同时，还要对“统一的评价标准”有正确的认识。无论是客观性试题还是主观性试题都需要有评价的标准，而且为了保证科学性，标准也必须具有统一性。但是，统一的评价标准不等于统一的标准答案。在客观性试题中，符合评价标准的答案一般是统一的、确定的，这时会出现统一的评价标准之下的统一标准答案。但是，这种情况在主观性试题的评价中不会出现。主观性试题中，统一的评价标准具有一定的模糊性，有的只是一个大体的衡量标准。在主观性试题中，没有也不可能有统一表述的一个或几个正确答案。因此，统一的评价标准不等于统一的标准答案，对统一的评价标准要正确认识。

二、不科学的学业成就评价阻碍学生创新能力的发展

考试并不必然会阻碍学生创新能力的发展，考试是创新能力培养所必需的。通过考试可以对学生掌握知识技能的状况有清晰地认识，可以对学生进行有针对性的教育教学。但是，在实践中，并不是所有的考试都有利于学生创新能力的培养，有的考试会阻碍学生创新能力的发展。对于此，也要有所认识。阻碍学生创新能力发展的考试大致有两类。一类是在考试的目的上，过于注重总结性评价，忽视了形成性评价，使得考试没有在促进学生发展上发挥应有的作用。这在实践中并不少见。对于此，教育实践应当增强形成性评价和诊断性评价，从而发挥考试促进学生创新能力发展的作用。另一类是在考试的操作上不具有科学性，或者说考试的科学化程度不高。这种考试也对学生创新能力的发展造成了阻碍。对后者，我们具体分析。

（一）学业成就评价的试题编制不科学

学业成就评价的试题编制应当能够全面反映出教学目标，以便全面而真实地测查出学生的学习成果。但是在实践中，学生学业成就评价的试题编制还存在着一些不科学的问题。

首先，试题的类型不全面，过于偏重客观性试题。主观性试题在评分方面主观的成分较大，往往一份作文、一道论述题不同的评分人会做出有很大差异的评价。为了使评分更为客观、科学、准确，在以往主观性试题的基础上，我们引进了客观性试题，以增强评分的客观性。由于客观性试

题相对而言可以让学生在短时间内做大量的题目，能有效测量学生对事实性知识的掌握程度，而且答案也是确定的，能排除评分人的主观因素。所以，客观性试题受到推崇，许多的考试大量运用客观性试题。而且，人们以为由于客观性试题评分具有客观性，所以，大量的客观性试题就是考试科学性的表现。

这是一种错误的认识，也是一种错误的实践。客观性试题固然具有评分客观、科学的特点，但是客观性试题也具有一定的局限性。例如，客观性试题无法排除学生猜测答案的可能性，而且不利于有效地测出学生对于问题的思考过程以及组织材料的能力，也不利于测查学生的写作能力和一些解决问题的能力。客观性试题的这些不足，却是主观性试题的优势。主观性试题不能有效地测量学生对事实性知识的掌握，却有利于测查一些较高级的能力。因此，大量的客观性试题并不代表试题编制的科学性，大量的客观性试题只能导致偏重于对事实性知识的考察，不利于全面考查学生的学习成果。

其次，试题所测查的目标不全面，过于偏重对知识记忆的测查。客观性试题和主观性试题只是一种试题的形式，要真正保证客观性试题和主观性试题能够发挥各自的作用，相互补充，还必须在具体编制时提高科学性和有效性。实践中一些考试在试题的编制上并不科学，试题所测查的目标不全面，而且偏重于对知识记忆的考核。其主要表现是：客观性试题常常是教材知识的再现。例如，科学考试中有这样的试题——将人体按功能分解成八个系统来研究，这种研究方法是（ ）。A、分析法 B、综合法 C、归纳法 D、调查法 正确答案是：A。这样的客观性试题基本上没有对教材的表述做什么改变，是一种直截了当的记忆性试题。同时，主观性试题往往也是对教材知识的重现，或者是限制过多的试题，而这种试题也难以发挥主观性试题的优势。例如，王丽在《语文教育忧思录》中曾讲述了这样的一道作文题。[①]

语文课上，教师举着一支粉笔，对同学说："粉笔，形似一根圆棍，它会触发你的思维，使你想象出在课堂上，老师辛勤教学的情景。由粉笔

① 王丽：《语文教育忧思录》，教育科学出版社 1998 年版，第 18 页。

的外形，你们还会联想到旗杆，那你就想象一下升旗的庄严场面吧！也许，你联想到……那你就想象一下……”要求：(1) 展开思维，把联想和想象结果写出来。(2) 不要再写文中提示过的内容。(3) 要写出联想的一种物体并想象与这种物体有关的活动、行为、场面。(4) 不少于150字。(5) 自拟题目。

作文本来是对学生知识技能的综合测查，是对学生运用知识来解决问题的高级能力的测查，也是对学生个性化思维的一种考核。但是，上例中的作文一方面强调让学生充分联想，让学生有个性地写作，另外一方面却对学生的联想和想象作了诸多的限定，这些限定很难再让学生发挥想象力和创造力。不仅要求想象要由固定的粉笔展开，而且前文对想象展开的方向都作了提示，还限制了要有与这种物体相关的活动、行为、场面。这些限制，让人很难想象。因此，考试试题编制不科学，测查的目标不全面，过于偏重考查学生对知识的记忆，必然不利于学生创新能力的培养。

(二) 学业成就评价的评价标准不科学

评价标准是对学生测验结果进行科学分析的基础和前提。评价标准应当能准确反映试题所要测查的目标，能对不同的目标赋以适当的分值，而且不同的试题评价标准应具有差异性。但是，在现有的教育实践中存在着考试评价标准不科学、不合理的现象，这种现象在具有多义性的语文学科考试中有突出体现。我们仍以在第二章曾引用过的例子来说明。[①]

儿子是悬挂在我心灵天空中的那轮太阳，他的阴晴是我的悲喜。我的太阳流泪了——都是考试惹的祸！

排词造句：荷花，在，小名，笑，阳光下，冲着。

儿子写下“阳光下，荷花冲着小明在笑”。鲜红的错号冲着儿子龇牙咧嘴，标准答案是“小明在阳光下冲着荷花笑”。

死板的常规思维挫败了形象的描述！

造句：用“终于”写句话。

“盼呀，盼呀，盼得我精疲力竭，终于放假了。”

8岁的孩子，用了反复的修辞，还形象地用“精疲力竭”刻画出“终于”

---

① 张亚凌：《流泪的太阳》，《杂文报》2006年9月12日。

的艰难，又错了。问其原因，“思想认识不正确，学生不能老盼着放假”。

天哪，是考思想认识吗？

作文：我的理想是________（根据需要填入内容）

儿子填进的是“……”，他这样来写：我的理想很多很多……

我想成为一名医生。奶奶身体不好，有时半夜都得找医生，爸爸不在家，妈妈实在太辛苦了。我成为医生后，就能给奶奶看病了。我想成为一名老师。我们学校都是女老师，我们喜欢男老师，男老师能把我们培养成男子汉。我的理想就这么多，我真的都想实现！

评语是“不具体，脱题了”。同样是教育工作者的我真的无话可说，又能说什么呢？这仅仅是一张试卷，我不知道后面还有多少份“标准”的试卷在等着他，有多少伤害在等着他。

……

事例中，这名小学生对三道考试题的回答都在评价标准面前遭遇了碰壁。第一题，标准答案是“小明在阳光下冲着荷花笑”，而学生的回答是“阳光下，荷花冲着小明在笑”。学生的回答由于和评价标准不一样，所以被否定了。标准答案所显示出的评价标准是，用常规的主语－状语－谓语的顺序来排列词汇。但是，学生将状语提前，并将无生命物——“荷花”作为主语，将人物——小明作了宾语，这与标准答案显示出的评价标准是不同的。第二题，学生没有错在词汇语法上，而是错在句子所表达的思想上，由于学生的真实想法和评价标准中的思想标准不符合，所以，学生的回答又错了。第三题，学生既没有错在词汇语法上，也没错在思想认识上，而是错在没有写具体。也就是说，学生没有写一种具体的理想，而是写有很多的理想，填进空格处的是“……”。从考试题看评价标准再来看学生的回答，就会发现评价标准是不科学的，所谓的唯一标准答案是依据不科学的评价标准得出来的。第一题并没有要求学生按照一定的顺序来造句，所以学生的回答不仅是对的，而且应该说具有创新性。第二题同样是造句，学生不仅句子正确，而且有真情实感，还用了反复修辞来表达自己的感情。而评价标准却以脱离学生真实生活的思想认识来要求学生，是不科学的。这种评价标准只会造成学生说假话、说空话，在考试中无端地编造好人好事。第三题也是同样。根据作文题的要求来看，看不出只能写一个理想，学生可以根据需要写两个、三个理想，也可以写更多的、就像这名学生写得那样有很多的理想。而教师只以一个具体的理想来评价学生，显然不具有科学性，评价必然会限制学生的思维，限制学生的创新能力。从这个事例来看，不同的试题应该有不同的评价标准，要注意到试题类型、学科的特点。一般来说，语文的评价标准应当和数学、物理等自然科学的评价标准不同，应当注意到符合标准的答案会是多个的。如果评价标准不科学就会限制学生的思维，使学生的思维僵化、模式化，不利于学生创新能力的培养。

由此可见，不科学的考试阻碍了学生创新能力的培养，创新能力培养不能因噎废食取消考试，必须通过对考试进行改革来不断提高考试的科学性，从而促进学生创新能力的发展。在对考试科学化的改革中，要关注到对学生创新能力的测查，必须在考试目标、试题编制、制定评价标准方面有所体现，只有这样才能有效发挥考试对学生创新能力培养的作用。

第二节　创新能力培养还需要有表现性评价

一、单一的学业成就评价不利于创新能力的培养

学业成就评价是创新能力培养所必需的，但是，由学业成就评价自身的局限性所决定，单一的学业成就评价不利于创新能力的培养。

首先，学业成就评价难以对学生多种多样的创新能力表现进行评价。现实生活中学生创新能力的表现是多种多样的。可以是在学科学习活动中表现出创新能力，可以是在解决社会生活实际问题中表现出创新能力；可以是通过书面的方式表现出创新能力，如进行写作、进行试题的解答，也可以通过口头的方式表现出创新能力，如进行演讲、进行辩论，另外还可以通过以动作技能为主的方式表现出来创新能力，如进行手工制作、灵活地操作物体；可以是在艺术领域表现出创新能力，也可以是在数理运算、语言逻辑等方面表现出创新能力，还可以是在与他人相处的人际活动中表

现出创新能力，等等。而学业成就评价一般通过纸笔或口头的方式进行，学生也只能通过书面或口头的方式回答问题。学业成就评价的这种方式与创新能力表现的方式相比较显得过于单一。通过学业成就评价既不能有效评价学生解决实际问题的创新能力，也难以对学生手工制作、活动交往方面的创新能力进行评价。因此，统一的学业成就评价难以反映出学生各具特点的发展情况，难以反映出学生在各种领域中各种形式的创新能力。

其次，学业成就评价难以对学生的复杂技能和人格进行评价。创新能力培养需要学生具有复杂的技能，这些技能一般是多种学科技能的综合或者是在学科技能基础上发展起来的一种复杂技能。例如，搜集信息的技能、处理信息的技能、人际沟通的技能、合作的技能等。这些技能主要是在解决实际问题的活动中表现出来的，只有通过对学生活动过程的观察和对学生活动过程各种材料的收集才能进行评价。而以纸笔测验为主的学业成就评价在这方面就显现出了不足，难以通过试题在短时间内来考察学生的复杂技能。同时，学业成就评价也难以对学生的人格进行评价。创新能力培养对学生的人格提出一定的要求，需要学生能够形成有利于创新的人格特征，如能够关注各种问题、能够不断进取来解决问题、能够克服困难坚持不懈，等等。这些人格特征主要是学生在活动中表现出来的，而且活动必须具有一定的难度、有一段持续的时间，这需要教师必须对学生学习活动中的各种表现进行观察、记录，从而对学生进行有所依据的恰当的评价。显然，对学生人格的评价也是学业成就评价难以实施和企及的。

最后，学业成就评价不适合对活动课程中学生的学习进行评价。学生创新能力的培养需要学生通过活动课程来进行学习，从活动课程的学习中获得一些综合性的知识技能、与社会生活实际相关的知识技能，从活动课程的学习中提高独立解决问题的能力。这就需要教师必须对学生在活动课程中的学习状况进行评价。但是，由学业成就评价的特点所决定，学业成就评价并不适用于对活动课程中学生学习的评价。学业成就评价是根据预定的教学目标来评价学习结果的一种评价，这种评价可以说是一种目标导向的评价。在评价过程中，需要有明确的目标、将目标细化，然后对学生学习阶段的结果进行评价，将结果与原有的目标相对照，做出相应的结论。确定的而且能够细化的目标是学业成就评价的出发点，也是学业成就评价得以有效进行的保障。这种目标导向的学业成就评价并不适用于活动课程学习中对学生的评价。活动课程的进行也有一定的目标，但是，活动课程的目标与学科课程的目标具有很大的差异。活动课程更关注学生综合运用知识技能的能力，关注学生解决实际问题的能力，关注学生在活动中与他人合作的能力，关注学生深入实际生活获得的各种体验。这些目标是在活动过程中表现和获得的，活动之前也不能对学生进行细致的目标预期。必须通过开放的活动内容和活动方式，在活动过程中逐步实现活动课程的目标。因此，活动课程没有具体细致的知识技能目标作为评价的起点，评价需要关注学生活动的整个过程，这显然是学业成就评价难以做到的。

二、创新能力培养还需要有表现性评价

单一的学业成就评价不利于学生创新能力的培养，创新能力的培养还需要有新的评价方法，这就是表现性评价（authentic assessment）。对于表现性评价，目前的研究并没有统一的界定。有的研究者认为表现性评价就是根据学生学习活动中的各种表现来进行评价，包括学生上课是否积极发言、是否按时完成作业，对此做出适当的评价。有的研究者认为表现性评价必须要布置特殊的任务，通过特殊的任务才能对学生的特定方面进行评价。例如，对学生合作技能的评价就必须让学生有能够充分合作的活动才能够进行评价。其实，这两种说法都各有道理。从表现性评价的产生来看，主要就是针对学业成就评价的不足提出来的，强调要对学生学习活动的各种表现来进行评价，关注学生学习的过程，关注学生解决真实问题的能力。表现性评价体现出了评价就是搜集被评价者一切信息、资料，并据此进行分析做出判断的理念，扩大了评价的外延，也相应地能够对学生做出较为全面地评价。根据表现性评价的基本主张，我们可以将表现性评价界定为：根据学生在学习活动中的表现，特别是在解决实际问题活动中的表现，对学生知识技能的掌握程度、解决实际问题的能力以及交流合作、批判思维等方面能力进行的评价。由于在表现性评价中通常有一个贴近真实生活或者就是真实生活中的任务，通过学生完成任务的情况来进行评价，所以表现性评价又被称为“真实性评价”。

表现性评价是通过活动、在活动中进行的评价，评价中教师要关注学生活动过程中的表现以及学生活动所获得的收获。因此，表现性评价一般需要对学生活动的各种行为进行记录、评价，需要对活动中和活动后的一些产品进行收集和评价，这些产品包括学生设计的问卷、进行的反思和总结等。在此基础上，对学生的各个方面进行评价，并通过比较和对比，对学生是否进步做出判断。相对而言，表现性评价比学业成就评价更为复杂、难以操作，所以在实践中表现性评价的方式也并不统一。一般来说，表现性评价主要有两种类型：一种是对学生活动过程中行为表现的评价，另一种是对学生活动产品的评价。前者有的人将之称为“实作评价”、“表现评价”、“过程性评价”，后者有的人将之称为“档案袋评价”、“成长记录袋评价”。

所谓的“对实际活动行为表现的评价”就是对学生朗读、表演、调查、制作等活动过程中的各种表现进行观察、记录，根据对学生表现的记录来对学生进行相应的评价。表现主要是学生的一些动作和行为，包括操作性的行为、与人交流的行为、表达成果的行为、合作的行为，等等。这些行为、动作是学生复杂技能的外部表现，也是学生人格特征的一种体现，因此，表现性评价要关注对学生外部行为的评价。而“对学生活动产品的评价”是指对学生实际活动过程中的产品和活动结束后的产品进行的评价。产品的类型多种多样，可以是家庭作业、实验报告、笔记、问卷调查、调查报告，也可以是学习心得、活动反思、搜集的资料、图片、海报、板报、制作的模型等。评价中，需要将这些产品搜集、整理在一起，装订成袋，有的不宜装袋的产品有相应的产品说明或评价，这些说明或评价也装入袋中。由于对这些产品使用了档案管理的方法，而且产品大体反映出了学生学习过程的“履历”，所以又有人将这种评价称为“档案袋评价”。

表现性评价强调对学生的各种表现进行评价，可以弥补单一学业成就评价的不足，有利于创新能力的培养。对此，我们通过档案袋评价中的一个案例进行具体的分析。这是小学二年级学生在自己的档案袋中收录的活动课程学习的一些资料，活动课程的学习主题是“我们身边的绿色革命”，是关于学生日常生活中饮食与营养的一个主题。限于篇幅，我们只选择了其中的三个资料进行分析。[①]

资料 1：零食的营养

说明：这是我从《大众医学》中抄来的表格，主要是想说明零食也是有营养的。

名称	富含营养成分	医疗保健作用
核桃	脂肪、蛋白质、铁、锌	健脑、治疗失眠、皮肤美容
花生	蛋白质、维生素	有益智力发展
山楂	VC、糖、胡萝卜素、钙、铁	防治缺铁性贫血、有助消化、提高免疫力
椰子汁、杏仁露	蛋白质、糖、钙、磷、镁	预防心血管疾病
猕猴桃	VC、蛋白质、糖、脂肪、钙、磷、铁	降低血胆固醇
鹌鹑蛋	蛋白质、维生素、铁	促进身体健康、改善大脑功能

老师的话：能从老师没有列出的杂志中去寻找需要的信息，真棒！但最好能注明出处，以后能再查，老师和其他同学也可以找到。改一下，好吗？

资料 2："绿色之路"游戏棋

说明：这是老师上课要求小组五个人完成的。我负责第一到十步，棋子和图被老师放到了班级的游戏角了。

起点——小明早饭喝牛奶，吃面包（前进三格）——到小摊头买油饼，用旧报纸包着吃（后退二格）——吃完早饭跑着出去玩（后退一格）——到超市看见牛奶盒上保质期已经过了，坚决不买（前进五格）——蛋白质、脂肪和碳水化合物是人体的三大营养素（前进六格）——奶油中含有大量的脂肪，小明太胖了要少吃（前进三格）。

老师的话：从你设计的棋谱中，老师知道你对本课程的很多知识都掌握了，虽然有些简单，很好。老师希望你在以后的班级交流中也能做得同样好，加油！

资料 3：妈妈的回信

说明：妈妈说，她的信是对我的这个主题课程学习的总结，所以放在

① 王洁：《综合课程开发与案例》，文汇出版社 2002 年版，第 154－156 页。

了档案袋中。

孩子通过这一阶段的学习，健康饮食知识有了很大的扩大，常常会对家中的每日菜谱提出一些建设性的提议，最大的一个进步就是以前不爱吃青菜，现在每次吃饭时都自觉地吃，还说青菜中含有大量的维生素，是人体的三种营养调节素之一。在孩子学习的同时，我们家长也学到了很多，这个课程的开设还是不错的。

上面的资料是学生对自己活动中的材料进行选择后收入到档案袋中的。档案袋评价的进行一般是在活动开始之前，由教师发给学生一个大的文件袋，并对放入资料的份数、类型提出一定的要求。其中选用的每一份资料、作品学生都要注明标题，并说明为什么选用这一资料、作品。当活动结束后，在档案袋的前面要加上一个目录，在档案袋的后面加上一个学生自己的总结，反映出自己对活动总体的认识和收获。另外，档案袋里还应该收入对作品的评价，评价可以是教师做出的，也可以是自己、同学、家长做出的。档案袋评价注重对学生成长过程的评价，通过收集学生大量的资料来对学生的表现进行合理的分析和解释，因此，我们摘取的三个资料显然过少。但是，从这数量不多的资料中也可以看出表现性评价的相关特点。

首先，通过表现性评价可以对学生的人格特征进行合理的评价。学生的人格特征体现在学生学习活动的过程之中，通过对学生的各种表现进行记录和资料的搜集，从中能够对学生的一些人格特征有所了解，并做出适当的评价。从上面三个资料来看，我们可以对学生的表现做出这样判断：学生在活动课程的学习中是认真而积极的，并且在活动中有一定的进取心。学生认真而积极表现在：能够按照活动的要求完成相应的任务，包括完成一份资料的收集和分析的任务，完成设计并制作一个游戏棋的任务。同时，在任务的完成中学生并不是浮皮潦草、应付差事，而是认真、出色地完成了任务。对于自己的每一份作品学生都有恰当的说明，在游戏棋的设计中可以看出十个事例是学生精心挑选的。由于学生的学习积极主动，所以也能够将学习延伸到自己的日常生活中，主动对家里的饮食提出建议，并改掉自己以前饮食不合理的地方，等等。学生有一定的进取心主要表现在：学生收集和整理资料时能够根据自己想说明的问题来寻找资料，收集资料的范围超过了教师所列出的参考书目，这对于一名小学二年级的学生来说是难得的。这说明学生的活动并没有停留于教师提出的要求，为了对饮食营养问题提出自己的见解，学生更加深入地查阅了相关资料。

其次，通过表现性评价可以对学生所掌握的一些复杂技能有所评价。复杂的技能主要是在具体活动中表现出的技能，这些技能一般是多种学科技能的综合，或者是一种主要技能在复杂情境中的运用。本案例中，通过三份资料我们可以看出学生学习中运用的技能主要包括：收集和整理信息并对信息进行分析的技能；与他人进行合作的技能。前者主要表现在第一份作品之中，学生知道如何搜集和整理资料，也知道根据资料对自己的问题进行简单的分析和说明。但是，从学生的作品中也可以看出学生还存在着不足，还不能够对于资料的来源进行注释和说明。对此，教师及时指出，学生后来根据教师的意见，补充上了资料的具体来源和出处。从这可以看出，表现性评价中教师可以根据学生运用技能的具体表现对学生做出有针对性地评价，对于学生的优点可以及时肯定，对于学生还存在的问题可以反馈给学生，学生能够及时改正并获得技能上的提高。案例中，学生复杂技能还表现在与他人合作的技能，与他人合作完成一份游戏棋的制作。在资料中合作的技能没有充分的体现，但是从学生的说明和作品中可以看出学生知道合作要有合理的分工，对于自己负责的部分要认真完成，这是合作技能的基本。对此，教师也可以有所评价。收集分析信息的技能、合作的技能都是创新能力发展所需要的，但是通过学业成就评价却难以进行有针对性地评价和反馈。

最后，通过表现性评价可以对学生综合性知识的获得和掌握有所了解，并做出适当的评价。学生通过解决社会实际生活中的问题可以获得大量的相关知识，而且活动中还要运用各种学科知识。这些知识在活动中具有综合性，通过学业成就评价难以进行测查，但是通过表现性评价却可以做出较为合理的评价。在本案例中，学生在活动过程中获得了大量的知识，这些知识主要是关于饮食营养和健康的知识，这在三份资料中都有体现，在第二份资料中体现得更为明显。这些知识是活动课程目标的一个体现，但是具体的知识却不是在活动开始时就规定好的，是学生随着活动的进行而不断获得的。这些知识不是学科课程所能容纳的，也不是学业成就评价能够考查的，但是这些知识可以在学生活动的作品中有所体现，教师也可以通过学生的各种表现对学生做出恰当的评价。

由此可见，表现性评价具有学业成就评价所不具备的优点，可以对不同的学生做出具有个性特点的评价，包括对学生在不同方面所表现出的不同的创新能力的评价，同时可以对学生创新能力发展所需要的一些知识技能、人格特征进行评价，从而弥补单一学业成就评价的不足，促进学生创新能力的发展。

第三节　创新能力培养需要将学业成就评价和表现性评价相结合

一、二者相割裂或相混淆不利于创新能力的培养

创新能力培养需要有学业成就评价，也需要有表现性评价，但是，只有两种评价在实践中能够相互结合才有利于创新能力的培养，才能够实现优势互补。根据实践中在二者关系处理上所存在的问题，我们认为必须注意两种倾向：一是在实践中将二者相割裂，二是在实践中将二者相混淆。这两种倾向都不利于创新能力的培养。

相互割裂的表现就是将二者的不同夸大，两种评价方法成了截然不同的对立面。具体表现就是认为：表现性评价是过程性的评价，学业成就测验是终结性的评价；表现性评价将评价和教、学的活动结合起来，而学业成就评价中评价和教、学是分离的；表现性评价是关注学生的进步、努力和成就，而学业成就评价只关注学生的成就；表现性评价以自我评价为重要的目标，而学业成就评价中没有自我评价的目标；表现性评价的过程是合作性的，学业成就评价的过程是非合作性的；表现性评价让学生参与评价，并提出进一步学习的预期目标，学业成就评价是教师根据学生的答题情况来评分；表现性评价在尊重个体差异的基础上能够评价每一个学生的成就，学业成就评价是用同一个标准来评价所有的学生；表现性评价能够反映学生参与的多种读写活动，学业成就评价只是依据有限的具体任务来

评价学生的读写能力。这些种种的对比，只是看到了二者的区别之处，并扩大了二者的不同。这样看起来，学业成就评价就成了终结性的评价，成了与学生的学习、教学活动相脱离的活动，成了不关注学生进步与努力的评价活动，这必然导致对学业成就评价的误解，甚至于形成对学业成就评价越少用越好的错误认识。而对于表现性评价而言，就会形成表现性评价不需要有具体的评价目标，也不需要对学生进行等级的评定，一定是让学生自己来进行评价的错误认识。其实，二者的差异是相对的，而不是绝对的，两种评价方法只是在目标、方式、过程、主体等方面各有侧重。将区别绝对化就会导致两种评价各自走向一种极端，反而不利于各自评价功能的实现，不利于学生创新能力的培养。

二者的相混淆是与之相反的一种表现。突出表现为表现性评价有时不恰当地承担学业成就评价的任务，而学业成就评价也不恰当地运用了表现性评价的一些方式。例如，在学习了小数乘以整数的计算方法后，有的教师为了测查学生对知识技能的掌握，就设计了一个场景——在课堂上开商店，让学生在实际的买与卖的交易活动中进行各种计算，认为这种方法可以让学生综合运用知识，通过学生的活动可以对学生掌握知识的程度做出评价。而在这样的活动中，学生并不一定就都用小数乘以整数，有时可能会用整数乘以整数的方法来进行活动，同时即使学生运用小数乘以整数的计算方法来进行活动，学生如果发生错误的话，教师也很难确定学生的问题出现在哪里。有时错误的原因在于学生将小数点位置点错了，有时是因为学生整数乘以整数方面的知识技能没有掌握好，有时学生点错小数点是由于疏忽大意造成的，有时就是没有掌握相关的知识技能。这些在学生进行买卖的活动中很难反映和表现出来。而教师如果通过测验，通过由浅到深、由简单到复杂的一些试题，反而会清楚地评价学生这部分知识技能的掌握情况。与之相关的是，有的学业成就评价不恰当地借鉴表现性评价的方式，结果学业成就评价的优势没有体现出来，不能对学生的知识技能掌握做出及时地反馈。如，在考试中有的教师采用不评分不批错的方法，对学生的错误不明确地指出来也没有其他明确的反馈，这样通过考试，学生不能准确地了解自己知识技能的掌握情况，哪部分掌握得较好，哪部分还存在问题，需要怎样才能纠正错误，反而不利于学生知识技能掌握。

二、二者相互结合才有利于全面评价学生创新能力的发展

二者的相互结合在于既看到区别又看到联系，达到评价功能上的优势互补，以利于学生创新能力的培养。

（一）要认识到学业成就评价和表现性评价是对学生进行评价的统一整体

虽然学业成就评价和表现性评价在对学生的评价中各司其职，有着各自的侧重，但是，要看到它们都是对学生学习的评价，不能相互代替，也不能相互混淆。例如，在语文“识字和写字”的教学中，对于学生识字写字的正确率，可以通过学业成就评价来进行测量，但是对于学生识字写字的兴趣、书写的端正与整洁，通过学业成就评价不能有效地测量，需要运用表现性评价来进行反馈。所以，这两种评价是对同一活动的不同方面的评价，二者需要相互结合进行。对此，实践中有的学校探索了一些二者相互结合的方法。举一例说明。例如，有的学校在语文学科的评价中，将评价分成课内知识技能测查和生活实践考查两部分，其中生活实践考查占40％的比重，包括20％的口测和20％的生活实践活动。生活实践测查的方法主要是：与学生综合实践活动的评价相结合；与能力竞赛相结合；与特长展示活动相结合。通过这样的改革，语文学科的评价可以全面评价学生对语文知识技能的掌握情况，可以测查到学生口语交际、朗读等原先测查不到的技能，教师反映评价改革以后学生能够积极主动地参加学校的各种活动，课堂学习中也能争先恐后地进行表达。① 实践中，不同的学校、不同的学科在具体的做法上可能与上述的例子不完全相同。但是，将考试与表现性评价相结合并赋予不同的评价比重，全面评价学生知识技能与个性特点，可以说是现有的一些较有成效的评价改革的共同特点。

（二）评价中教师要注意避免表现性评价的随意性

与学业成就评价相比较，表现性评价在目标和标准上并不是非常具体、细致，具有一定的模糊性，但是，这并不等于说表现性评价没有一定的评价依据，没有评价的标准。如果这样认识的话，只会导致表现性评价在实践中走向随意性，过于模糊，不能发挥评价的功能。其实，表现性评

① 黄明军：《改革学生评价体系 激励学生不断进步》，《黑龙江教育》2003年第30期。

价也有评价目标，有时也需要制定较为具体的评价标准，需要对评价进行等级评定甚至于量化的评分。在评价中，教师要对学生的行为表现、学生的手工制作、学生的调查报告等确定不同的评价指标，制定具体的评价标准，有的需要教师制定较为明确的评价表。通过这样的评价，使学生明确自己的具体不足，知道努力和改进的方向。下面的表 7-1 就是对学生课题小组进行评价的评价表，评价表是针对高中生制定的。[①] 评价表包括了学生课题研究的一个完整的过程，并对开题、过程、结题三个部分赋予了不同的评价比重，其中更重视学生进行研究的过程。在每一部分又具体详细地划分了其中所包含的子项目，同样也对不同的子项目赋予了不同的分值比重。可以说，这个评价表涵盖了一个学生课题组进行研究所应评价的主要方面。通过这样的评价表，学生进行专题研究时就会更有针对性，评价表能够起到引领学生研究的作用。通过评价学生对于自己具体的不足有更明确地认识，可以起到通过反馈来促进发展的作用。而且，作为一个学生课题组的评价表，关注到了对学生小组合作情况的评价，在开题、过程、结题三个环节的评价中都有体现。通过这样的评价，才能使学生在活动中有合作的意识，才能不断地提高合作的技能。

表 7-1　课题小组成绩的评价指标

指标	权重	评价要素	分项权重	评价分值	分项成绩
A1 开题	0.2	A11 选题的科学性与可行性	0.10		
		A12 开题报告（内容、任务分工、进度安排、表述等）	0.10		
A2 过程	0.5	A21 小组成员出勤率	0.10		
		A22 活动记录完整、及时性	0.10		
		A23 活动记录的真实性	0.10		
		A24 小组的团队合作精神	0.05		
		A25 活动预期目标的达成程度	0.05		
		A26 材料的规范与完整性	0.05		
		A27 规定要求	0.05		

① 《上海市七宝中学“开放性”主题活动课程评价细则》，《教育发展研究》2001 年第 6 期。

指标	权重	评价要素	分项权重	评价分值	分项成绩
A3 结题	0.3	A31 研究成果（成果的可靠度、成果的可信度、成果表达形式与内容、成果展示）	0.10		
		A32 现场答辩（全员参与情况、语言表达、仪态仪表、应答能力）	0.10		
		A33 其他收获与体会	0.05		
		A34 成果的社会效益	0.05		
满分值	100	课题组成绩 Q			

（三）教学中教师要灵活运用评价以鼓励学生进行创新

无论是学业成就评价还是表现性评价，都只是教师用来了解学生学习和发展状况的一个工具，通过这个工具教师要对学生进行及时、合理的反馈，从而来激发、鼓励学生不断创新，来促进学生创新能力的发展。为此，教师在进行评价时需要关注以下两个方面：

首先，教师要对不同发展程度的学生进行不同的评价。创新能力的培养应当使所有的学生都能够不断地发挥自己的创新潜能，不断地提高自己的创新能力。据此，在评价中教师应当对不同发展程度的学生进行不同的评价，对学生进行纵向上的比较，看一看学生的创新能力是不是比原来有所提高，通过这样的评价来促进每一个学生在原有的水平上不断发展，不断地有所创新。对此，我们以一个教学评价的案例来说明。这是小学特级教师张化万老师教学生涯中的一件事。①

在张老师对一名叫徐历的学生进行家访时，家长热情地向张老师介绍自己孩子的情况，并且说孩子说他在班级中的地位提高了。正当张老师内心困惑不解时，家长解开了疑团。原来，在寒假中张老师曾组织学生进行编书活动，活动是自愿参加的，开学时徐历也交上来了一本书，在投票选举最佳图书时，有八名同学投了徐历的票，八名同学的投票让徐历觉得自己在班级中的地位提高了。原本张老师对于徐历所编的书一点印象也没有，而且自己当初也没有想到徐历会参加编书活动，因为在他的印象中徐历学习拖沓懒散，语文作业质量不行，考试成绩也常常是最后几名。在家访回

① 张化万：《我的语文人生》，高等教育出版社2004年版，第15—17页。

来后，张老师立即找出了徐厉所编的书，看到一个画得很有意思的封面：上面是蓝天、白云、红太阳，中间是一个小男孩走在一条大路上，大路上写着“我的佳作”。路旁画的路标——“好好学习”。打开第一页，看到左上角的目录只有三篇作文题，都是用铅笔写的。打开第二页，看到了檫边檫沿、无天无地的文章，也是用铅笔写的，仔细一看还有许多错别字、漏字。除了从封面上能看出学生要好好学习，写出佳作的美好愿望外，看不出其他的价值。张老师找来徐厉，仔细询问为什么用铅笔而不是用钢笔或圆珠笔。学生的回答深深感动了张老师。学生说：“张老师，我的字很差，用钢笔、圆珠笔写很容易写错，一檫就是一个洞，一涂就是一个难看的黑团。用铅笔写，写完了读读，不对，用橡皮一檫就檫掉了。”可见，学生不仅积极参加编书的活动，而且在编的过程中就已经准备编完后再修改。张老师在全班表扬了徐厉，并开始关注他的变化。半年后第二次编书，徐厉依然用铅笔，但是已经知道用彩色圆珠笔打好横线，让书写工整些；依然是三篇习作，但是会在目录的空白处画上可爱的小男孩补白美化。在第三次编书，徐厉取的书名是《“天才”的杰作》，在书中他自信地写了10篇自己的好文章，第一次用钢笔抄写，还准确地在“天才”上打上引号，自嘲否定。这次，徐厉的书终于被评为第十本最佳图书。

在这一案例中，张老师原本并没有注意到徐厉编书值得鼓励的地方，就像他自己说的，在自己的潜意识中觉得这样的学生平时作文都写不好还编什么书。所以，对于徐厉编书的行为和所编的书没有进行积极的评价，甚至于都没有印象。但是，徐厉从同学那儿获得了积极的反馈，八位同学的投票让他积极性大增，而且用他自己的话说就是“在班级中的地位提高了”。当张老师看过徐厉所编的书并找徐厉谈话后，深受感动，在班级中表扬了徐厉。张老师表扬徐厉不是因为他的书比别的同学编得好，不是与其他的同学进行横向上的比较，而是在纵向与学生原有的学习态度、学习行为相比较，比较中学生无疑是值得鼓励的。而教师的评价使学生大受鼓舞，在以后的编书活动中有了明显的进步，创新能力有了提高。再编书时，开始打横线，书写清楚工整，在目录的页面上补上空白。而第三次编书时，学生在封面、目录、书写、作文内容、作文数量上都有了更大的进步，创新能力有了更大的发展。由此可见，在教学评价中为了促进每一个学生创新能力的发展，教师要对学生的发展进行纵向上的比较，给予学生及时地反馈，只有这样才会发挥评价的功能，激发每一个学生的创新潜能，促进每一个学生创新能力的发展。

其次，对于学生在不同领域上表现出的差异教师要进行针对性地评价。学生的创新能力发展不仅有程度差异还有领域上的差异，在评价中教师要关注到学生的这种差异性，要通过评价使学生能够取长补短，既发挥优势又弥补自己的不足，而这两个方面又有着一定的关联。如何理解呢？我们仍以一个具体的评价案例进行分析说明。[①]

小学班主任老师——汤老师，每个学期都要在班级搞一次特长展示活动，让学生展示自己的才华，树立自信心。这个学期的特长展示活动名为“多彩的舞台”，在一个星期前，汤老师就让学生进行准备。不久，学生就报上了自己的“拿手绝技”，如，手工、书法、唱歌、独舞、水粉画、作文、讲故事、弹钢琴……全班 47 名学生都报了节目，唯独缺了小魏。小魏是从农村转来的，学习很差，父母不指望他能学成什么，只要求他不违法犯罪就行。汤老师想：搞特长展示活动面向的是每一个学生，小魏怎么能不参加呢？于是就将学生找来，鼓励他参加特长展示活动。而小魏只是低着头说：“老师，不是我不想参加，而是我什么也不会。”汤老师启发他说：“不管是什么，只要是拿手的，都可以展示出来！”小魏却急得快哭了：“老师，我真的什么也不会！”汤老师见状只好让他回去再想想。第二天，小魏找到汤老师怯生生地问：“老师，我会削梨，每次家里来客人了爸爸都让我来削，削梨算特长吗?”汤老师当即告诉他，行。在活动那天，小魏拿出了一只黄澄澄的鸭梨和一把小刀，在大家好奇的目光下，两手飞快地旋转，不一会儿就削出了一整条细细的果皮，干脆利落。那条细长的果皮展开了足有两米长，就像一条金色的缎带。同学们都情不自禁地鼓起掌来。小魏领到了汤老师奖给他的笔记本也特别高兴。此后，小魏学习也积极多了，虽然许多课听得还是很吃力，但是他始终没有放弃，一直坚持下来，学习成绩也有了很大的提高。

---

① 高谦民：《今天，我们怎样做班主任》（小学卷），华东师范大学出版社 2006 年版，第 101 页。

在这一案例中，汤老师搭建了一个让所有的学生都能展示自己优势的舞台，在这样的舞台上，学生各个方面的差异表现得特别明显，有的长于演讲和口头表达，有的长于舞蹈和手工，有的长于写作和书法，这些都是学生在不同领域上能力的体现。而案例中的小魏既在学科学习上不突出，又不具有其他同学所具有的这些特长，但是，学生都有着自己的优点，有着自己所擅长的方面，小魏所擅长的是削梨，主要是动作技能上的优势。在展示中，学生小魏从同学和老师那里获得了积极的评价，这一评价既肯定了学生的长处，同时无疑对学生的不足之处——学习活动也有着积极的影响，学生在学习活动中更加积极，学习成绩也有了提高。案例中，汤老师让每个学生都展示出自己在能力上的优势，并予以积极肯定，这无疑会对每个学生其他方面的发展有着积极的促进作用。这是教师在评价中积极肯定学生不同领域上的创新能力的例子。同时，在评价中教师也要关注到另外一个方面，就是鼓励学生在自己并不突出的领域中积极发展，使得学生在这些领域中的创新能力也能够获得一定的提高。例如，在活动课程的学习中，有的学生擅长组织、有的擅长动手操作、有的擅长绘画，如果合作中学生的分工只是突出体现每个学生优势的话，并不利于学生其他方面的发展。因此，教学评价时教师对于活动中学生表现出来的优势既要肯定，同时也要指出学生的不足，并创造条件鼓励学生在不足之处有所突破，有所发展。只有这样，学生通过教师的评价才能取长补短，在创新能力上有更好的发展。

结　语

学生创新能力培养对教师文化提出相应的要求，要求教师群体形成促进学生创新能力发展的角色文化、不断发展并进行教学创新的形象文化，建立起开放、合作、包容的师生交往文化。这种教师文化的构建一方面需要教师自身更新教育教学观念、注重进行教学研究，在教学创新中将新颖性与恰当性相结合，另一方面也要求教师所身处的环境特别是学校环境能够形成支持性氛围，要求学校建立起相应的管理和评价机制，重视教学改革并提升教师创新教学的行动力。除此之外，针对教师创新教学中容易出现的一些认识误区，我们强调教师在学生创新能力培养中还需要建立辩证的思想。

创新能力要求人在解决问题时能够有所突破，打破常规。但是，教师不能据此认为创新能力的培养就是要让学生不断地打破常规，就是让学生不断地想象，越是新奇越好，越是不同越好。应当看到，创新能力需要突破常规，需要有新的发现，但是绝不等于是让学生一味地发散思维，一味地追求不同。如果在数学课上，在一位数加法的教学中教师让学生回答 2＋3＝？的问题，学生能够全部回答为 5，那就是教师教学的成功。但是，教师提出问题以后如果让学生可以任意想象着来回答，学生全部回答为 5 的话，那么就是教育的一种悲哀。不过，有的人担心，如果我们的教育教给学生有固定结论的知识或技能，那么是不是会阻碍学生创新的活动，不利于学生创新能力的培养？应当看到，创新都是在已有基础上的创新，是在获得了关于问题解决的常用方法之后的创新，创新的过程就是要打破原有的认识，要重新组合信息重新界定问题。从这个过程来看，没有所谓的常规方法就没有所谓的创新的方法，因为没有既定的东西你也就无所谓去打破什么东西了。可见，创新是一个很复杂的活动，它的复杂主要表现在创新往往是矛盾双方的统一，它既要有逻辑思维又要有非逻辑的思维，既有发散思维又有聚合思维，既要在创新活动中小心谨慎，又要大胆尝试。因此，对于创新能力培养要看到它的复杂性，不能够在创新能力培养的实践中，在创新能力培养的研究中简单的否定一个方面。

就拿想象力来说，创新需要想象，想象往往能够使人有所顿悟获得灵感，但是创新只有想象还远远不够，还需要有逻辑思维相伴随。所以，在创新能力培养中我们既要在特定的学科中，对一定年龄阶段的学生培养他们的想象力，要充分调动他们丰富的想象力资源，同时不要夸大了想象力的作用，不要将想象力等同于创新能力。对于此，维果茨基在评论儿童，特别是幼儿阶段孩子的想象力时，比较中肯地也是比较辩证地说到："相比成人而言，儿童的想象力不是更丰富，而是更贫乏；儿童的想象力随着其自身的发展而发展，到成年期而臻成熟。"① 如何来看待维果茨基的这句话？维果茨基并不是说儿童的想象力真的不丰富，而是说想象力必须和与之相矛盾的逻辑思维相伴随才有助于真正的创新，儿童的想象力虽然很丰富，但是由于儿童的逻辑思维还不够发达，所以并不是真正成熟的想象力。说到这，又想到了一个例子。最近，有的人认为自己在创新能力培养上有惊人的发现，这个发现就是：一个人、一个孩子只有缺少点什么才会最有创新能力。缺少点什么呢？研究者认为，根据对俗话所说的"白痴"的研究，"白痴"之所以总是有大胆的"发现"，完全得益于他们的大脑缺了一点东西，这个东西就是我们常人大脑组织结构中的一个经常让我们"三思而后行"的东西，是让我们知道常规、遵守一些常规的组织结构，而"白痴"就没有。该研究者认为，可以将这一成果用来培养正常儿童的创新能力，让他们不要去想什么"常规"。这样的研究可能大多数的人都会嗤之以鼻。因为如果说"白痴"最有创新能力的话，我们都可以对脑组织进行手术来让自己最有创新能力，让自己在知识创新、技术创新上大有

① ［美］A. J. 斯塔科：《创造能力教与学》，刘晓陵译，华东师范大学出版社 2003 年版，第 35 页。

作为。显然不能这样做。而看似可笑的这种研究其实也一样是将创新能力简单化了，没有辩证地思考问题，只是程度上更严重了而已。

我们以往的基础教育在学生创新能力培养上确实有欠缺的地方，学生创新能力偏低也是一个普遍承认的事实。但是，不能认为原有的教育造成了这样的一个不良的结果，就要将原有的教育彻底改掉，就要和原有的教育不一样。这也同样是一种简单化的思维，不能够辩证地看待原有的教育活动。我国原有的基础教育重视对学生基础知识、基本技能的培养，重视让学生能够在教师的引导下积极地获得知识，也重视通过考试来确认学生知识技能的掌握情况，在这些方面原有的教学论研究也作了许多不断改进和完善的工作。这些是创新能力培养所需要的、有用的成果。但是，之所以学生的创新能力偏低，是因为以往的学科课程过于强调学科自身的知识及其体系，没有很好地关注到学科间的沟通，很少有综合性的学科课程和选修性的学科课程，在学科教材编制时，也没能很好地照顾到知识与生活间的联系，等等。同时，重要的是在课程上过于单一，没有设置或严重忽视了活动课程，这是我们在研究中论述过也是强调过的。在教学方法、教学评价上也是这样。一方面原有的接受学习还存在一部分机械接受的现象，另一方面没有强调发现学习；一方面学业成就评价存在不科学的地方，同时评价方法过于单一，没有重视表现性评价。因此，创新能力培养不能将原有的教育活动完全否定，必须在改进原有的教育工作的基础上加强活动课程、发现学习以及表现性评价。而且，从现有的教育实践上看，如何加强学科课程与活动课程、接受学习和发现学习、学业成就评价和表现性评价的结合，应当是创新能力培养着重关注的地方。

总之，从研究中引发出来的这些思考，其根本的一点就是强调创新能力培养的研究和实践必须避免简单化，要树立辩证的思想，走出非此即彼的对立式思维。

附　录

教师创新教学观念和行为的调查问卷

尊敬的老师：您好！

请阅读下列对教学观念和教学行为的描述，并从选项中选出最能代表您教学观念和行为的一项。本调查不记名只作为研究使用，不需有任何顾虑。我们会认真对待每位教师的问卷，如需调查结果反馈，请在问卷上留下您的联系方式。

您的基本信息：（请在选项下方打勾）

性别：男　　女

年龄：30 以下　　30－35　　36－40　　40－45　　46 以上

教龄：5 年以下　　5－10 年　　11－15 年　16－20 年　20 年以上

任教学校：小学　初中　任教年级：1 2 3 4 5 6　初一　初二　初三

所教学科：语文　数学　英语　品德　科学　音乐　体育　美术

物理　化学　生物　地理　历史　政治　其他（　）

一、前八题为单选，后四题为多选，请将选项填到（　　）内。

1. 下列认识中您最赞成的是（　　）

（1）创新能力在每个人身上都可以获得发展

(2) 创新能力是天生的，后天不能发展

(3) 创新能力只有在少数有天分的人身上才能获得发展

2. 您认为知识和创新能力之间的关系是（　　）

(1) 有了知识自然就会有了创新能力

(2) 知识越多创新能力就会越强

(3) 知识越多创新能力越低

(4) 知识与创新能力之间关系不确定

3. 对于中小学校培养学生的创新能力，您最赞成的是（　　）

(1) 中小学生普遍具有创新潜能，完全可以培养

(2) 只有少数学生具有创新潜能，可以重点培养

(3) 中小学生普遍不具有创新潜能，培养就是白费力气

4. 对于中小学校培养学生的创新能力，您最赞成的是（　　）

(1) 主要就是为学生在大学阶段创新打好知识技能的基础

(2) 要打好知识技能的基础，还要让学生有创新型的思维

(3) 要全方位的培养，包括知识技能、创新型思维、创新精神等

5. 您认为考试成绩和创新能力之间的关系是（　　）

(1) 成绩越高表明学生的创新能力也越高

(2) 成绩高表明学生的创新能力中等

(3) 成绩越高表明学生的创新能力越低

(4) 考试成绩与创新能力之间关系不确定

6. 您认为现有的考试制度对学生创新能力的培养（　　）

(1) 有利　(2) 不利　(3) 没什么关系　(4) 难以确定

7. 您自己认为职业倦怠对您的教学改革（　　）

(1) 产生很大影响，不愿再去更多地钻研和学习

(2) 有影响，但不是很大

(3) 没有职业倦怠感

8. 您是否认同“越是优秀的教师越应关注学生创造力培养”（　　）

(1) 完全认同　(2) 基本认同　(3) 不大认同　(4) 完全不认同

9. 请选出您认为有利于创新能力发展的选项（最多选 3 个）（　　）

(1) 开放性问题　(2) 封闭性问题

(3) 只有唯一正确答案的问题　(4) 有很多不同答案的问题

(5) 对学生来说不熟悉的问题　(6) 学生以前接触过的问题

10. 您认为下列哪些是对学生创新能力发展有利的(最多选3个)(　)

(1) 为节省时间更多地向学生讲解知识，几乎不需要学生自己发现

(2) 让学生提出自己的不同见解、新颖的看法

(3) 学生的不同见解如果是错误的就不能鼓励

(4) 学生能自己解决的问题就尽可能让学生自己解决

(5) 学生随时可以提出自己想到的问题

(6) 学生提出自己的问题一定得有价值才行

11. 您认为下列哪些状况比较普遍(最多选3个)(　)

(1) 中学因为有升学的压力所以不太注重创新能力培养

(2) 小学和中学都不大关注创新能力培养

(3) 一些看似培养学生创新能力的做法大多是流于形式

(4) 中小学校还是有不少老师关注学生创新能力培养

12. 您认为下列哪些对您的教学改革产生了影响(最多选3个)(　)

(1) 用学生的学习成绩来评价教师工作的制度

(2) 有好的教学想法却顾及学校同事的看法，很难实施

(3) 自己很难突破自己长时间形成的教学想法、教学模式

(4) 缺少培训学习、教学设备资料等的外在支持

二、下表中的1 2 3 4 5分别代表：“从不这样做”、“偶尔这样做”、“大致有一半的时候会这样做”、“经常这样做”、“总是这样做”。请在符合的数字下打√。

我在教学中强调掌握基础知识和基本技能的重要性	1　2　3　4　5
我鼓励学生向我展示他们自己学到的东西	1　2　3　4　5
我期望学生自己检查作业，而不是等我给他们批改	1　2　3　4　5
我不鼓励学生自由发问，因为问题有时显得不切题	1　2　3　4　5
我教给学生最基本的知识，然后让他们自己去发现更多的知识	1　2　3　4　5
我鼓励学生花时间从不同的方面进行思考	1　2　3　4　5
我强调学生要将知识运用到不同的情境中	1　2　3　4　5

我给学生留出开放性的问题，让他们自己去寻求答案	1	2	3	4	5
我只在学生充分讨论他们的看法后才发表评论	1	2	3	4	5
我让学生用学到的知识去解决他们生活中的实际问题	1	2	3	4	5
对于学生提出的显得可笑的问题，我不会耐心倾听	1	2	3	4	5
我鼓励学生从不同的角度思考，哪怕其想法可能行不通	1	2	3	4	5
允许学生向我问我所教学科范围以外的知识	1	2	3	4	5
学生在我的课上会经常进行小组活动	1	2	3	4	5
我认真倾听学生提出的问题	1	2	3	4	5
我给学生留出有待他们自己解决的问题	1	2	3	4	5
对于学生并不实际或不一定有用的建议，我不会认真倾听	1	2	3	4	5
在我的课上学生没有机会交流他们的看法和观点	1	2	3	4	5
学生知道我不会轻易否定他们的建议	1	2	3	4	5
我不喜欢学生偏离我所教的方法去尝试自己的想法	1	2	3	4	5
我期望学生在小组活动中主动合作	1	2	3	4	5
我的学生遇到挫折时，可以找我寻求情感支持	1	2	3	4	5
无论对错我的学生都有机会自己进行判断	1	2	3	4	5
学生们很清楚我期望他们先自己检查作业	1	2	3	4	5
学生提出某些观点时，我让他们进一步思考后才表明我的态度	1	2	3	4	5
我鼓励学生通过思考深化他们的问题和建议	1	2	3	4	5
我和学生探究他们的观点以鼓励他们思考	1	2	3	4	5
我不允许学生交作业前相互之间展示作业	1	2	3	4	5
我帮助学生正确对待失败，使他们重新获得信心	1	2	3	4	5
我鼓励遭遇失败的学生寻求其他可能的解决办法	1	2	3	4	5

感谢您百忙之中的耐心回复！

参考文献

［1］［德］恩斯特·卡西尔：《人论》，甘阳译，上海译文出版社，2003年版。

［2］［德］汉斯一格奥尔格·加达默尔：《真理与方法》，洪汉鼎译，上海译文出版社，2004年版。

［3］［美］G·希尔贝克等：《西方哲学史》，童世骏等译，上海译文出版社，2004年版。

［4］［美］弗洛姆：《占有还是生存》，关山译，生活·读书·新知三联书店，1989年版。

［5］［美］赫伯特·马尔库赛：《单向度的人：发达工业社会意识形态研究》，刘继译，上海译文出版社，2006年版。

［6］［美］罗素：《西方哲学史》（上、下），何兆武等译，商务印书馆，1963年版。

［7］［美］托马斯·库恩：《科学革命的结构》，金吾伦译，北京大学出版社，2003年版。

［8］［英］卡尔·波普尔：《客观知识：一个进化论的研究》，舒炜光等译，上海译文出版社，2005年版。

［9］傅铿：《文化——人类的镜子》，上海人民出版社，1990年版。

［10］刘放桐等：《新编现代西方哲学》，人民出版社，2000年版。

［11］彭越 陈立胜：《西方哲学初步》，广东人民出版社，1996年版。

［12］武天林：《实践生成论人学》，中国社会科学出版社，2005年版。

［13］［德］韦特海默：《创造性思维》，林宗基译，教育科学出版社，1987年版。

[14] [美] A.J. 斯塔科著：《创造能力教与学》，刘晓陵等译，华东师范大学出版社，2003 年版。
[15] [美] 吉尔福特：《创造性才能——它们的性质、用途与培养》，施良方等译，人民教育出版社，1991 年版。
[16] [美] Mervin D. Lynch：《培养中小学生的创造性——理论与实践》，胡清芬译，中国轻工业出版社，2005 年版。
[17] [美] Patricia Wolfe：《脑的功能——将研究成果应用于课堂实践》，脑科学与教育应用研究中心译，中国轻工业出版社，2005 年版。
[18] [美] 斯腾博格：《创造力手册》，施建农译，北京理工大学出版社，2005 年版。
[19] [美] 斯腾博格：《思维教学》，赵海燕译，中国轻工业出版社，2001 年版。
[20] [美] 戴尔.H. 申克：《学习理论：教育的视角》，韦小满等译，江苏教育出版社，2003 年版。
[21] [美] 戴维·H·乔纳森：《学习环境的理论基础》，郑太年等译，华东师范大学出版社，2002 年版。
[22] [美] 林格伦：《课堂教育心理学》，章志光译，云南人民出版社，1983 年版。
[23] [美] 马斯洛等：《人的潜能和价值》，林方等译，华夏出版社，1987 年版。
[24] [美] 莫里斯·L·比格：《学习的基本理论与教学实践》，张敷荣等译，文化教育出版社，1983 年版。
[25] [瑞士] 皮亚杰著：《发生认识论原理》，王宪钿等译，商务印书馆，1981 年版。
[26] [英] S. lan Robertson：《问题解决心理学》，张奇等译，中国轻工业出版社，2004 年版。
[27] 陈龙安：《创造性思维与教学》，中国轻工业出版社，1999 年版。
[28] 董奇：《儿童创造力发展心理》，浙江教育出版社，1993 年版。
[29] 林崇德：《教育与发展——创新人才的心理学整合研究》，北京师范大学出版社，2004 年版。

［30］皮连生：《学与教的心理学》，华东师范大学出版社，2003年版。
［31］施良方：《学习论》，人民教育出版社，2001年版。
［32］吴庆麟：《教育心理学》，人民教育出版社，1999年版。
［33］叶瑞祥等：《创新学习能力论》，天津教育出版社，2004年版。
［34］莫雷 张卫：《学习心理研究》，广东人民出版社，2005年版。
［35］俞国良：《创造力心理学》，浙江人民出版社，1996年版。
［36］张文新 谷传华：《创造力发展心理学》，安徽教育出版社，2004年版。
［37］赵卿敏：《创新能力培养》，华中科技大学出版社，2002年版。
［38］［巴］保罗·弗莱雷：《被压迫者教育学》，顾建新等译，华东师范大学出版社，2001年版。
［39］［捷］夸美纽斯：《大教学论》，傅任敢译，教育科学出版社，1999年版。
［40］［美］约翰·杜威：《确定性的寻求——关于知行关系的研究》，傅统先译，上海人民出版社，2004年版。
［41］［美］R·M·加涅等：《教学设计原理》，皮连声等译，华东师范大学出版社，1999年版。
［42］［美］莱斯利·P·斯特弗等：《教育中的建构主义》，高文等译，华东师范大学出版社，2002年版。
［43］［美］兰祖利 里斯：《丰富教学模式——一本关于优质教育的指导书》，华华等译，华东师范大学出版社，2000年版。
［44］［美］威廉·威尔斯曼：《教育研究方法导论》，袁振国主译，教育科学出版社，1997年版。
［45］［美］约翰·杜威：《我们怎样思维·经验与教育》，姜文闵译，人民教育出版社，2005年版。
［46］［美］约翰·杜威：《民主主义与教育》，王承绪译，人民教育出版社，2001年版。
［47］［美］约翰·杜威：《学校与社会·明日之学校》，赵祥麟等译，人民教育出版社，2005年版。
［48］［日］佐藤学：《静悄悄的革命——创造活动的、合作的、反思的综合学习课程》，李季湄译，长春出版社，2003年版。

[49] [苏] 阿莫纳什维利：《孩子们，你们好!》，朱佩荣译，教育科学出版社，2002 年版。
[50] [苏] 阿莫纳什维利：《孩子们，你们生活得怎样?》，朱佩荣译，教育科学出版社，2002 年版。
[51] [苏] 阿莫纳什维利：《孩子们，祝你们一路平安!》，朱佩荣译，教育科学出版社，2002 年版。
[52] [苏] 苏霍姆林斯基：《给教师的建议》，杜殿坤编译，教育科学出版社，1984 年版。
[53] [苏] 苏霍姆林斯基：《帕夫雷什中学》，赵玮等译，教育科学出版社，1983 年版。
[54] [苏] 赞科夫：《教学与发展》，杜殿坤等译，人民教育出版社，1990 年版。
[55] [苏] 赞科夫：《和教师的谈话》，杜殿坤译，人民教育出版社，1980 年版。
[56] [美] 谢弗勒：《人类的潜能——一项教育哲学的研究》，石中英等译，华东师范大学出版社 2006 年版。
[57] [西] 拉蒙·弗莱夏：《分享语言：对话学习的理论与实践》，温建平译，华东师范大学出版社，2005 年版。
[58] [英] 怀特海：《教育的目的》，徐汝舟译，生活·读书·新知三联书店，2002 年版。
[59] [英] 麦克·F·D·扬：《知识与控制——教育社会学新探》，谢维和等译，华东师范大学出版社，2002 年版。
[60] [英] 约翰·怀特：《再论教育目的》，李永宏等译，教育科学出版社，1997 年版。
[61] [德] 赫尔巴特：《普通教育学·教育学讲授纲要》，李其龙译，人民教育出版社，1989 年版。
[62] 陈桂生：《教育实话》，华东师范大学出版社，2003 年版。
[63] 陈玉琨：《教育评价学》，人民教育出版社，1999 年版。
[64] 丁钢：《创新：新世纪的教育使命》，教育科学出版社，2000 年版。
[65] 丁证霖等：《当代西方教学模式》，山西教育出版社，1991 年版。

[66] 段继扬:《创造性教学通论》，吉林人民出版社，1999 年版
[67] 高文:《现代教学的模式化研究》，山东教育出版社，2000 年版。
[68] 高文:《教学模式论》，上海教育出版社，2002 年版。
[69] 顾泠沅:《教学改革的行动与诠释》，人民教育出版社，2003 年版。
[70] 张天宝:《新课程与课堂教学改革》，人民教育出版社，2003 年版。
[71] 郭华:《教学社会性之研究》，教育科学出版社，2002 年版。
[72] 周浩波:《教育哲学》，人民教育出版社，2000 年版。
[73] 胡东芳 孙军业:《困惑及其超越——解读创新教育》，福建教育出版社，2001 年版。
[74] 扈中平:《教育目的论》，湖北教育出版社，2004 年版。
[75] 黄济 王策三:《现代教育论》，人民教育出版社，1996 年版。
[76] 黄济:《现代教育论集》，人民教育出版社，2002 年版。
[77] 黄全愈:《“高考”在美国》，北京大学出版社 广西师范大学出版社，2003 年版。
[78] 黄全愈:《素质教育在美国》，广东教育出版社，1999 年版。
[79] 黄忠敬:《知识·权力·控制——基础教育课程文化研究》，复旦大学出版社，2003 年版。
[80] 江东霞:《无边的圆：创造性集体培育与形成的研究》，上海教育出版社，2001 年版。
[81] 金洪源:《学科学习困难的诊断与辅导》，上海教育出版社，2004 年版。
[82] 金一鸣:《教育社会学》，河北教育出版社，1996 年版。
[83] 金一鸣:《中国社会主义教育的轨迹》，华东师范大学出版社，2000 年版。
[84] 金一鸣：《中国特色社会主义教育研究》，山东教育出版社，1998 年版。
[85] 金一鸣:《教育原理》，北京：高等教育出版社，2002 年版。
[86] 瞿葆奎:《教育学文集·教学（上册)》，人民教育出版社，1988 年版。
[87] 瞿葆奎：《教育学文集·课程与教材（上册)》，人民教育出版社，1988 年版。
[88] 孔庆东等:《审视中学语文教育》，汕头大学出版社，1999 年版。

[89] 钟志贤：《深呼吸：素质教育进行时》，教育科学出版社，2003 年版。
[90] 李臣之：《综合实践活动课程开发》，人民教育出版社，2003 年版。
[91] 李吉林：《情境教育的诗篇》，高等教育出版社，2004 年版。
[92] 李书磊：《村落中的“国家”》，浙江人民出版社，1999 年版。
[93] 联合国教科文组织：《教育——财富蕴藏其中》，教育科学出版社，1996 年版。
[94] 联合国教科文组织：《学会生存——教育世界的今天和明天》，教育科学出版社，1996 年版。
[95] 廖哲勋 田慧生：《课程新论》，教育科学出版社，2003 年版。
[96] 鲁洁：《超越与创新》，人民教育出版社，2001 年版。
[97] 陆有铨：《躁动的百年：20 世纪的教育历程》，山东教育出版社，1997 年版。
[98] 倪文锦、欧阳汝颖：《语文教育展望》，华东师范大学出版社，2001 年版。
[99] 潘苏东：《从分科走向综合——初中阶段科学课程设置问题研究》，中国轻工业出版社，2004 年版。
[100] 裴娣娜：《教育研究方法导论》，安徽教育出版社，1995 年版。
[101] 任常松：《走向新课程》，广东教育出版社，2002 年版。
[102] 上官子木：《创造力危机——中国教育现状反思》，华东师范大学出版社，2004 年版。
[103] 施良方：《课程理论——课程的基础、原理与问题》，教育科学出版社，2003 年版。
[104] 石中英等：《基础教育新概念：创造教育》，教育科学出版社，1999 年版。
[105] 石中英：《知识转型与教育改革》，教学科学出版社，2001 年版。
[106] 唐莹：《元教育学》，人民教育出版社，2002 年版。
[107] 金生鈜：《规训与教化》，教育科学出版社，2004 年版。
[108] 王灿明：《儿童创造教育论》，上海教育出版社，2004 年版。
[109] 王洁：《综合课程开发与案例》，文汇出版社，2002 年版。
[110] 王丽：《中国语文教育忧思录》，教育科学出版社，1998 年版。

[111] 吴刚：《知识演化与社会控制——中国教育知识史的比较社会学分析》，教育科学出版社，2002 年版。
[112] 吴康宁等：《课堂教学社会学》，南京师范大学出版社，1999 年版。
[113] 吴康宁：《教育社会学》，人民教育出版社，1998 年版。
[114] 钟志贤：《深呼吸：素质教育进行时》，教育科学出版社，2003 年版。
[115] 熊川武：《反思性教学》，华东师范大学出版社，1999 年版。
[116] 徐斌艳：《数学课程与教学论》，浙江教育出版社 2003 年版
[117] 徐禄新：《创新教育的实践探索》，人民教育出版社，2000 年版。
[118] 许庆豫：《教育发展论：理论评介与个案分析》，福建教育出版社，2001 年版。
[119] 燕良轼：《创新素质教育论》广东教育出版社，2002 年版。
[120] 叶澜：《“新基础教育”发展性研究报告集》，中国轻工业出版社，2004 年版。
[121] 余文森等：《关注资源、学科与课堂的统整》，华东师范大学出版社，2005 年版。
[122] 郅庭瑾：《教会学生思维》，教育科学出版社，2001 年版。
[123] 俞啸云：《中学创造教育》，上海社会科学院出版社，1989 年版。
[124] 袁振国：《当代教育学》，教育科学出版社，1999 年版。
[125] 袁振国：《教育原理》，华东师范大学出版社，2001 年版。
[126] 袁振国：《教育新理念》，教育科学出版社，2002 年版。
[127] 张传燧：《综合实践活动课程论》，广东教育出版社，2005 年版。
[128] 张华：《经验课程论》，上海教育出版社，2001 年版。
[129] 张华：《课程与教学论》，上海教育出版社，2000 年版。
[130] 张化万：《我的语文人生》，高等教育出版社，2004 年版
[131] 张景焕：《培养创造力——创造活动课设计原理与指导策略》，山东教育出版社，2003 年版。
[132] 中央教育科学研究所《创新教育研究与实验》课题组：《创新教育——面向 21 世纪我国教育改革与发展的抉择》，教育科学出版社，1999 年版。
[133] 中央教育科学研究所《纲要》实施课题组：《青少年科普创新在行

动中》，教育科学出版社，2003年版。

[134] 中央教育科学研究所活动课课题组：《活动课程理论与实践探索》，教育科学出版社，2001年版。

[135] 钟启泉等：《解读中国教育》，教育科学出版社，2000年版。

[136] 钟启泉等：《美国教学论流派》，陕西人民教育出版社，1993年版。

[137] 钟启泉等：《为了中华民族的复兴，为了每位学生的发展》，教育科学出版社，2001年版。

[138] [美] 吉尔福特：《创造力与创造性思维新论》，《华东师范大学学报（教科版）》1990年第4期。

[139] 范国睿：《从时代需求到战略抉择：社会转型期的学校变革》，《教育发展研究》2006年第1期。

[140] 傅维利：《培养学生的实践能力：推进素质教育的重点》，《中国教育学刊》2005年第12期。

[141] 顾明远：《基础教育与创新精神》，《中国教育学刊》1999年第2期。

[142] 胡中锋等：《论新课程评价中质的评价与量的评价的整合》，《课程·教材·教法》2006年第2期。

[143] 黄济：《教学论中的几个问题》，《湖南师范大学教育科学学报》2004年第6期。

[144] 黄明军：《改革学生评价体系 激励学生不断进步》，《黑龙江教育》2003年第30期。

[145] 丁邦平 顾明远：《学科课程与“活动课程”：分离还是融合》，《教育研究》2002年第10期。

[146] 李玲玲：《时间浪费在哪里？——对“教不完”现象的思考 》，《基础教育课程》2005年第10期。

[147] 刘硕：《传授知识是教师的神圣职责——试论知识传授的作用与价值》，《中国教育学刊》2004年第5期。

[148] 刘硕：《究竟要改什么——就关于基础教育现行课程的五个“过”的判断与有关人士商榷》，《学科教育》2003年第6期。

[149] 刘英健：《活动课程理论研究综述》，《教育科学研究》1997年第1期。

[150] 陆有铨：《知识经济时代的教育与创新》，《河南教育》2001 年第 5 期。

[151] 马健生：《比较教育视野中的中国创新教育》，《比较教育研究》2000 年第 3 期。

[152] 潘晓明：《由“担心学生会了”引起的思考》，《小学各科教与学》2004 年第 6 期。

[153] 裴娣娜：《论我国基础教育课程研究的新视阈》，《课程·教材·教法》2005 年第 1 期。

[154] 丘远光：《综合实践活动课教学成长记忆》，《教育科研论坛》2006 年第 4 期。

[155] 上官子木：《创造力缺失在基础教育中》，《教育科学研究》2004 年第 8 期。

[156] 谭斌：《论学生的需要——兼与张华〈我国课程与教学的概念重建〉演讲的商榷》，《教育学报》2005 年第 5 期。

[157] 陶文中：《“小学生创造能力培养的研究与实验”研究报告》，《教育研究》2003 年第 5 期。

[158] 王灿明：《儿童创造力的测量与评价简析》，《学科教育》2001 年第 12 期。

[159] 项贤明：《论创造性教育的三个阶段》，《中国教育学刊》2000 年第 6 期。

[160] 俞国良 曾盼盼：《中小学生创造力的测量和评价》，《山东教育科研》2001 年第 2/3 期。

[161] 俞国良：《问题意识、人格特征与教育创新中的人格培养》，《复旦教育论坛》第 1 卷第 4 期。

[162] 张华：《课堂教学的重建 走向研究性教学》，《基础教育课程》2005 年第 1 期。

[163] 张华：《综合实践活动课程的问题与意义》，《教育发展研究》2005 年第 1 期。

[164] 张怀中：《创造性能不能教?》，《中小学管理》2002 年第 5 期。

[165] 郑金洲：《“创新”四题》，《山东教育科研》2000 年 7/8 期。

[166] 郑金洲：《审视创新教育》，《中小学管理》2000 年第 1 期。

[167] 郑新蓉：《他们在课堂上为什么不发言》，《少年儿童研究》1999 年第 7 期。

[168] 钟启泉：《课程评价：从量化评价到质性评价》，《全球教育展望》2002 年第 3 期。

[169] 孟扬：《基于毕生发展视角对个体智力发展理论的研究》，《湖北经济学院学报（人文社会科学版）》2008 年第 6 期。

[170] 马蔼乃：《大脑脑能与创造力的探索》，《系统辩证学学报》2004 年第 1 期。

[171] 申继亮：《从跨文化比较看我国创造性人才的培养》，《中国人才》2004 年第 11 期。

[172] 申继亮 师保国：《青少年创造性跨文化比较及其启示》，《中国教育学刊》2010 年第 6 期。

[173] 石中英：《中国传统文化阻碍创造性人才培养吗?》，《中国教育学刊》2008 年第 8 期。

[174] 张理智：《创新教育观念误区分析》，《中国教育报》2008 年 8 月 12 日第 4 版。

[175] 马维娜：《创造性教育的文化思考》，《上海教育科研》1997 年第 12 期。

[176] 刘东菊：《学校文化建设与学生创造能力培养》，《天津市教科院学报》2010 年第 5 期。

[177] 张武升：《论学校文化与学生创造力开发》，《中国教育学刊》2012 年第 2 期。

[178] 蔡克勇：《大学校园文化与创造性培养》，《北京大学教育评论》2004 年第 2 期。

[179] 张景焕 初玉霞 林崇德：《教师创造性教学行为评价量表的结构》，《心理发展与教育》2008 年第 3 期。

[180] 教育部 1998 年 12 月印发：《面向 21 世纪教育振兴行动计划》2006 年 10 月 12 日 http：//www. moe. edu. cn/

后　记

本书是我在博士论文的基础上，开展全国教育科学规划2012年度课题研究完成的。书中既有自己博士论文的内容，也有两年多来开展课题研究而形成的研究成果。

我的博士论文是在华东师范大学金一鸣教授的精心指导下完成的。虽然博士论文的撰写距今已相隔较久，但是金老师指导我论文选题和写作的情景现在想来仍历历在目，难以忘怀。论文的选题和写作不是一帆风顺的，而老师总是锲而不舍地鼓励我、引导我。记得论文选题时，经常在老师的办公室里一谈就是两、三个小时，而金老师的教学方法又极具启发性，我基本上都是明明白白地走进办公室，又有些糊涂地走了出去。后来，金老师又从国外给我发来了数十封的邮件，累计达几万字，这些都是金老师学会手写输入后所写的手稿……。当时，如果没有老师的勤于督促和不断鼓励，我的论文是不会坚持下来的，也不会如期完成并顺利通过答辩。时至今日，想起这些自己内心仍十分感动。

在课题开展的过程中，我也得到了许多老师和朋友的帮助，在此请允许我一并表达谢意。衷心感谢辽宁师范大学教育学院的各位领导和老师，感谢大家这么多年对我研究工作的指导、关心、帮助和支持。感谢课题研究中帮助我联系调研的老师，你们是我研究道路上、生活中的朋友，谢谢接受我调研的上海、大连两地的中小学老师。另外，还应感谢研究中参阅过的文献作者所给与的资料支持。

感谢“辽宁省一流特色学科专项资金”在本书出版上予以的资助。感谢出版社，正是他们的鼎力相助和辛勤劳动，才使本书得以最终出版。

让我把内心最深处的一份谢意送给我的家人，感谢这么多年他们对我工作的理解和支持。

“路漫漫其修远兮”。在研究的道路上自己还是一位需要不断学习、成长、前进的行路人，本书也只是表达了自己在创新教育研究上的一点拙见。受本人学识和资料所限，书中难免会存在某些不足和缺陷，还望各位同仁多多指正。

姜丽华

2015 年 9 月